1561

NOTICES ET EXTRAITS

DE QUELQUES MANUSCRITS LATINS

DE LA BIBLIOTHÈQUE NATIONALE

TYPOGRAPHIE

EDMOND MONNOYER

LE MANS (Sarthe).

NOTICES ET EXTRAITS

DE

QUELQUES MANUSCRITS LATINS

DE LA BIBLIOTHÈQUE NATIONALE

PAR

B. HAURÉAU

MEMBRE DE L'INSTITUT

TOME SIXIÈME

PARIS

LIBRAIRIE C. KLINCKSIECK

11, RUE DE LILLE, 11

1893

NOTICES ET EXTRAITS

DE

QUELQUES MANUSCRITS LATINS

DE

LA BIBLIOTHÈQUE NATIONALE

SUITE DE LA SIXIÈME PARTIE

(Fonds divers)

18081

Nous avons d'abord ici, sous le nom de saint Augustin, l'opuscule *De spiritu et anima* publié comme apocryphe dans le tome VI de ses *Œuvres*. Il est, en effet, bien certain que cet écrit n'est pas de saint Augustin ; on l'a reconnu dès le XIIIe siècle, et il était facile de le reconnaître. Les copistes et les éditeurs qui l'ont mis au compte de Hugues de Saint-Victor ne se sont pas moins trompés. Saint Thomas l'attribuait à « certain moine cistercien. » C'est la plus vague et la plus vraisemblable des conjectures que l'on ait faites sur l'auteur, qui ne pouvait se nommer sans encourir le reproche d'avoir commis de nombreux larcins (1).

(1) *Les Œuvres de Hug. de Saint-Victor*, p. 177 et suiv.

Au fol. 8, sans nom d'auteur, un traité sur la charité qui commence par *Vulnerata caritate ego sum.*
Nous l'avons rencontré déjà sous le n° 15082 et nous
avons dit qu'il est de Richard de Saint-Victor (1).

Au revers du feuillet 13, un fragment dont tels
sont les premiers mots : *Cum per se ipsum dignatur
Deus invisere animam queritantem.* Ce fragment suit
aussi, dans le n° 14924 (fol. 7), le traité sur la charité, et nous ne doutons pas qu'il soit du même auteur. Cependant nous l'avons en vain recherché dans
ses *Œuvres.*

Au même feuillet, l'opuscule de Richard *De gradibus
caritatis,* publié dans le tome CXCVI de la *Patrologie,*
col. 1195.

Au fol. 17, *Tractatus super missam, sive Speculum
Ecclesiæ, quem composuit Hugo de Roma.* Ce *Speculum*
très souvent copié l'a quelquefois été sous le nom
de Hugues de Saint-Victor ; notamment dans les
n°ˢ 3473 (fol. 105), 14558 (fol. 184) de notre bibliothèque, 150 de Metz, 473 de Tours et 212 de Toulouse. Mais il est incontestablement du cardinal
Hugues de Saint-Cher.

Au fol. 22, *Expositio sacri canonis,* sans nom d'auteur. Nous répétons ce que nous avons dit sous
les n°ˢ 3417, 15952, 16499 (2) : cette *Exposition
du canon de la messe,* publiée dans les *Œuvres* de
Hugues de Saint-Victor et attribuée à bien d'autres,
est de Richard de Wedinghausen, religieux de Pré-
montré. Notre copie diffère beaucoup de l'édition ;

(1) Tome IV, p. 256.
(2) Tome I, p. 210 ; t. V, p. 49,145.

elle est bien plus considérable. L'édition paraît n'en être qu'un abrégé.

Suivent deux autres expositions de l'oraison dominicale, dont la première commence par ces mots : *Qui benignitate sua sacri canonis arcanum aliquatenus reserare nobis dignatus est.* Nous n'en connaissons pas l'auteur. Et non plus celui de la seconde, dont tel est le début : *Hoc quotiescumque feceritis in mei memoriam... — Frater, Christus in cena, sacerdos pro nobis...* Ce sont là sans doute des fragments, si ce ne sont des sermons. Les deux expositions ont, en effet, le ton parénétique.

Au fol. 34, une courte instruction pour les confesseurs, commençant par : *Accedenti ad confessionem primo dicat sacerdos quia vere pœnitenti tria unt necessaria.* Nous n'en avons pas à citer une autre copie. Il y a beaucoup de ces manuels, qui qui sont presque tous anonymes.

Du fol. 37 au fol 180, un ample recueil de sermons anonymes. Ils sont de Nicolas de Biard. Quand nous avons décrit le n° 13579, nous avons dit qu'il ne contient pas tous les sermons de ce prédicateur décemment familier (1). Or, on en lit ici, non seulement plusieurs, mais un assez grand nombre, qui ne sont pas dans ce n° 13579. Ayant donné des extraits de ceux qui s'y trouvent, nous allons transcrire de même quelques passages de ceux qui ne s'y trouvent pas.

Contre les femmes, au fol. 50 :

Vidistis quod homines, volentes ire in exercitu, faciunt limare gladios suos ut splendeant et exacui ut scindant. Sic

____

(1) Tome II, p. 292.

diabolus, volens ire in exercitu ad capiendas animas, parat gladios, limat et exacuit. Unde accipit mulierem quæ polit se et fardat, et ita parat se ornando caput, pedes et alia membra quod iste gladius est ita acutus quod vix invenerit cor quod non perforet.

Maintenant, au fol. 80, contre les clers trop avides d'opulentes prébeudes :

Cum avarus desiderat aliquid habere, ut domum vel vineam, dicit quod sufficeret ei si illam posset habere ; sed non facit nisi accendere ignem. Sicut patet in clericis nostris qui de præbenda volant ad præbendam et de præbendis sitiunt dignitatem ; quod non est ignem extinguere, sed potius ligna lignis addere et ignem augmentare.

Cela n'est pas trop dur. Ce qui suit l'est un peu plus :

Non est ita vilis, vel clauda, vel monocula in hac villa, si crederetur habere tria regna quale est regnum Franciæ, quæ libenter non duceretur in uxorem, etiam a magno et potente... Qui tenet mulierem non propter fructum et bonum matrimonii, sed propter lucrum, cessante lucro eam abjicit ; sic multi, qui creduntur boni et pœnitentiam agunt de peccatis, lucrantur quandoque aliquid temporale vel bonum nomen ; quibus cessantibus, abjiciunt pœnitentiam. Item aliqui, qui propter lucrum tenent uxores vel mulieres, habito lucro dimittunt eas ; sic aliqui hypocritæ, cum per pœnitentiam suam adepti sunt aliquod beneficium vel honorem, statim dimittunt pœnitentiam. Dicunt se prius vigilias fecisse, et tunc festum sequitur. Nota etiam quod quidam tenent mulierem sicut garciam suam ; cum non obtinent per eam quod cupiunt, dimittere eam volunt et turpius eam tractant et verberant enormius quam faceret aliquis alius ; sic qui habent (1) pœnitentiam, ut dictum est, postquam eam dimiserunt magis ea persequuntur, sicut monachi apostatæ.

(1) Au lieu de *habent,* lisons *agunt.*

Nicolas de Biard était, avons-nous dit, un modéré ; mais il ne pouvait, étant religieux, ne pas mal penser, et quelquefois mal parler des clercs séculiers. La raison d'être des ordres nouveaux n'était-elle pas l'opulence et la vie dissipée de ces mondains ? Il n'hésite pas d'ailleurs à reconnaître qu'il y a plus de bons clercs que de bons juges :

Multos artifices bonos invenimus, utpote bonos latomos, bonos fabros, bonos clericos, sed paucos bonos justitiarios ; pauci enim sunt qui sequuntur justitiam.

Beaucoup de bons clercs ; pas de bons juges. Cela veut dire que ces frères ennemis, les deux clergés, étaient encore animés de sentiments plus hostiles à l'égard de leur ennemi commun, la puissance civile. Contre elle les deux factions étaient une armée.

Nous lisons, au fol. 123, cette anecdote :

Nota exemplum de rege qui in sylva erat ad venandum sylvestria, et vidit multos mercatores euntes ad nundinas. Qui, miratus de hoc, interrogavit quo irent. Illis autem respondentibus quod ad nundinas, ubi quidquid vellet homo venale inveniret, quibus associatus venit ad nundinas. Qui cum nullas merces emeret cum multæ ei offerrerentur, quia de talibus multum habebat in regno suo, quidam sapiens dixit ei ad quid emendum venisset. Cui rex dixit quod non ad aliud nisi ad sensum et sapientiam emendum. Qui dixit ei quod bene venerat, quia ipse ei sensum venderet. Conventione facta, propter centum marchas docuit ei sensum qui in hoc versu continetur :

Quidquid agas sapienter agas et respice finem (1).

Qui, reversus in propria, hunc versum in parietibus do-

____

(1) Ce vers était, au moyen âge, dans toutes les mémoires. Nous le trouvons très peu modifié dans une des fables de l'*Æsopus metrificatus*. Hervieux, *Les Fabulistes lat.*, t. II, p. 395.

mus suæ et cameræ fecit describi. Tandem cum ejus inimici
cum barbitonsore suo convenissent pro pecunia quod regem
cum rasorio suo interficeret, et jam ad hoc pervenerat quod
ille regem radere incœperat, cogitavit quod ipse et heredes
sui de pecunia sibi promissa ditarentur. Accipiens rasorium
ad acuendum super corrigiam suam respexit ad parietem et
vidit prædictum versum ; qui, cogitans finem sui propositi,
in tantum stupefactus fuit quod nec regem amplius radere
volebat. Cujus causam rex inquirens, totum factum recognovit. Ex quo rex sensum quem emerat recognovit et ap-
probavit, quia per illum a morte liberatus fuit (1).

Un texte quelque peu différent de cette narration
se trouve dans le curieux manuel qui a pour titre :
Tractatus de abundantia exemplorum in sermonibus;
n° 3706 des manuscrits latins de la Bibliothèque
nationale, fol. 157 v°.

On sait que l'odeur de l'ail inspirait une vive répugnance au roi Louis IX. Cela nous est attesté de nouveau par notre sermonnaire, fol. 125 :

Aliquis abstinet se ab alliis quia quibusdam fœtent.
Video quia rex odit allia et sibi fœtent ita quod aliquis de
familia sua non auderet comedere, vel, si comederet, non
auderet ad eum accedere.

Au fol. 134, un sermon en l'honneur de saint
Étienne, où l'éloge de ce martyr tient la moindre
place. Il semble que l'orateur n'ait pas eu d'autre
dessein, en venant occuper la chaire, que de raconter
cette histoire tragique :

Quidam rex in infirmitate vovit ire ultra mare si eva-
deret. Postea comvalescens de licentia uxoris arripuit iter,

(1) Une copie du sermon auquel nous empruntons cette anecdote
est dans le n° 13579 (fol. 180); mais l'anecdote manque dans cette
copie.

ita disponens terram suam quod primo uxori suæ homines
sui obedirent, et secundario et post ipsam fratri suo post
nato. Accidit quod frater, sæpe loquens dominæ reginæ et
frequentans cum ipsa, sicut oportebat, propter regimen
terræ quod eis traditum fuerat, accensus est malo amore et
finxit se infirmari quasi usque ad mortem. Domina regina
venit coram eo, quærens quid haberet. Ipse respondit quod
quasi moriebatur. Regina dixit : « Frater carissime, si aliquo modo possem apponere consilium, libenter apponerem. »
Tunc : « Certes, domina, bene potestis et nemo potest
præter vos. » Tunc domina : « Et ego libenter apponam. »
Tunc ipse exposuit malum amorem suum. Tunc domina
regina dixit: « Frater carissime, si essem ita misera quod
ego consentirem, nullo modo talem proditionem deberetis
etiam in alio extraneo permittere. » Et dimisit eum. Ille
vero sæpe et sæpius solicitabat eam. Tunc domina cogitavit
intra se : « Ille homo male est accensus; poterit mihi dari
malam potionem vel per fraudem me opprimere; » et
præcepit quod incarceraretur in quodam castello ; quod sic
factum est. Postmodum, tempore procedente, audivit quod
rex veniebat. Tunc fratem suum fecit extra carcerem poni,
et præparavit ei equos et alia vestimenta ad eundum obviam
fratri suo. Cum autem ipse invenisset regem et rex quære-
ret de uxore sua, qualiter se habuerat, respondit : « Melius
volo quod audiatis ab aliis quam a me. » Tunc, ad magnam
instantiam regis ut ei diceret, dixit quod mala ribalda erat
et quod fere omnes homines de curia eam cognoverant et
quod ipsa sollicitaverat eum de cognoscendo eam, et, quia
noluit consentire, incarceraverat eum. Tunc rex quæsivit
ab assistentibus utrum hoc esset verum. Ipsi responderunt
quod sciebant quod incarceratus fuerat, sed quare hoc fuerat
nesciebant. Tum rex vocavit ad se de militibus suis et
injunxit eis quod eam in mare ducerent et ibi submergerent.
Illi recesserunt. Cum autem domina veniret obviam eis,
quærens de domino suo, ipsi acceperunt eam et duxerunt
ut implerent quod regi juraverant. Cum autem navigarent
per mare, per inspirationem divinam cogitaverunt quod in
quadam insula eam ponerent et eam non submergerent,
et de transgresso juramento pœnitentiam acciperent; quod
et fecerunt. Cum autem ibi esset regina cum leonibus et

aliis feris, valde timuit. Cum fatigata dormiret et antea
orasset Virginem gloriosam, quam multum servierat, ut
eam adjuvaret, Virgo gloriosa apparuit ei in somnis et dixit
ei quod ipsa inveniret ad caput suum herbam per quam
sanaret omnes leprosos, dum tamen vere et integre prius
confiterentur peccata sua. Ipsa evigilans herbam invenit, et,
sicut Deus voluit, intravit quamdam navem quæ juxta insu-
lam applicuit, et, veniens ad quamdam civitatem, hospitata
est in domo cujusdam bonæ viduæ. Dominus autem terræ
leprosus erat, nec consilio medicorum sanari poterat. Quid
plus? Ipsa eum et quam plurimos leprosos sanavit. Accidit
quod proditor frater mariti sui leprosus factus fuerat, et
quod domina ista, cujus fama tam late diffusa fuerat, quæ-
sita fuit et venit in curiam mariti sui, cognoscens omnes et
tamen ab eis incognita. Tunc dixit proditori quod integre
confiteretur peccata sua et sanitatem reciperet. Ille confi-
tens omnia præter id quod est de proditione quam fecerat,
accepit herbam et non est curatus. Tunc domina dixit:
« Sciatis, domine rex, quod iste non est vere confessus. »
Cum autem instanter incitaretur a rege de confitendo, dixit
quod pro toto mundo unum peccatum non confiteretur; et
cum rex plus et plus instaret, dixit regi : « Scio quod si
confiteor facies me suspendi. » Promisit rex quod non faceret. Tunc ipse proditionem regi exposuit et, accepta herba,
sanatus est. Et tunc rex cœpit lamentari et conqueri pro
bona uxore sua quam fecerat occidi, et ea cœpit eum conso-
lari, dicens quod dives homo erat et quod se in altero loco
maritaret. Ipse vero dicebat quod nusquam talem inveniret.
Tunc illa : « Si sciretis quod esset viva, faceritis eam libenter quæri ubicumque esset? » Dixit quod sic, quantumcum-
que deberet constare. Tunc illa aperuit regi quod uxor sua
erat et se manifestavit. Tunc factum est magnum gaudium
in curia, et bannitus est extra regnum proditor ille pessimus.

De ce long récit l'orateur tire quatre leçons de
morale, qu'il énonce très brièvement. On voit que
l'affaire principale était pour lui de conter son roman,
un vrai roman de chevalerie.

N'omettons pas de signaler, aux fol. 129 et 130, sept colonnes de digressions morales qui viennent interrompre la série des sermons. Nicolas de Biard en est aussi l'auteur; elles sont extraites de son livre bien connu sous le titre de *Distinctiones*.

Du fol. 180 au fol. 196, des fragments ou des thèmes de sermons dont quelques-uns sont très courts. Il n'y a rien là ni pour notre instruction, ni pour notre agrément. Tout est banal.

Au fol. 196, avec le nom de l'auteur, le traité d'Adélard de Bath habituellement intitulé *Quæstiones naturales*. On sait combien grand en est l'intérêt. Il a été publié (1).

Au fol. 227, le poème sur les pierres précieuses :

> Evax, rex Arabum, legitur scripsisse Neroni...

Cc poème est, comme on le sait, de Marbode. Les copies en sont nombreuses, et Beaugendre en aurait pu donner, d'après toutes ces copies, un meilleur texte.

A la suite, quatre courtes pièces, dont la première a pour titre *Divisio libræ*. Elle est ici sans le nom de l'auteur, et nous en pouvons citer d'autres exemplaires anonymes dans les n⁰ˢ 2872 (fol. 126) et 8069 (fol. 7); mais il s'en trouve deux copies dans le n⁰ 14167 (fol. 38 et 63) avec le nom de Fulbert, évêque de Chartres. Elle est, en effet, de Fulbert, et, comme elle est inédite, nous la publions d'après nos manuscrits :

> Libra vel as ex unciolis constat duodenis,
> Uncia de libra liquit subtracta deuncem ;

(1) Hain, *Repert. bibl.*, n⁰ 85.

> At sextans, hoc est eadem geminata, deuncem ;
> Hinc quadrans, hæc scilicit ipsa ter acta, dodrantem ;
> Inde triens ipsius quadruplicatio bissem ;
> Quintus septussem, quæ sat sua pondera produnt ;
> Semis semissem, medium dum dividit assem.
> Nec vacat unciolæ mediam sexcuntia jungens.

La pièce suivante, intitulée *Divicio unciæ*, a été publiée sous le nom de Fulbert (*Patrologie*, t. CXLI, col. 353), mais incomplète et très fautive. La voici plus correcte :

> Uncia viginti scrupulos et quattuor ambit ;
> Dimidium stater ac semuncia dicitur ejus.
> Terna duæ sesclæ pars est eademque duella ;
> Quarta siclus vel sicilicus vel denique cisel.
> Sextula sexta modo solet et modo sescha vocari ;
> Octavam appellant dragmam, vel rarius olcem.
> Et duodenariam mediam sesclam vocitarunt.
> Vicenam quartam scrupulus seu gramma retentat.

La troisième a de même été publiée dans les *OEuvres* de Fulbert, mais avec de telles fautes qu'on n'en peut rien comprendre. Le juste renom de l'auteur nous fait un devoir d'en donner un meilleur texte. Il s'agit de la division du scrupule :

> Unus item scrupulus calcis componitur octo.
> Dimidium scrupuli est obolus, pars quarta cerates (1).
> Hinc sextam placuit fingi siliquamque vocari.
> Ultimus est chalcus, ciceris duo granula pensans.

Enfin la quatrième pièce, intitulée *Proba propositum de supradictis divisionibus*, est certainement aussi de

----

(1) Fulbert ignorait que l'*a* fût bref dans *cerates*.

Fulbert, et, puisqu'elle manque dans l'édition de ses *Œuvres*, nous n'hésitons pas à la transcrire :

> Dic igitur plene quota sit pars uncia libræ,
> Dragma, obolus, scrupulus, quota chalcus sive cerates,
> Quot siliquæ plenam, quot adæquant granula libram.

Au fol. 233 : *Incipit Sysaralacus, liber scilicet quem composuit mag. Zacharias de passionibus oculorum.* Quel est ce médecin ? Nous ne le connaissons pas. Son traité n'occupe guère que trois colonnes. A la suite, d'autres prescriptions médicales, une digression sur la saignée et des gloses sur un texte intitulé : *Conferentia memoriæ loquela avis sacratæ habens quinque colores.* Ce titre n'est-il pas inintelligible pour tout le monde ? Il l'est, du moins, pour nous.

Un fragment des *Géorgiques* termine le volume. Ce fragment appartient au livre premier et commence par :

> Atque hæc ut certis possemus discere signis,
> Æstus et pluvias et agentes frigora ventos...

Il nous plaît de remarquer que le second de ces vers est correct, et qu'on le lit ainsi, dans la dernière édition de Virgile :

> Æstusque pluviasque et agentes frigora ventos.

Virgile ne s'est peut-être pas toujours interdit cette licence ; mais, pourquoi l'aurait-il prise en cette rencontre ? On accuse un peu légèrement le P. Larue d'avoir altéré le texte de Virgile pour le conformer aux règles de ce qu'on appelle dédaigneusement la prosodie classique. Les bons manuscrits, qui ne sont pas toujours les plus anciens, offrent beaucoup de leçons judicieusement admises par le P. Larue et qu'on aurait mieux fait, croyons-nous, de conserver.

18082

La première page de ce volume est occupée par un fragment anonyme sur le néant des choses humaines. En voici le début : *Status omnis humanus ruinosus est.* L'auteur pouvait s'arrêter là, cette maxime étant d'une incontestable vérité. Mais il a cru devoir la confirmer par divers témoignages d'Ovide et de Sénèque.

A la suite, quelques vers, dont plus d'un est vicié. Les premiers sont sur les âges du monde :

Incipiens ab Adam, quam formavit Deus, ætas...

Nous ne les avons pas ailleurs rencontrés. D'autres ont pour objet de rappeler que cinq mille cent quatre-vingt-dix-neuf ans se sont écoulés entre la naissance d'Adam et celle de Jésus. Quelques autres, d'un égal intérêt, sont si peu corrects, qu'on hésite à les transcrire. Nous avons déjà fait connaître ceux-ci :

Virgo Joannes avis, vitulus Lucas, leo Marcus... (1)

Les suivants :

Est ratio cur pars altaris dextera missæ...,

ont été publiés par Beaugendre sous le nom d'Hil-

(1) Tome I, p. 224.

debert et sont peut-être de lui (1). Nous avons ici de nouveau les huit vers sur les heures canoniales,

In matutino damnatur tempore Christus...

que nous avons déjà cités sous les n°s 3417 (2), 3705 (3) et 16699 (4). La dernière de ces épigrammes, incorrecte et inintelligible, commence par :

Credo, Petrus ait...

C'est là tout ce que nous en pouvons citer. La suite est évidemment altérée.

Au fol. *4* : *Augustinus de dignitate sacerdotum*. Voilà bien la plus bizarre des attributions ! Saint Augustin donnant en vers rythmiques des leçons de conduite aux curés du xiie ou du xiiie siècle ! Cette pièce a deux parties, dont la première, en prose, manque dans presque toutes les copies. Nous l'avons néanmoins plusieurs fois rencontrée et nous la retrouvons ici. Les vers ont été, comme nous l'avons dit, souvent publiés (5). Cependant on ne les connaît pas bien, les éditions étant toutes plus ou moins défectueuses. La dernière, celle de M. Du Méril, est particulièrement répréhensible. Nous allons nous efforcer d'en donner une meilleure (6) :

Viri venerabiles, sacerdotes Dei,
Præcones altissimi, lucernæ diei,
Caritatis radio fulgentes et spei,
Auribus percipite verba oris mei.

(1) *Mélang. poét. d'Hild.*, p. 151.
(2) Tome I, p. 211.
(3) *Ibid.*, p. 237.
(4) Tome V, p. 203.

(5) Tome IV, p. 306.
(6) Nous avons établi notre texte sur le présent manuscrit et sur les n°s 1093, 3473, 3480.

Vos in sanctuario Deo deservitis,
Quos vocavit palmites Christus veræ vitis;
Cavete ne steriles aut inanes sitis,
Si cum vero stipite vivere velitis.

Vos estis catholicæ legis protectores,
Sal terræ, lux hominum, ovium pastores,
Muri domus Israel, morum correctores,
Judices Ecclesiæ, gentium doctores.

Si desit protectio legis lex labetur;
Si sal evanuerit in quo salietur?
Nisi lux appareat via nescietur;
Nec, si pastor vigilet, ovile frangetur.

Vos cœpistis vineam Dei procurare,
Quam doctrinæ rivulis debetis rigare,
Spinas atque tribulos prorsus extirpare,
Ut radices fidei possint germinare.

Vos estis in area boves triturantes,
Prudenter a paleis granum separantes;
Vos habent pro speculo legem ignorantes
Laici, qui fragiles sunt et inconstantes.

Quidquid vident laici vobis displicere
Dicunt proculdubio sibi non licere;
Sed quidquid vos opere vident adimplere
Credunt esse licitum et culpa carere.

Cum pastores ovium sitis constituti,
Non estote desides sicut canes muti!
Vobis non deficiant latratus acuti!
Lupus rapax invidet ovium saluti.

Grex fidelis triplici cibo sustentetur,
Corpore dominico quo fides augetur,
Sermonis compendio, quod discrete detur,
Mundano cibario ne periclitetur.

Ovibus tenemini vestris prædicare;
Sed quid, quibus, qualiter, ubi, quando, **quare**,
Debetis sollicite præconsiderare,
Ne quis in officio dicat vos errare.

Spectat ad officium vestræ dignitatis
Gratiæ petentibus dona dare gratis;
Sed si cuiquam fidei munera vendatis,
Incursuros Giesi lepram vos sciatis.

Gratis eucharistiam plebi ministrate,
Gratis confitemini, gratis baptizate,
Secundum apostolum cunctis gratis date,
Solum id quod fuerit vestrum conservate.

Vestra conversatio sit religiosa,
Munda conscientia, vita virtuosa,
Regularis habitus, fama speciosa,
Nulla vos coinquinet labes criminosa.

Nullus fastus deprimat signum vestræ **vestis**;
Puritatis mentium habitus sit testis;
Nihil vos illaqueet curis inhonestis,
Quibus claves traditæ sunt regni cœlestis.

Estote breviloqui, ne vos ad reatum
Protrahat loquacitas, nutrix vanitatum.
Verbum quod proponitis sit abreviatum,
Nam in multiloquio non deest peccatum.

Estote benevoli, sobrii, prudentes,
Justi, casti, simplices, pii, patientes,'
Hospitales, humiles, subditos docentes,
Consolantes miseros, pravos corrigentes.

Utinam sic gerere curam pastoralem
Possitis, et ducere vitam spiritalem
Ut, cum exueritis clamydem carnalem,
Induat vos Dominus stolam æternalem!

> Qui sedet in solio summæ majestatis
> Vos purget a vitio, mundet a peccatis;
> Vobis sit auxilio vestræ pietatis
> Ut Abrahæ gremio fine sedeatis?
> Amen!

Au revers du feuillet 5 sont quelques autres vers encore plus maltraités par le copiste. Les premiers le sont à ce point qu'on n'y peut rien entendre.

Les suivants, attribués à Pythagore, sont d'Ovide. Voici le premier vers de la troisième pièce :

> Quid certum manet hic, nisi mors vel mortis imago?...

et, tout entière, la quatrième et dernière :

> Vestis pulchra, jocus, cibus, otia, pocula, somnus
> Enervant animam luxuriamque fovent.
> Pauper mensa, labor, somnus brevis, aspera vestis
> Carnem castigant luxuriamque domant.

Tous ces vers, faisons le remarquer, sont moraux, et il y en a, dans nos manuscrits, beaucoup d'autres qui ne le sont pas.

Au fol. 6, *Speculum peccatoris, editum a beato Augustino*, commençant par : *Quo modo, carissimi, in via hujus vitæ fugientis sumus...* Il faut lire : *Quoniam, carissimi.* Nous avons précédemment cité ce *Speculum peccatoris* sous le nº 13602 (1). Divers manuscrits l'attribuent à saint Augustin, à saint Grégoire, à saint Bernard, à Gérard Groot; mais les copies anonymes sont les plus nombreuses. En fait, on ne sait pas quel est l'auteur de cet écrit mystique. Les Bénédictins l'ont inséré dans les œuvres apocryphes de saint Augustin.

(1) Tome II, p. 346.

Au fol. 12, *Liber de officio sacerdotum, editus a beato Thoma de Aquino.* Ce manuel sacerdotal a été déjà cité sous le n° 3417, et il a été dit qu'il n'est pas de saint Thomas (1). Un bibliographe dominicain propose de l'attribuer à quelque curé de campagne, et le prudent Échard paraît souscrire à cette attribution. Il nous prouve ainsi que ce petit livre, utile peut-être, lui semblait néanmoins peu louable.

Au fol. 29, *De modo discendi;* commençant par : *Sapiens quidam, cum de modo et forma discendi interrogaretur, inquit : Mens humilis, studium quæ- rendi...* Suivent trois hexamètres publiés par Denis, d'après un manuscrit de Vienne (2), qui se trouvent aussi dans le n° 593 de la Mazarine, fol. 25. Cet écrit n'occupe que trois petites colonnes. C'est, croyons-nous, un fragment.

Au même feuillet, *De libero arbitrio;* commençant par : *Nabuchodonosor pœnitentiam meruit fructuosam.* Ce ne sont qu'extraits de saint Augustin et de saint Grégoire.

Du fol. 31 au fol. 209, avec le nom de l'auteur, les trois premiers livres de la somme de Raymond *De casibus.* Au fol. 209, la quatrième, avec un titre particulier, *De matrimonio.*

Au fol. 236, un pénitentiel anonyme, commençant par : *Res grandis, imo permaxima.* Mais l'auteur de ce pénitentiel nous est connu; c'est Robert de Flamesburg, chanoine de Saint-Victor. Un autre exemplaire a été mentionné sous le n° 16506 (3) et nous

(1) Tome I. p. 209.   (3) Tome V, p. 164.
(2) *Cod. theol. Vindob.*, t. I, c. 685.

VI   2

en devons citer un autre plus loin. C'était un livre
très estimé. Dans la bibliothèque du collège des
Cholets, qui pourtant n'était pas riche, il y en avait
encore, au xvii⁰ siècle, deux copies (1).

A la fin du volume, le poème

> Pœniteas cito peccator, cum sit miserator
> Judex. . . . .

qui, plus d'une fois copié sous le nom de Jean de
Garlande, est d'un auteur qui sera toujours peut-être
ignoré. C'est, du reste, une œuvre médiocre (2).

18094

Ce volume contient, sous le nom de Boèce, les
trois célèbres traités *De Trinitate, De Hebdomadibus,
De Duabus naturis et una persona in Christo*, avec un
commentaire anonyme. Les trois traités avaient toujours été considérés comme appartenant au grand
Boèce, l'interprète éclairé d'Aristote, l'auteur de la
Consolation. Mais d'habiles critiques se sont déclarés,
de nos jours, contre cette opinion, n'admettant pas
que le philosophe eût été chrétien (3). C'est là pourtant ce qu'atteste, dit-on, son ami Cassiodore, dans un
fragment récemment découvert, ajoutant qu'il est
bien l'auteur des écrits dogmatiques qui lui sont
attribués par tous les copistes (4). Ce témoignage est

(1) E. Chatelain, *Note sur les man. du collège des Cholets*, p. 11.
(2) *Not. sur les œuvres de J. de Garlande*, p. 10; dans le t. XXVII,
2⁰ part., des *Notic. et extr. des man.*
(3) Ch. Jourdain, *Excursions à travers le moyen âge*, p. 3.
(4) Boissier, *Journal des Savants;* 1889, p. 449.

certainement d'un grand poids. Mais quelque interpolateur n'a-t-il pas fait dire à Cassiodore un peu plus qu'il n'a dit? Ce qui, du moins, ne semble plus douteux, c'est que Boèce, gendre d'un chrétien et mari d'une chrétienne, était aussi chrétien.

On ne trouve pas dans notre manuscrit, nous en faisons la remarque, la *Confessio fidei* publiée pour la première fois en 1656, sous le nom de Boèce, par René Vallin.

Le commentaire est de l'évêque de Poitiers, Gilbert de La Porrée, le plus docte et le plus ingénieux de tous les sectateurs du platonisme au XIIe siècle. Les théologiens n'ont pas approuvé les raisons qu'il a données pour expliquer le mystère de la Trinité. Ce sont des raisons qui diffèrent beaucoup des arguments dont Abélard fait usage; mais toute explication d'un mystère offre les mêmes dangers.

Nous avons plusieurs éditions de ce commentaire, la dernière dans le tome LXIV de la *Patrologie*. Mais, dans ces éditions, la préface est incomplète, et ce qu'on en a retranché nous paraît être ce qu'il y a de plus intéressant. C'est pourquoi nous allons combler la lacune. Après avoir dit qu'il s'est efforcé d'exposer fidèlement l'opinion de Boèce, Gilbert assure qu'il n'a rien avancé de contraire à la doctrine des théologiens authentiques, quoiqu'on l'ait accusé d'avoir commis ce délit. Mais quel crédit peuvent avoir ces gens qui l'accusent? Citons :

Multa pro qualitate operis... explanamus, sollicite circumspicientes ne aliquo sensu ab authenticis sanctarum divinationum scriptoribus recedamus, quamvis nos ab eis dissentire garriant quidam temporum nostrorum Ennii atque Pacomii (1), qui, cum nihil didicerunt, opinione sua nesciunt nihil, homines sine ratione philosophi, sine visione prophetæ, præceptores impossibilium, judices occultorum, quorum mores plurimis notos describere nil nostra interest. Ipsi vero, tanquam excussi propriis, aliena negotia curant, et, obliti suorum facinorum, satiras de ceteris animi ingenio et vitæ honestate præclaris et multarum personarum fingunt comœdias. Qui etiam in Deum blasphemi illorum de ipso profitentur errores quorum nomina diffitentur, nam, ut ita dicantur hæreticorum catholici, in Sabellii, Donati, Pelagii et aliorum hujusmodi pestilentium verba jurati, eorum nomina, eo quod edictis publicis damnata noscuntur, cum catholicis detestantur, ut, cum blasphemiarum causis sint juste damnabiles, blasphemorum detestatione putentur indemnes; sed, quia non tam res nominibus quam nomina rebus accommodat impositio, quibuscumque res conveniunt nomina non convenire non possunt. Quoniam ergo vere sunt, recte vocentur Sabelliani, Donatistæ, Pelagiani et hujusmodi; et bene, quod novi hæretici nihil afferunt novi ut ad improbandum adinventiones novas novis sit laborandum inventis. Antiqua sunt dogmata olim præclaris et exercitati ingenii virorum evidentissimis atque necessariis rationibus improbata, quibus eadem novissimis his rediviva temporibus possunt refellere quicumque recte intelligentes virorum illorum scriptis lectitandis invigilant; sed qui neque legunt neque lecturiunt ideoque scientiarum elementa, si qua prioribus annis attendere consueverant, post, longa desuetudine, desciverunt, aut etiam corruptis artibus a via veritatis exorbitaverunt, has omnino rationes ignorant. Quorum si forte aliqui humano errore aut potestate aliqua præsunt aut præeminent dignitate, præcipiunt ut verum falsum et falsum verum, itemque bonum malum et malum bonum esse credatur, et, quod impudentissimum est, ad sui magnificentiam quoslibet infames magnificant et magnificos infamant. Sed quia non tam cognitores quam cogniti resident, sæpe contingit ut, rerum consequentibus

(1) Il faut lire peut-être *Pacuvii*, Gilbert disant plus loin que ses étracteurs étaient des auteurs de satires et de comédies.

cancellatis, cujuspiam bonæ famæ aliquid illorum favor detrahat et vituperatio addat. Quod nimirum attendentes illorum maledicta de nostris moribus et præcepta de rebus contemnimus (1).

A cette préface succède un prologue d'un ton bien différent, qui tout entier a pour objet de justifier la doctrine de Boèce sur la Trinité. Or, dans un grand nombre de manuscrits, le commentaire débute par ce prologue ; la préface manque. Cela nous fait supposer que cette préface superbement injurieuse fut écrite par Gilbert après ce concile de Paris, où, dénoncé par ses archidiacres Calon et Arnaud, sommé par saint Bernard de rétracter quelques téméraires assertions de son commentaire, il fut du moins invité par le concile à ne plus discourir sur un mystère en des termes qui, mal compris, pouvaient sembler condamnables. Ainsi les ignorants qui l'ont calomnié, et qui, Sabelliens sans savoir l'être, lui ont fait un crime d'avoir exposé la saine doctrine dans un langage auquel ils n'entendaient rien, ces auteurs mal notés de satires, de comédies, contre les plus honnêtes gens, seraient les deux archidiacres et leur complice, l'abbé de Clairvaux. On sait que, peu de temps après le concile de Paris, saint Bernard fit prier Gilbert de vouloir bien conférer amicalement avec lui sur les graves questions traitées dans ce concile, mais que Gilbert refusa d'avoir cet entretien inutile avec un homme si peu versé, dit-il, dans les matières théologiques (2). Il est vrai que saint Bernard n'avait pas

(1) Nous avons corrigé quelques mots sur deux copies conservées dans les nᵒˢ 16341 et 16342.

(2) *Hist. de la phil. scolast.*, prem. période, p. 476.

appris à philosopher sur le dogme, et qu'il s'inquiétait
peu de savoir s'il était plus facile de démontrer l'es-
sence unique des trois personnes suivant la doctrine
de Platon que suivant celle d'Aristote. Nous croyons
qu'à lui se rapporte ce passage de la préface : *Si forte
aliqui humano errore aut potestate aliqua præsunt aut
præeminent dignitate, præcipiunt ut verum falsum et
falsum verum... esse credatur, et, quod impudentissimum est, ad sui magnificentiam quoslibet infames
magnificant et magnificos infamant.* Ce mot *præcipiunt* met bien en scène l'impérieux abbé de Clairvaux, qui ne parlait à personne, même au pape, sans
prendre le ton du commandement.

18096

Dans ce manuscrit du XIIe siècle, longtemps conservé dans l'abbaye de Saint-Corneille, à Compiègne,
tout, ou, du moins, presque tout est anonyme.

La première pièce, intitulée *Liber honestæ vitæ,* est
de grande notoriété, mais l'auteur en sera toujours
inconnu. On l'a souvent, à la vérité, copiée et même
imprimée sous les noms de Sénèque et de Martin,
évêque de Braga ; mais elle n'est pas plus de l'un que
l'autre ; elle est d'un faussaire lettré, qui vivait, croit-
on, vers le milieu du IVe siècle. C'est ce que nous
pensons avoir prouvé sous le n° 13468 (1).

Suivent quelques extraits anonymes, tirés de saint
Augustin, de saint Bernard, de Hugues de Saint-
Victor. Il n'est besoin de signaler que ceux-ci :

____

(1) Tome II, p. 195 et suiv.

Au fol. 10, un fragment, commençant par : *Fercu-
lum fecit sibi rex Salomon. — Duo vehiculorum genera
commemorat Scriptura.* L'auteur est Hugues de Saint-
Victor: *Miscell.*, livre I, titre 61. Notons que la dernière
phrase n'a pas de sens dans le texte imprimé ; il faut
ainsi la lire, d'après notre manuscrit : *Per currum
Pharaonis cor in cupiditate carnalium voluptatum dis-
currens.* Dufol. 11 au fol. 115, sans titre, un plus long
fragment, dont l'auteur est encore Hugues de Saint-
Victor. On trouvera cette dissertation subtile et pro-
lixe sur la volonté de Dieu dans son grand traité *De
Sacramentis,* livre I, partie iv, ch. i-xxv.

Les extraits qui commencent au fol. 15 sont tous
de saint Bernard. Le premier, qui débute par : *Haurietis aquas in gaudio. — Pro paradiso, quem perdi-
dimus...,* est le sermon 96 *De diversis* dans les
dernières éditions de saint Bernard. Il ne peut être
utile d'en indiquer les copies nombreuses ; nous
croyons toutefois devoir en signaler trois, pareillement
anonymes, dans les n°s 6674, fol. 58, 12261, fol. 145
et 18219, fol. 68. Au fol. 16, sans titre, une courte
définition de l'amour, commençant par *Duo sunt amores.* Est-ce bien un sermon? C'en est un, à la vérité,
sous le n° 101, parmi les *Sermones de diversis,* dans
l'édition de Mabillon ; mais on a fait depuis longtemps
remarquer que beaucoup des pièces assemblées sous
ce titre sont tout simplement des lieux communs
paraphrasés. De même le morceau qui vient après et
commence par *Veniens ad nos de via noster amicus*
n'est qu'un exorde de sermon. Il figure, dans l'édition
de Mabillon, sous le n° 59 des *Sermones de diversis.*

Mais nous avons à la suite un vrai sermon sur ce thème : *Erant ibi positæ lapideæ sex hydriæ*... Il est encore de saint Bernard, et a été publié par Mabillon sous les n°s 55 et 56 des *Sermones de diversis;* ce qui veut dire que l'éditeur a, transcrivant une mauvaise copie, fait deux sermons d'un seul. Notons en passant qu'il est anonyme, comme dans notre manuscrit, dans les n°s 2944 (fol. 111), 6674 (fol. 137), 10695 (fol. 45), 14517 (fol. 129), 14804 (fol. 31) de notre bibliothèque et dans les n°s 615, 974 et 1074 de la Mazarine.

Du fol. 18 au verso du fol. 22, autres emprunts aux *Sermones de diversis* du même saint Bernard. Le premier, commençant par *Beatus vir*, est sous le n° 72 de l'édition ; le second, commençant par *Corrupti sunt*, sous le n° 74. Les extraits suivants ne sont que des phrases, dont la dernière, commençant par *Emissiones tuæ paradisus*, est un fragment du sermon 91. Au fol. 19, un sermon complet, commençant par *Quatuor gradibus·distinguitur omnis electorum profectus;* c'est le n° 103 du même recueil ; et le suivant, au fol. 20, qui commence par *Viri sanguinum et dolosi*, en est le n° 3.

Au verso du fol. 22, ainsi qu'au recto du fol. 23, sont entremêlés des fragments empruntés à des auteurs divers. Le premier, commençant par *Tria sunt loca, cœlum, terra, infernus*, est de Hugues de Saint-Victor : *Miscell.*, lib. V, tit. 24. Le plus long, qui débute par *Duo sunt loca animæ rationalis*, est de saint Bernard : sermon 84 *De diversis*. Quant au suivant, commençant par *Tres sunt status animæ*,

Hugues et Bernard le réclament à la fois. Dans les œuvres de Bernard, c'est le n° 106 des *Sermones de diversis* ; dans celles de Hugues, le titre 76 du livre v des *Miscellanea*. Comme il y a des manuscrits qui témoignent pour l'un et pour l'autre, nous ne savons à qui nous devons assigner ce fragment. Il est, du reste, sans intérêt. Hugues et Bernard ont habituellement plus d'invention et s'expriment dans un meilleur style.

Du fol. 23, verso, au verso du fol. 26, un traité sur les sacrements dont nous avons un autre exemplaire anonyme dans le n° 14869, fol. 57. Mais l'auteur, indiqué dans le n° 3876, est Bruno d'Asti, évêque de Segni, et cette attribution n'a jamais été, croyons-nous, contestée. Il n'est besoin de mentionner que la dernière édition de ce traité, au tome CLXV de la *Patrologie*, col. 1090. Elle a pour titre : *De sacramentis Ecclesiæ, mysteriis atque ecclesiasticis ritibus*, et offre un prologue qui manque dans notre manuscrit ainsi que dans plusieurs autres. Ce prologue est à l'adresse de Gautier, évêque de Maguelone. Les auteurs de l'*Histoire littéraire* paraissent ne l'avoir pas connu, car ils n'en font pas mention dans leur notice sur Gautier.

Nous avons ensuite une autre série de fragments. Le premier, au fol. 26, verso, commence par : *Dum medium silentium tenerent omnia... — Tria sunt silentia*. Ici, point d'embarras ; l'auteur est Hugues de Saint-Victor. C'est la première de ses *Conférences sur le Verbe incarné : Patrologie*, t. CLXXVII, col. 315. Sur ce qui vient immédiatement à la suite nous n'avons rien à dire de certain ; nous ne pouvons que proposer deux conjectures. C'est encore un court fragment, qui commence par ces mots : *Videndum est quod quatuor sunt timores.* Or, sur ces quatre sortes de crainte, qui sont ainsi qualifiées *timor servilis, timor mundanus, timor gehennæ, timor filialis,* Hugues de Saint-Victor a disserté cinq fois au moins, sans beaucoup varier les formes de son langage : dans son commentaire *In canticum B. Mariæ, Patrologie,* tome CLXXV, col. 427, 428 ; dans ses *Allégories* sur le Nouveau Testament, *ibid.*, col. 890; dans son grand traité des *Sacrements,* tome CLXXVI, col. 528 ; enfin, dans les *Mélanges* publiés sous son nom, tome CLXXVII, col. 585 et 830. Eh bien ! aucune de ces cinq dissertations n'est celle que nous avons dans notre volume. Si pourtant Hugues de Saint-Victor n'est pas encore l'auteur de celle-ci, elle est certainement d'un plagiaire. Nous y trouvons, en effet, reproduites, non seulement toutes les distinctions, mais encore toutes les définitions du dogmatique prieur. Le troisième fragment, au verso du fol. 27, commence par : *Quatuor sunt judicia, secundum præsentiam, secundum causam, secundum operationem, secundum retributionem.* Il faut lire, au lieu de *præsentiam, præscientiam.* Ce fragment appartient plus sûrement à l'illustre Victorin ; il est tiré du *Dialogus de sacramentis legis naturalis et scriptæ,* au tome CLXXVI de la *Patrologie,* col. 31. Les contemporains de l'auteur doivent avoir fait grand cas de ce morceau, car nous le trouvons transcrit à part, comme il l'est ici, dans plusieurs recueils, notamment dans les nᵒˢ 13578 (fol. 3), 18108 (fol. 48) de la Bibliothèque nationale, 277 et 344 des *Cod. Laud. miscell.*, à la Bodléienne, et dans un manuscrit de Florence décrit par Bandini : *Bibl. Laurent.*, t. IV, col. 611. Le quatrième fragment, qui commence par : *Mors animæ oblivio,* se compose tout entier de trois courtes phrases. L'auteur en est encore Hugues de Saint-Victor : *Miscell.*, livre V, titre 78. Quant aux extraits qui suivent, occupant la fin de la page, ils sont peut-être du même auteur et peut-être imprimés sous son nom ; mais nous les avons recherchés vainement dans le fouillis de ses *Mélanges.* Si, du moins, tous les chapitres de ces *Mélanges* avaient été rangés par les éditeurs dans un ordre quelconque ! Mais ils sont au nombre de neuf cent neuf, juxtaposés à tout hasard, n'ayant les uns avec les autres aucun rapport, aucun lien. C'est le chaos !

A ces fragments succède, fol. 28, un sermon complet, qui commence par : *Ibo mihi ad montem myrrhæ... — Sponsus hic quidam loquitur.* Hugues en est certainement l'auteur. Nous avons déjà parlé de ce sermon sous les nᵒˢ 3833, 12029, 13442, 13577, 13586 et 17251 (1).

Au fol. 31, une dissertation sur quelques noms propres de l'Ancien Testament. Elle a été déjà citée sous les nᵒˢ 13586 et 14984 (2). On n'en connaît pas l'auteur, qui n'a rien dit, qui ne pouvait, en cette matière, rien dire de lui-même.

Du fol. 31 au fol. 36, plusieurs sermons que nous

____

(1) Tomes I, p. 70 ; II, p. 56, 187, 256, 314 ; V, p. 256.
(2) Tomes II, p. 313 et IV, p. 188.

n'avons pas tous ailleurs rencontrés. Il nous faut mentionner particulièrement chacun de ces sermons.

1° *Dedit Elisæus consilium Naaman...* — *Sunt enim septem lavationes, id est examinationes animæ.* C'est la seule copie de ce sermon qui nous soit connue.

2° *Dixit inimicus...* — *Iste vere Dei inimicus est qui populum Dei persequitur.* Un autre exemplaire anonyme de ce sermon est dans le n° 854 de l'Arsenal, fol. 1.

3° *Nuptiæ factæ sunt in Cana...* — *Hæc qualiter ad sacramenta Ecclesiæ a sanctis Patribus relata sunt novimus.* Pas d'autre copie.

4° *Intravit Jesus in quoddam castellum...* — *Quod Dominus ac Salvator noster semel et in uno loco visibiliter...* Nous avons dit, sous le n° 13577 (1), que ce sermon, attribué par divers manuscrits à saint Bernard, n'est peut-être pas de lui selon Mabillon, qui l'a néanmoins publié.

Nous avons ensuite quelques autres fragments. Le premier, au fol. 36, est théologique. Il commence par ces mots : *Mediator Dei et hominum Jesus Christus, qua convenientia et necessitate in reconciliationem humani generis septem Spiritus sancti uti donis voluerit...* — A la suite, fol. 37 et 38, deux extraits liturgiques sur l'office des morts. Le premier commence par : *Notandum est quod officium pro mortuis ad imitationem officiorum agitur quæ in morte Domini aguntur;* le second par : *Solet vulgus requirere si pro*

-----

(1) Tome II, p. 262.

omnibus christianis licitum sit missam celebrare.
Nous ne connaissons pas l'auteur ou les auteurs de ces
fragments. Le dernier n'est pas sans intérêt.

Fol. 28, verso, un court traité dont le titre varie
selon les manuscrits. Le plus usuel, *De essentia divi-
nitatis,* est peut-être le moins exact. Nous avons dit,
sous le nº 12420, que ce traité, publié sous les noms
de saint Jérôme, de saint Augustin, de saint Eucher,
enfin de saint Bonaventure, paraît être de saint
Eucher (1).

Fol. 40, fragment commençant par : *Maximam
hanc in Scripturis difficultatem invenio quod ubi
magna quædam et sublimia nonnunquam requirere
nos causa circumstans cogit...* C'est le début de l'*Ex-
planatio in canticum B. Mariæ* dont l'auteur est
Hugues de Saint-Victor : *Patrologie,* tome CLXXV,
col. 413. Nous avons ici la préface tout entière ; mais
il manque environ la moitié de la paraphrase qui la
suit.

Du fol. 45 au fol. 49, traité sur l'ouvrage des six
jours, commençant par : *De septem diebus et sex
operum distinctionibus primam Geneseos partem secundum physicam et ad litteram ego expositurus...* C'est
le traité de Thierry de Chartres, dont nous avons
donné, sous le nº 647, la partie principale (2). Aux
copies par nous indiquées ajoutons-en une dont l'existence vient de nous être signalée par M. Molinier,
dans son catalogue des manuscrits de Cambrai (3).

(1) Tome II, p. 112.
(2) Tome I, p. 49 et suiv.
(3) *Catal. gén. des man.,* t. XVII, p. 125.

Du fol. 49 au fol. 74, une série de sermons anonymes, au nombre de dix-neuf, en tête desquels une main du xvie siècle a écrit : *Videndum num sint parvi Sermones de Diversis D. Bernardi*. Cette vérification, qui nous est recommandée, nous l'avons faite, et nous allons en dire le résultat. Pas un seul de ces dix-neuf sermons n'est de saint Bernard. En voici le détail :

1° *Quis ex vobis est qui, justa interpretatione nominis Jacob, supplantet diabolum de corde suo?* Le copiste paraît avoir omis le thème de ce sermon.

2° *Initium sapientiæ timor Domini. — Timor est initium et porta per quam intratur ad Dominum.* Un autre exemplaire, pareillement anonyme, est dans le n° 13572 (1).

3° *Si filius vos liberaverit... — Triplex invenitur libertas.* Beaugendre a publié ce sermon sous le nom d'Hildebert. Mais nous avons dit, sous le n° 13572, que rien ne motive cette attribution (2).

4° *Sacerdotes, nescientes Dominum neque officium ad populum, abstrahebant populum a sacrificio Dei... — Cum quilibet christianus scire debeat Dominum, maxime sacerdotes...* Pareillement anonyme dans le n° 14804 (fol. 66).

5° *Dominus eduxit filios Israel de Ægypto... — Res hæc gesta, fratres carissimi, magnum nostri profectus insinuat sacramentum.* Ce sermon se lit aussi dans les *OEuvres* d'Hildebert, col. 871. Il l'en faut retrancher. Nous l'avons déjà rencontré dans le n° 13572 (3).

(1) Tome II, p. 225.
(2) *Ibid.*

(3) Tome II, p. 223.

6° *Ait Samuel : Congregate universum Israel...* — *Samuel bonos significat prælatos, nec hoc nomen alienum est ab omnibus prælatis.* Nous n'avons pas à citer une autre copie.

7° *Intravit Jesus quoddam castellum...* — *Mundus, fratres carissimi, leges sibi a Deo positas custodit.* Déjà cité sous le n° 13572 (1).

8° *Aiel de Bethel ædificavit Jericho...* — *Aiel bonos significat, in hac vita Deo servientes.* Sous le numéro 13572 (2).

9° *Egredimini, filiæ Jerusalem...* — *Adhuc infirmis et delicatis ista exhortatio proponitur.* Pareillement anonyme dans les n°s 3730 (fol. 221), 13588 (3) et 13586 (4).

10° *Cantate Domino canticum...* — *Vestrum est novum cantare canticum et non vetus. Est enim vetus canticum, est et novum.* Autres exemplaires anonymes : n°s 3730 (fol. 227), 17400 (5).

11° *Arbor si ceciderit ad aquilonem...* — *Grave dictum, vera tamen et immutabilis sententia. Arbor nos sumus.* Anonyme, comme il l'est ici, dans le n° 3730 (fol. 224).

12° *En lectulum Salomonis...* — *Salomon, qui pacificus interpretatur, Christus est, qui terrena pacificavit.* Sous le n° 13572 (6).

13° *Hodie, fratres dilectissimi, si vocem Domini audiveritis, nolite obdurare corda vestra, sed aperite aures vestras interiores, ut, cum habueritis aures*

(1) Tome II, p. 223.
(2) *Ibid.*, p. 225.
(3) Tome II, p. 271.
(4) *Ibid.*, p. 322.
(5) Tome V, p. 266.
(6) Tome II, p. 224.

audiendi, possitis dicere cum Samuele : Loquere, Domine. Sous le n° 13572 (1).

14° *Deum time et mandata ejus...* — *Hæc duo sunt ligna quibus erectis infigimus gradus...* Sous le n° 13572 (2).

15° *Magnum quidem et difficile est nostrum propositum, sed utile attendentibus et salubre. Ostendere enim volumus manna absconditum...* Sous le n° 13572 (3).

16° *Heri, fratres carissimi, de bono conscientiæ vobiscum sermonem habuimus, quod nos manna absconditum, pretiosam margaritam...* Ce sermon rappelle, en l'abrégeant, le thème du précédent. Ils sont du même auteur. Sous le n° 13572 (4).

17° *Discipuli cum Domino appropinquantes...* — *Pax illa quæ Jerusalem, quæ visio pacis interpretatur.* Anonyme, n° 3730 (fol. 218).

18° *Dicit Dominus : Ecce ego demetam...* — *Ad litteram, non mirum si iniqui iniquitatem Deus punivit.* D'autres copies anonymes du même sermon, commencent par *Ait*, non par *Dicit.* Sous les n°ˢ 13572 (5) et 17400 (6).

19° *Quatuor reges adversus quinque...* — *Hujus prophetiæ mysterium exposituri altius ordiendum censuimus.* Sous le n° 13572 (7).

Ces dix-neuf sermons sont peut-être du même auteur. Si les copistes savaient son nom, ils n'ont pas voulu nous le faire connaître.

(1) Tome II, p. 224.
(2) *Ibid.*
(3) *Ibid.,* p. 226.
(4) *Ibid.,* p. 223.

(5) *Ibid.,* p. 226.
(6) Tome V, p. 265
(7) Tome II, p. 223.

Au fol 74, le traité de saint Bernard *De laude novæ militiæ ad milites Templi*. Le texte de notre manuscrit diffère très peu de l'imprimé.

Du fol. 82, verso, au fol. 86, divers extraits. Le premier, commençant par *Invisibilia Dei a creatura mundi per ea quæ facta sunt,* appartient au *Liber de tribus diebus* de Hugues de Saint-Victor, ch. i. Ce *Liber de tribus diebus* est, dans les éditions, le septième livre du *Didascalicon*. Le second extrait, commençant par *Summum bonum Deus est,* est tiré du même livre, ch. XXIII-XXVII. Si nous n'osons pas réclamer pour Hugues de Saint-Victor tous les extraits suivants, c'est que nous avons recherché vainement dans ses *OEuvres* imprimées quelques-unes des phrases transcrites par le copiste.

Du fol. 86 au fol. 93, gloses diverses sur l'Exode, tirées de saint Augustin, d'Origène, de saint Grégoire, d'Isidore. A la suite, quatre colonnes d'étymologies empruntées au même Isidore.

Fol. 94, autre glose sur l'Exode, commençant par : *Hæc sunt nomina filiorum Israel qui ingressi sunt in Ægyptum... — Rabanus : In Pentateucho excellit Exodus.* A la marge supérieure nous lisons : *Forsan est glossa ordinaria.* Cela peut, en effet, paraître la glose dite ordinaire, celle de Walafrid Strabon ; cependant cette glose ordinaire n'est pas toujours conforme à la nôtre. Dans celle-ci manquent des textes qui se trouvent dans celle-là ; dans celle-là sont écourtés des textes qui sont, dans celle-ci, beaucoup plus étendus.

Du fol. 159 à la fin du volume, le texte du Cantique des cantiques, avec des scolies marginales et interli-

néaires. Voici les premiers mots de la première scolie
Salomon, spiritu scientiæ plenus, composuit hunc libel-
lum de nuptiis Christi et Ecclesiæ ipsius, scilicet epi-
thalamium quoddam componens, id est canticum super
thalamos. Cela fait assez prévoir ce qu'on doit lire
dans les scolies suivantes.

18097

Sous le nom du pape saint Grégoire, un commentaire sur le Cantique des cantiques, commençant par :
Quia si cæco, si longe a Deo posito cordi sermo divinus
propria voce divina loqueretur... Nous avons dit, sous
les nos 14802 (1) et 15612 (2), que ce commentaire
est, non du pape Grégoire, mais de Robert de Tombe-
laine, abbé de Saint-Vigor. Il est aussi donné au pape
Grégoire dans les volumes qui suivent, sous les
nos 18098 et 18099.

18099

La première pièce de ce volume est donc le commentaire sur le Cantique des cantiques attribué faussement, ici comme souvent ailleurs, à saint Grégoire.
Mais ici l'attribution est plus moderne que la copie.

A la suite, la lettre de saint Bernard à Guillaume,
abbé de Saint-Thierry, qui, dans les éditions a pour
titre *Apologia.* La préface manque.

Le traité de saint Bernard qui vient après, le *Trac-*

____

(1) Tome III, p. 14.   (2) Tome V, p. 16 et suiv.

tatus de gradibus humilitatis et superbiæ, commence dans notre manuscrit, ainsi que dans beaucoup d'autres, par un prologue qu'on lit à la suite dans l'édition bénédictine. Il faut noter cette différence, sans toutefois blâmer la mise en pages que les éditeurs ont préférée. L'objet de ce prologue est, en effet, de corriger un passage du traité. C'est d'ailleurs une correction qui n'a pas beaucoup d'importance. Par le soin qu'il prend de prévenir les critiques, saint Bernard montre qu'il y était sensible. Quand on ne l'est pas c'est quand on n'a pas eu le souci de bien faire.

Le traité qui finit le volume est intitulé : *Expositio B. Bernardi super evangelium : Missus est Gabriel.* Ce sont les quatres homélies *De laudibus Virginis matris.* Il y a des lacunes dans notre manuscrit, quoiqu'il semble presque contemporain de l'auteur. On suppose que saint Bernard a plus tard ajouté ce qui manque ici. Mais on ne croit pas qu'il ait divisé lui-même son écrit comme il l'est dans l'imprimé ; il lui donne, en effet, en terminant, le titre d'opuscule, non celui d'homélies.

18108

Ce volume est un assemblage confus d'extraits théologiques, historiques, poétiques, etc., etc., parmi lesquels sont intercalés des opuscules pour la plupart mutilés. D'abord on ne voit rien dans ce chaos ; mais un grand et persistant effort d'attention y fait enfin découvrir un certain nombre de pièces plus ou moins intéressantes. Nous allons indiquer celles dont nous avons constaté la présence et sur lesquelles nous avons quelque chose à dire. Les autres peuvent être ainsi décrites toutes ensemble : c'est un inextricable fatras.

La première pièce est le traité d'Alcuin sur les vertus et les vices, par lui dédié au comte Guy. Mais la fin manque ; nous n'avons ici que les vingt-six premiers chapitres.

Aussitôt après ce traité commencent les extraits, les phrases détachées qu'un moine a transcrites au cours de ses lectures et les opuscules acéphales dont on a fait un bloc pour en sauver les débris. Voici ce que nous avons distingué particulièrement parmi ces pièces, presque toutes anonymes.

Au fol. 12, une dissertation, qui n'est pas toujours claire, sur cette proposition, qui paraît un incontestable axiome : *Omne universale bonum majus est quam id quod in parte constat.* Mais l'auteur de cette dissertation est un théologien dont l'esprit méditatif cherche volontiers la raison des choses. Il ne se persuade pas toujours, à la vérité, qu'il l'a trouvée. Telle est, en effet, sa conclusion : *Hæc de voluntate Dei diximus quantum ipsa est prima causa rerum omnium... Et sunt alia multa fortassis quæ comprehendi non possunt et fugiunt ab intelligentia et sermone nostro.* Voilà le dire d'un vrai sage : notre intelligence s'élève jusqu'à l'affirmation nécessaire de la cause première ; mais elle ne s'explique pas pourquoi cette cause mystérieuse a déterminé ceci plutôt que cela. Des philosophes qu'on appelle sceptiques, mais qui prétendent ne pas l'être, apposeraient leur signature à cette conclusion, n'en retranchant que le mot *fortassis*. Cela prouve que notre théologien est lui-même philosophe. Il l'est en effet. Le copiste ne l'a pas nommé ; mais nous le connaissons bien ; c'est Hugues de Saint-Victor. Ce fragment appartient au premier livre de son traité *De sacramentis ;* chap. xx-xxv de la quatrième partie.

Au fol. 13, sur une question certainement obscure, une dissertation qui ne l'est pas. Voici les termes de la question : *Quæritur quale corpus in cena suis dederit discipulis.* Certains docteurs disaient que Jésus avait donné son corps mortel à ses disciples ; d'autres assuraient qu'il avait entre eux partagé son corps immortel. Les évangélistes n'ayant pas cru devoir s'expliquer sur ce point, l'incertitude était permise. Eh bien, après avoir exposé les raisons des uns et des autres, l'auteur déclare qu'il s'en tient au doute. Nous ne pouvons que l'approuver.

Du fol. 14 au fol. 23, les chapitres iv-xlv d'un traité de théologie dont le commencement fait défaut.

Du fol. 23 au fol. 34, un opuscule sur les sacrements, que précède une longue digression sur la chute d'Adam, commençant par : *De sententiis divinæ paginæ aliqua, Deo volente, dicturi, ab ipsa divina, qua nihil altius esse potest, incipiamus essentia.* D'autres copies anonymes, qui ne sont pas toutes complètes, se trouvent dans notre n° 15172 (fol. 114) ainsi que dans les n°ˢ 680, 940 de la Mazarine et 231 de Marseille. L'auteur, qui cite saint Bernard, nous paraît avoir vécu dans les premières années du xiiiᵉ siècle. Mais quel est son nom ?

Du fol. 34 au fol. 38, de courtes digressions, des pensées brièvement, quoique subtilement, énoncées, justifiées par un théologien expérimenté. Ce théologien est encore Hugues de Saint-Victor. Ses confrères ont inséré ces fragments dans ses *Mélanges*. On peut les lire dans la *Patrologie*, t. CLXXXVII, de la colonne 482 à la col. 491.

Au fol. 38, une dissertation sur les heures canoniales que nous avons déjà citée sous les n°ˢ 14869 (1), 17251 (2), et qu'on lit aussi vers la fin du n° 17990. Nous avons dit, en décrivant le n° 17251, qu'elle est peut-être d'Eudes de Soissons.

Au fol. 45, un traité dont la fin manque, commençant par : *Epistola græcum nomen est compositum ;* epi *enim græce, latine* supra... Un autre exemplaire anonyme de cet opuscule est, dans le n° 2507 de la bibliothèque impériale de Vienne, sous ce titre : *Liber formularum.*

Fol. 48, sans nom d'auteur, la première conférence de Hugues de Saint-Victor *De verbo incarnato ;* sur ce thème : *Dum medium silentium tenerent omnia.* Cette conférence est imprimée dans le tome CLXXVII de la *Patrologie*, col. 315. Il en existe de nombreuses copies. Nous venons d'en indiquer une dans le n° 18096 (3). Ce qui suit, *De quatuor judiciis,* est aussi de l'illustre Victorin et se rencontre pareillement dans le n° 18096 (4).

Du fol. 50 au fol. 58, le traité, souvent imprimé, de saint Bernard, sur la grâce et le libre arbitre. Les

(1) Tome III, p. 184. (3) Ci-dessus, p. 25.
(2) Tome V, p. 252. (4) Ci-dessus, p. 26.

bénédictins estiment que saint Bernard a pleinement démontré l'accord de ces deux principes, en disant que si l'homme veut par lui-même, il ne veut le bien que par la grâce. A ce compte, la grâce détermine la volonté, c'est-à-dire l'agent divin la puissance humaine, et la liberté n'est plus qu'un mot vide. Saint Bernard nous paraît moins rigoureusement conclure. Sa doctrine est bien, en effet, celle de saint Augustin ; mais en l'exposant il s'embarrasse et paraît quelquefois, après l'avoir exposée, l'abandonner. Qu'on ne s'en étonne pas trop. Il y a des problèmes insolubles. Tels, du moins, qu'ils sont posés. Mais changez-en les termes, la solution en devient facile.

A la suite, un traité sur les sacrements, auquel paraissent manquer le commencement et la fin.

Au fol. 66, la longue lettre de Pierre Damien au pape Alexandre, qu'on peut lire dans la *Patrologie* à la col. 219 du tome CXLIV. Mais elle n'est pas ici complète; le copiste s'est arrêté vers le milieu, n'achevant pas même une phrase commencée.

Au fol. 75, la narration suivante :

Ego peccator, nomine Osbertus, si vellem tegere peccatum meum, indicio esset mearum inquietudo venarum et motus membrorum. Quod ut quisque cognoscat ob quam culpam acciderit et ut mihi eleemosynam pro Deo impendat, legere volentibus per ordinem pandam. Eramus 15 viri et tres mulieres in villa Coleuze regionis Saxonicæ, ubi sanctus Magnus consummavit martyrium. Qui in sanctissima Nativitate, dum expletis matutinis missarum solemniis interesse deberemus, choros in cœmeterio duximus, suadente diabolo. Presbyter vero, nomine Robertus, jam primam missam inchoaverat; sed heu ! ita nostra cantilena impediebatur ut id ipsum inter sacra verba personaret. Commotus hac

importunitate nos adiit, monens ut, quiescentes a tali opere,
ecclesiam intraremus. Spretus ergo a nobis, hac imprecatus
est voce : « Utinam potentia Dei et merito sancti Magni
martyris sic inquieti cantando annum ducatis. » Nos, ejus
verba subsannantes, persistimus cantantes. Erat vero una
mulierum trium, filia prædicti presbyteri, nomine Mersent,
quam jussu patris frater ipsius mulieris, Joannes vocatus,
brachio apprehendens conabatur a choro retrahere ; sed mox
brachium a corpore abstraxit, attamen una gutta sanguinis
non manavit, quodque est mirabile dictu sine brachio nobiscum cantando et tremendo pedibus secundum impreca-
tionem presbyteri annum peregit. Ergo, sex mensibus
evolutis, usque ad genua terræ immersi sumus. Post
annum, redeunte eadem sanctissima Nativitate Domini,
usque ad latera demersi sumus, in circuitu choros duximus,
et per Dominum et sanctum Heribertum, Coloniæ civitatis
episcopum, ita liberati sumus. Idem ad nos eadem die Nativitatis veniens, et orationem complens super nos, a ligatura
qua invicem manu ad manum tenebamur solvit nos et ante
altare sancti Magni, pretiosi martyris, reconciliavit. Sic
demum gravissimus sopor invasit nos atque ante altare
obdormivimus, et tribus diebus cum tribus noctibus, Deum
testamur, continue dormivimus. Unus ergo ex nobis,
nomine Joannes, cum supradicta (filia) presbyteri et cum
aliis duabus feminis ante ipsum altare prostrati terræ statim
spiritum emiserunt. Post excitationem nostram ad propria
reversi cibum accepimus, et ita hactenus tremor membrorum in signo recordationis, vel potius approbationis, non
nos deserit. Sic in toto illo anno nec manducavimus nec
bibimus, nec somnum cepimus, nec pluvia irrigati sumus ;
nihil sensimus, nihil egimus quam cantantes ; sine sensu
fuimus; frequenter super nos fabrica tecti ob arcendas
pluvias erigebatur, sed hæc nutu Dei dissipabatur ; vestimenta atque calciamenta nostra non sunt attrita, nec unguli
capillive in modico crevere, sed ita ut cepimus insensati
per totum annum mansimus. Aliqui jam ex nobis obierunt
et miraculis coruscant, aliqui liberati Deo laudes decantant.
Acta sunt hæc anno Incarnationis dominicæ millesimo
vicesimo primo.

C'est une historiette racontée par William de Waddington dans son *Manuel* : le lieu de la scène est le même et les détails du récit sont en parfait accord (1). Avons-nous ici le texte original de cette fable lugubre ? Le narrateur nous dit avoir lui-même commis le délit et subi la cruelle pénitence. Mais ce qu'il conte est si peu digne de foi qu'il est certes permis de ne le pas croire sur parole. Une autre narration de la même aventure a été publiée par M. Du Méril, comme étant de Brunon, évêque de Toul, qui fut pape sous le nom de Léon IX (2). Or, celle-ci, plus détaillée, nomme les vauriens, au nombre de douze, qui troublèrent si follement l'office divin, et nous y lisons qu'un des douze s'appelait Osbert. On peut donc supposer qu'un moraliste quelconque, trouvant là ce nom d'Osbert, s'en est emparé pour refaire à sa guise, sous ce nom authentique, un conte édifiant. Mais, d'autre part, on ne peut admettre que Brunon ait immédiatement rédigé, sur place, comme il est dit, étant évêque de Toul, le procès-verbal d'un miracle advenu, dit-on, en l'année 1021. Il ne fut pas, en effet, évêque de Toul avant l'année 1027. Ce procès-verbal est donc un faux, et ce faux peut être une amplification tout aussi bien que le récit d'Osbert un abrégé. A la fin d'une relation plus courte, faite sur celle d'Osbert, que contient notre n° 18600 (fol. 1), on lit : *Hoc ita scriptum reliquit Otbertus, qui fuit unus est eis; in cujus scripti fine scriptum est : Datæ sunt nobis litteræ a domino Peregrino, beati Heriberti successore, anno*

(1) *Hist. litt. de la Fr.*, t. XXVIII, p. 203.
(2) *Etudes sur quelques points d'archéologie*, p. 498.

Dom. MXIII. On ne sait pas bien si la mort d'Héribert eut lieu le 16 mars 1021 ou le 16 mars 1022 (nouveau style). S'il mourut en 1022, le miracle peut être daté de l'année 1021. Mais certainement Péregrin n'était pas, dès l'année 1013, le successeur d'Héribert.

Au fol. 79, les premiers chapitres du traité *De Summo bono,* par Isidore de Séville. Nous en avons déjà cité, sous le n° 3141, un manuscrit complet (1).

Au fol. 80, le traité *Des quatre vertus,* sous le nom de l'évêque Martin. On croit avoir prouvé que l'évêque Martin s'est attribué par fraude cet opuscule dont l'auteur véritable sera sans doute toujours ignoré (2).

Au fol. 107, la lettre de R. Frétel au comte Raymond sur Jérusalem et les lieux saints. C'est une lettre dont les auteurs de l'*Histoire littéraire* n'ont parlé que sur le rapport d'autrui (3). Dominique Mansi l'a plus tard imprimée, et son édition a été reproduite dans le tome CLV de la *Patrologie,* col. 1039. Mais cette édition n'est pas toujours bonne, et souvent notre texte vaut beaucoup mieux. Nous allons en fournir la preuve en citant quelques phrases du prologue qui sont, dans l'édition, tellement corrompues qu'on n'y peut rien comprendre. Frétel dit au comte Raymond :

Cum ad orientalem ecclesiam causa tuorum peccaminum confugisti, et in terra promissionis, patria scilicet Salvatoris Domini nostri Jesu Christi, peregrinares, ex qua secundus Israel Parthos ejecit et Arabes, solerter considera sanctam Jerusalem, contemplare et ipse Syon, quæ cælestem

(1) Tome I, p. 164.
(2) Tome II, p. 202 et suiv.
(3) *Hist. litt. de la France,* t. X, p. 270.

paradisum allegorice designat, et in qua materiata fortiores ex Israel, novi Machabæi, veri Salomonis lectulum excubantes, inde Philistinum et Amalech expugnarunt.

Au fol. 112, la lettre d'Anselme de Laon à l'abbé de Saint-Laurent; *Patrologie,* t. CLXII, col. 1587. Notre copie n'est pas complète.

Au fol. 114, un sermon anonyme, commençant par : *In divinæ miserationis magnitudinem libet mentis aciem intendere.* Ce sermon est d'Ives de Chartres, et on le peut lire dans le même tome de la *Patrologie,* col. 568. Notre texte n'est pas non plus complet.

Au fol. 115, un autre sermon d'Ives de Chartres, qui, dans le même tome de la *Patrologie,* est à la col. 589. Nous avons ici tout le sermon.

Au fol. 116, une série de questions bizarres, avec des réponses qui ne le sont pas moins. Voici la première :

Unde factum est firmamentum? Ex aquis quibus aer iste plenus erat formatum est. Nec mirum si Deus, qui omnia potest, de aquis istud fecit cælum, cum videamus nos ex aqua crystallum factum durissimum.

Quand on faisait de telles questions, on devait se contenter de telles réponses. Il est sage, en ces matières, de se résigner à ne pas savoir. Mais les théologiens du moyen âge ont rarement eu cette résignation.

Au fol. 126, après de nombreux extraits des Pères, la lettre de saint Augustin à son ami Dardanus. Elle est imprimée sous le n° 187 dans le recueil de ses lettres.

Au fol. 130, un traité sur le comput, commençant

par : *In hac sicut in qualibet disciplina considerandum est quid in ea doceatur*. Nous n'en connaissons pas l'auteur. Il vécut après Gerland, qu'il cite et dit obscur.

Du fol. 138 au fol. 151, le traité de Paschase Ratbert *De corpore et sanguine Domini*. Les premiers mots sont ici, comme dans quelques autres manuscrits indiqués par Martène, *Dilectissimo filio et vice Christi præsidenti;* et nous avons les vingt-deux chapitres qui composent le traité dans le tome CXX de la *Patrologie*, col. 1261 ; mais nous les avons, pour la plupart, incomplets.

Au fol. 151, la lettre d'Ives de Chartres à Haimeric qui, dans le tome CLXII de la *Patrologie*, est à la col. 285.

Au fol. 152, sans le nom de l'auteur, le petit poème d'Hildebert : *De novo sacramento vetus abrogante*. D'autres copies sont dans les n°ˢ 459 (fol. 216), 564, 2595 (fol. 107), 3088 (fol. 79), 3652 (fol. 25), 3696 B (fol. 17), 7596 A (fol. 165), 13343 (fol. 40), 14867 (fol. 167), 15149 (fol. 10). Il y a quelques différences entre ces copies et les éditions données par Hommey, *Supplement. Patrum*, et par Beaugendre, col. 1151.

Au fol. 153, pareillement anonyme, le grand poème du même sur l'Eucharistie, celui qui, commençant par :

Scribere proposui quid mystica sacra priorum...,

ne lui peut être contesté. Nous n'en citons pas les copies; elles sont innombrables. Ici manquent les derniers vers.

Au fol. 160, sans nom d'auteur, un traité sur le mariage dont tels sont les premiers mots : *In primis hominibus fuit conjugium ibique cœpit, quod spiritualiter Deus operatus est.* Nous nous étonnons de ne pas l'avoir ailleurs rencontré.

Au fol. 183, un commentaire anonyme sur la Genèse, commençant par : *In principio fecit Deus... Principium Christus, sicut ipse dixit : Ego principium...* Nous avons une autre copie de commentaire dans le n° 14989 (fol. 457). Le nom de l'auteur y manque aussi.

Le volume finit par un exemplaire imparfait des *Consultations* de Zacchée, qu'ont tour à tour publiées d'Achery et Martène. Elles sont au tome XX de la *Patrologie.*

<h3 style="text-align:center">18134</h3>

Ce recueil de pièces assez diverses commence par un *Libellus de laudibus beatæ Virginis,* dont tels sont les premiers mots : *Quoniam de gestis beatissimæ Virginis, Dei genitricis, admodum pauca in evangelica reperiuntur historia...* L'ouvrage est anonyme, comme il l'est ici, dans notre n° 16056, fol. 69, et dans les n°s 755, 756, 758, 946 de l'Arsenal ; mais d'autres manuscrits l'attribuent à trois auteurs différents : Jean Damascène, Pierre Le Mangeur et Vincent de Beauvais. On connaît deux Jean Damascène, qui doivent être l'un et l'autre immédiatement écartés : l'ancien, parce qu'il ne peut être l'auteur d'un livre où sont fréquemment cités saint Bernard et Hugues de Saint-Victor ; le moderne, parce qu'on a des copies de ce livre faites, comme il semble, avant sa naissance. Pierre Le Mangeur est désigné par le n° 86 de Bruges; Vincent de Beauvais, par d'autres manuscrits, notamment par les n°ˢ 355 et 387 de Douai. C'est la dernière de ces attributions que nous recommandent les bibliographes dominicains et les auteurs de l'*Histoire littéraire*, t. XVIII, p. 465. Nous la tenons aussi pour la plus acceptable. Tout l'ouvrage est une compilation, et Vincent de Beauvais n'a jamais fait métier que de compiler. Il a d'ailleurs été publié sous le nom de Vincent par Jean d'Amerbach, à Bâle, en 1481.

Au fol. 91, le petit poème de Pierre Le Mangeur qui commence par :

Si fieri posset quod arenæ pulvis et undæ...

Nous l'avons déjà cité sous les n°ˢ 15161 (1) et 16699 (2). C'est probablement le nom de l'auteur qui l'a fait souvent copier. Il est, en effet, bien médiocre.

Ensuite quelques phrases intitulées *Super : Missus est,* dont l'auteur est nommé Nicolas de Tournai. Nicolas de Tournai doit-il être confondu, comme on l'a dit, avec Nicolas de Gorram (3)? Un commentaire sur Judith et les Proverbes de Salomon est, dans les n°ˢ 1118 de Troyes et 28, 29 de Bruges, sous le nom de Nicolas de Tournai, et la bibliothèque de Douai nous offre sous le même nom, dans les n°ˢ 48, 49, 50, 434, des moralités sur la Genèse et l'Exode, un

(1) Tome IV, p. 318.
(2) Tome V, p. 203.
(3) *Hist. litt. de la France,* t. XX, p. 324.

commentaire sur l'évangile de saint Luc, ainsi qu'une somme théologique de quelque étendue. Ajoutons que les moralités sur l'Exode sont encore attribuées par notre n° 17268 au même Nicolas de Tournai. M. l'abbé Deshaisnes s'est cru suffisamment autorisé par les manuscrits de Douai et de Bruges à distinguer Nicolas de Tournai de Nicolas de Gorram (1). Cette distinction nous semble d'autant plus nécessaire que nous venons de la corroborer par d'autres témoignages. A ces deux théologiens du même nom, du même temps, on a quelquefois attribué les mêmes écrits (2). Cela ne peut surprendre. Il faudra maintenant restituer à chacun d'eux ce qui réellement lui appartient.

Au fol. 91, *Tractatus de sancto Joanne evangelista*. On lit en tête de ce traité :

Completo diligenter ex dictis sanctorum Patrum, pro modulo virium nostrarum, auxiliante Domino, tractatu diffusiori de beatissima Virgine, Dei genitrice, placuit etiam de sancto Joanne evangelista tractatum brevem, sub eadem forma contextum, adjicere.

Ce traité sur l'apôtre saint Jean est donc évidemment du même auteur que le *Libellus de laudibus beatæ Mariæ* par lequel commence notre volume. Aussi les deux traités sont-ils encore unis dans notre n° 16056, dans le n° 86 de Bruges et dans le volume publié par Jean d'Amerbach.

Au fol. 106, *Miracula beatæ Mariæ*, commençant par : *Ad omnipotentis Dei laudem cum sæpe recitentur sanctorum miracula quæ per eos egit divina potentia...*

(1) *Catal. des man. de Douai*, p. 29 et 30.
(2) *Hist. litt. de la Fr.*, t. XX, p. 350.

Ce sont les premiers mots d'un prologue qu'on lit aussi dans notre n° 16056 et dans les n°ˢ 12 de Toulouse, 51 de Nîmes, 224 et 610 de Valenciennes, 2651 de Munich, 410 des *Cod. Laud. misc.*, à la Bodléienne. Mais, quoique ces manuscrits commencent de même, ils n'offrent pas tous la même série de miracles. Ainsi le manuscrit de Toulouse finit par des miracles où les personnes mises en scène sont, pour la plupart, des Irlandais ou des Anglais, tandis que dans notre n° 18134 la fin est occupée par la légende de Thierry d'Avesnes, littéralement extraite du livre d'Hériman qui a pour titre : *Narratio restaurationis S. Martini Tornacensis* (1). Faisons aussi remarquer que le n° 16056 ci-dessus cité ne contient ni cette légende, ni les anglaises. Enfin dans un autre de nos manuscrits, où manque le prologue, le n° 18168, se lisent, dans un ordre différent, la plupart de nos premiers miracles, mais non les suivants, et il s'en trouve aussi quelques-uns, pareillement sans le prologue, dans le n° 712 de Cambrai. Méfions-nous donc de ce titre : *Miracula beatæ Mariæ;* sous ce titre commun ont été souvent groupés des récits ai fférents.

Au fol. 176, *Exempla quæ narrat mag. Jacobus de Vitriaco in sermonibus suis.* Ce recueil n'est pas semblable à celui que M. le cardinal Pitra nous a fait connaître et dont il a publié quelques extraits (2). Les exemples ne sont pas rangés en même ordre dans l'un et dans l'autre. Nous remarquons, en outre, des dif-

(1) D'Achery, *Spicileg.*, t. XII, p. 413.
(2) *Analecta noviss.*, t. II, p. 443.

férences entre les textes des mêmes récits. Chacun, en les empruntant au même fonds, y changeait quelque chose, plus ou moins. L'édition qu'on vient d'en faire est aussi tout autre. Ajoutons que les exemples cités dans notre volume sont au nombre de 137.

Au fol. 246, sans nom d'auteur, le poème, attribué souvent à saint Bernard, qui commence par :

> Jesu, dulcis memoria,
> Dans vera cordi gaudia.

Nous l'avons déjà rencontré dans le n° 15962 et nous avons dit que c'est une fausse attribution (1).

Enfin, au fol. 248, sous ce titre : *Libellus conscientiæ*, un court traité qui nous est aussi signalé dans les n°s 902 de la Mazarine et 139 de Cambrai. C'est un manuel de pieux exercices.

18139

Nous avons déjà cité, sous les n°s 10684 (2), 12399 (3) et 15375 (4), la somme anonyme que renferme ce volume. C'est la somme *De virtutibus* de Guillaume Péraud.

18141

Ce *Tractatus de vitiis* anonyme est celui de Guillaume Péraud, précédemment cité sous les n°s 12401 (5) et 15375 (6). Il n'a pas eu moins de

(1) Tome V, p. 66.
(2) Tome II, p. 18.
(3) *Ibid.*, p. 67.

(4) Tome V, p. 2.
(5) Tome II, p. 68.
(6) Tome V, p. 2.

célébrité que la somme *De Virtutibus,* et n'a pas été
moins souvent imprimé.

18172

Ce recueil de sermons a pour titre : *Capitula sexa-
ginta sex de verbis prophetarum et apostolorum, a
mag. Alano Anglico mirabiliter exposita.* Cet Alain
l'Anglais ne peut être qu'*Alanus Albretus,* moine
bénédictin de Cantorbéry, plus tard abbé de Théokesbury, à qui Pits attribue des sermons. Eh bien, nous
avons presque la certitude qu'il n'y a pas un seul sermon de lui dans tout ce volume; non, répétons-le, pas
un seul. Il nous sera facile, en effet, d'indiquer les
auteurs du plus grand nombre, et nous montrerons,
en outre, qu'il ne peut avoir fait la plupart de ceux
dont les auteurs nous sont inconnus. Nous en négli-
gerons, à la vérité, quelques-uns, n'ayant rien à en
dire, mais quelques-uns seulement.

Fol. 1. *Induite vos armaturam...* — *Militia est,
fratres, vita hominis super terram. Quandiu hic vivi-
mus bellum est.* Ce sermon est de Geoffroy de Troyes.
Nous l'avons cité sous ce nom dans notre notice sur
le n° 13586 (1).

Fol. 4. *Quandiu hic sumus peregrinamur...* — *Ecce
quid dicit...* Aussi de Geoffroy de Troyes (2).

Fol. 8. *Cum dilexisset Jesus suos...* — *Ambigi
potest quos vocat...* Ce sermon est de Pierre le Mangeur. Voir sous le n° 2951 (3).

(1) Tome II, p. 300.   (3) Tome I, p. 153.
(2) *Ibid.*

Fol. 15. *Oleum effusum nomen...* — *Os nostrum patet ad vos.* De Geoffroy de Troyes (1).

Fol. 16. *Pastoralis officii credita nobis dispensatio...* De Geoffroy de Troyes (2).

Fol. 23. *Qui descendit ipse est qui ascendit...* — *Hodie elevatus est sol, in ortu suo incaluit et invaluit.* Ce sermon est pareillement anonyme dans le nº 3348 (fol. 158), et, si nous n'en connaissons pas l'auteur, nous tenons pour au moins probable qu'il est d'un Français.

Fol. 34. *Cum intinxisset Dominus Jesus panem...* De Geoffroy Babion (3).

Fol. 37. *Convertimini et agite pœnitentiam.* De Geoffroy Babion (4).

Fol. 39. *Ave, maris stella...* — *Præsens sæculum, fratres carissimi.* Attribué, comme nous l'avons dit, à Hugues et à Richard de Saint-Victor, ce sermon, avons-nous ajouté, n'est ni de l'un ni de l'autre. Il n'est pas non plus d'Alain l'Anglais. Cet Alain était moine, et nous croyons avoir prouvé que les cent sermons publiés sous le nom de Hugues sont d'un chanoine régulier qui vécut assez longtemps après lui. Voilà ce que nous avons dit sous le nº 585 (5) et ailleurs. N'oublions pas de faire remarquer que, dans notre nº 18172, le sermon finit, comme dans l'imprimé, par sept strophes d'Adam de Saint-Victor. Cet argument décisif contre Hugues, contre Richard, et, pensons-nous, contre Alain, ne nous était pas offert par le nº 585 ; ces strophes y manquaient.

(1) Tome II, p. 306.
(2) *Ibid.*
(3) Tome I, p. 362.

(4) Tome I, p. 247.
(5) *Ibid.*, p. 32.

Fol. 41. *Absterget Dominus omnem lacrymam... —
Dum sanctorum considero gaudia, dum damnatorum
penso supplicia.* Anonyme dans le n° 3818 (fol. 45),
ce sermon est, dans le n° 14859 (fol. 287), sous le
nom du chancelier Prévostin, et nous avons à protester, pour son honneur, contre toute autre attribution.
C'est, en effet, une œuvre littéraire, dont le style vif
a quelquefois le ton de l'éloquence.

Fol. 45. *Beati mortui... — Licet mea imbecillitas...*
Nous avons cité ce sermon, sous le n° 14925 (1), d'après
un exemplaire anonyme. Il est d'un clerc séculier.

Fol. 51. *Congregate illi sanctos ejus... Ah! ah! ah!
Domine Deus... — Unde tam superba præsumptio ut
juvenis inter senes, filius inter patres, diaconus inter
sacerdotes...* Anonyme : n°ˢ 3733 (fol. 114), 14937
(fol. 76) ; Nouv. acquis., 223 (fol. 106) ; Évreux, 46
(fol. 84). Sous le nom de Pierre Le Mangeur : n° 2950
(fol. 127). Si ce sermon n'est pas de Pierre Le Mangeur, il n'est pas non plus du moine Alain, l'orateur
se disant un jeune diacre.

Fol. 52. *Messis quidem multa... — Christus hac
querela conqueritur de prælatis qui vident regiones
jam albas ad messem...* Anonyme : n° 3733 (fol. 111).
Tout ce sermon est une remontrance à l'adresse des
prélats qui remplissent mal les devoirs de leur charge.
Et cette remontrance est faite par un séculier, qui
n'a pas eu, pensons-nous, à se louer de son évêque.

Fol. 34. *Buccinate in neomenia... — Vos qui spiri-
tuale votum...* Anonyme : n°ˢ 3733 (fol. 110), 12415

(1) Tome III, p. 312.

(fol. 99). Nous avons dit, sous le n° 12415, que ce sermon est d'un régulier (1). On peut même tenir pour certain qu'il est d'un moine. Mais il reste douteux que ce moine soit Alain l'Anglais.

Fol. 56. *Omnis gloria ejus...* — *Cælestis curiæ citharedus, introductus ad nuptias cælestes...* Anonyme : n°s 3733 (fol. 116), 14937 (fol. 77) ; Oxford, collège Merton, n° 242. Le titre de notre manuscrit est *ad monachas ;* mais ce titre doit être inexact. *Vos estis viri*, dit l'orateur à son auditoire. Et plus loin on voit que ses auditeurs habitaient une maison fondée sous l'invocation de sainte Geneviève : *Si confiditis in religiosa veste..., in exteriori honore vos exhibetis beatæ Genovefæ... Quia montes sunt in circuitu Domini, honorem exhibite beatæ Genovefæ virgini et diem translationis ejus digno honore prosequamini, quam digne celebrabitis si vos ipsos de vitiis ad virtutes transferatis.* Ce sermon fut prononcé, comme il semble, à Paris, devant les chanoines de Sainte-Geneviève. Il n'est donc pas d'un Anglais, qui n'a jamais quitté son île, où la patronne légendaire de Paris n'était pas et ne pouvait pas être en honneur.

Fol. 58. *Viam trium dierum...* — *Tempus dominicæ passionis...* Nous avons reconnu, sous le n° 12415, que ce sermon est d'un religieux parlant à des religieux (2). Une autre remarque à faire est que ces religieux vivaient au fond d'un bois, dans un désert plein d'horreur : *Vos solitudinem nemoris elegistis, qui in loco horroris et vastæ solitudinis habitatis, ut*

(1) Tome II, p. 82. (2) Tome II, p. 81,

hic liberius solitudinem pectoris inveniatis. Cela ne
paraît pas se rapporter à l'abbaye de Théokesbury.
-. Fol. 70. *Emitte agnum, Domine*... — *Verbum hoc.*
De Geoffroy de Troyes (1).

Fol. 72. *Circa rerum cardinem versamur et magnificentiam operum Domini stylo prosequimur.* Ce
sermon est de Pierre Damien ; il est publié sous son
nom dans la *Patrologie* ; t. CXLIV, col. 794.

Fol. 76. *Post crucem, post virginem, post angelos,
quid est majus in terris ?* Aussi de Pierre Damien ;
Patrologie, tome cité, col. 897.

Fol. 80. *Hic ille magnus providentiæ oculus dulciori
verbere carnem carnaliter ambulantem afflixit.* De
Pierre Damien ; *ibid.*, col. 732.

Fol. 82. *Hodie dies serenior arrisit nobis et solito
lucidior terris illuxit.* De Pierre Damien ; *ibid.*,
col. 811.

Fol. 84. *Nobilis ille confessor, sacerdotum gemma,
gloria pontificum.* De Pierre Damien ; *ibid.*, col. 815.

Fol. 91. *Et quietum studium et attentum silentium
et tanti viri festivitas...* De Pierre Damien ; *ibid.*,
col. 828.

Fol. 95. *Nicolaus iste meus et vester, electus ab utero.*
De Pierre Damien ; *ibid.*, col. 837.

Fol. 98. *Factus est repente de cælo sonus...* — *Conve-
nistis, fratres, ut arbitror, ex ore meo magnum aliquid
audituri.* Ce long sermon est, sans le nom de l'auteur, dans le n° 18171 (fol. 71); mais, si long qu'il soit,
il n'y a pas été prononcé devant des religieux.

(1) Tome II, p. 308.

Fol. 103. *Vagit infans inter arcta conditus...* — *Pia sollicitudine vigilavit hac nocte fidelis anima.* Anonyme : nᵒ 3733 (fol. 83). L'orateur s'adresse à des chanoines réguliers. Cet orateur n'est donc pas l'abbé de Théokesbury. C'est, croyons-nous, Étienne, abbé de Sainte-Geneviève, plus tard évêque de Tournai, de qui sont les sermons qui suivent.

Fol. 105. *Maria Madgdalene et Maria Jacobi...* — *Proxime transacta hebdomada sicut gravis suppliciis...* Anonyme : nᵒˢ 3733 (fol. 79), 16463 (fol. 6). Avec le nom de l'auteur, Étienne de Tournai, dans le nᵒ 14935 (fol. 43).

Fol. 108. *Sapientia vincit malitiam...* — *Commune gaudium civitatis singulare facit nobis hodie confessoris nostri præsentia.* Anonyme : nᵒˢ 3733 (fol. 62), 16462 (fol. 4). D'Étienne de Tournai, nᵒ 14935 (fol. 41).

Nous avons dit, sous le nᵒ 14935, que ces sermons d'Étienne sont inédits. On en a publié beaucoup qui sont moins estimables.

Fol. 115, sous ce titre *In Natali Domini sermo*, le poème rythmique, qui commence par

> Viri venerabiles, viri litterati,
> Hostes injustitiæ, legibus armati...

Comment le copiste a-t-il pu prendre ce poème pour un sermon ? Et un poème si connu ! Nous l'avons cité sous les nᵒˢ 3705 et 13586 (1).

Fol. 117. *Sint lumbi vestri præcincti.* — *Succin-*

—————

(1) Tome I, p. 232 et tome II, p. 312.

gamur ituri, accingamur prœliaturi. Ce sermon est de Hugues de Saint-Victor. Il est imprimé dans ses *Mélanges,* livre v, titre 57.

Les dernières pages du volume sont occupées par de courtes digressions sur quelques vices : la gourmandise, la paresse, l'envie, la colère, etc. Le copiste ne paraît pas les avoir attribuées à son Alain.

18175

Tel est le titre du volume : *Expositiones evangeliorum dominicorum bonæ memoriæ Philippi, cancellarii Parisiensis ;* et un autre exemplaire de ces *Expositions* est, dans notre n° 3281, sous le nom du même auteur, le chancelier Philippe de Grève. Le titre que nous venons de citer paraît donc exact ; mais il veut être expliqué, car il n'a pas toujours été compris. Comme ces expositions des évangiles dominicaux ressemblent beaucoup à des sermons, on ne s'étonne pas qu'elles aient été confondues avec les sermons de Philippe dont il a été parlé sous le n° 15933 (1). Cependant les bibliographes qui ont fait cette confusion ont commis une erreur ; les sermons libres et véhéments de Philippe ne sont pas ses expositions gravement dogmatiques sur le texte des évangiles. Distinguons d'abord ce qui doit être distingué.

Disons ensuite quelques mots sur ces *Expositions* peu connues. C'est là, croyons-nous, l'œuvre d'un jeune théologien, très jaloux de faire voir tout ce qu'il sait. Il est vrai que sa méthode n'a rien d'original ;

(1) Tome V, p. 21.

pour lui, comme pour la plupart de ses contemporains, la somme entière des préceptes moraux est allé-
goriquement contenue dans les textes bibliques, et
tout l'art consiste à les en dégager. C'était une fausse
opinion, d'où ne pouvait procéder qu'un genre faux.
Mais dans le genre le plus faux on peut faire preuve
de savoir et d'esprit. Or Philippe ne se montre pas ici
moins ingénieux que savant. Si nous avons lu ses
sermons avec plus d'intérêt, on nous persuaderait
facilement que ses subtiles *Expositions* ont été, de
son vivant, encore plus estimées. Mais il y a pour nous
trop peu d'informations historiques.

Il y en a pourtant quelques-unes. Voici, par
exemple, un témoignage précis touchant les pra-
tiques simoniaques de quelques évêques :

Cum quis in abbatem eligitur pseudo-episcopi et officiales
non attendunt meritum personæ; utrum dignus sit vel indignus; et minus dignum, dummodo ab eo secundum volun-
tatem suam sibi in pecunia serviatur, quasi dignum absque
difficultate recipiunt ; illum autem qui dignus est, si nil ab
eo acceperint et sui Gyezitæ, quantum possunt, licet injuste,
impediunt (1).

Cela s'est dit, à la vérité, plus d'une fois, mais rarement avec cette précision. Philippe dénonce non
moins vivement le grave abus des nominations pré-
maturées. De jeunes clercs sont nommés curés ou
chanoines, sans avoir la science et la gravité que
réclament les fonctions qui leur sont attribuées, et,
jusqu'à ce qu'ils aient pris de l'âge et quitté les écoles,
ces fonctions sont exercées en leurs noms par des

(1) Fol. 149.

mercenaires sans autorité dont la tolérance provoque
des déréglements de toute sorte :

His diebus inolevit hæc perniciosa corruptela in ecclesia
Dei quod multis committuntur ecclesiæ dignitates et paro-
chiæ quos nec ætas exhibet maturos nec scientia discretos,
nec vita reddit commendatos ; et interim qui ætatem non
habet expectat dum perveniat ad ætatem, et qui sensum
non habet dilationem impetrat donec per studium in scolis
efficiatur magis idoneus ; et sic interim ecclesia mercenariis
committitur, fornicationes et adulteria perpetrantur, furtivæ
nuptiæ et illicita matrimonia contrahuntur, contracta dissi-
mulantur, fiunt flagitia, sacrilegia committuntur, et per
defectum pastoris parochia quasi vidua reputatur (1).

Ces phrases sont les plus vives que nous ayons
rencontrées dans cet écrit. Le langage de Philippe y
est habituellement très mesuré ; c'est, pensons-nous,
celui d'un homme qui faisant, comme on dit, son
entrée dans le monde, prend soin de ne s'y pas pré-
senter sous les traits d'un désagréable censeur.

Il ne se défendra pourtant pas, ayant la sincérité
de la jeunesse, de se prononcer, sans nécessité, même
sans à-propos, entre les deux partis qui, de son temps,
divisaient et troublaient l'Église, celui des évêques
et celui des ordres mendiants, et de témoigner qu'il
est plus sympathique aux bruyants novateurs qu'aux
séniles représentants de l'autorité traditionnelle :

Fuit Joannes in deserto baptizans et prædicans baptismum pœnitentiæ in remissionem peccatorum. Tales sunt
fratres Prædicatores et fratres Minores, qui prædicationibus
et confessionibus vigilanter intendunt ; sed a prædictis qui
eis invident utrumque officium, quia potius intendunt ad propriam gloriam quam ad animarum salutem, impeditur (2).

(1) Fol. 154.   (2) Fol. 26.

Pour eux se déclarent aussi d'opulents seigneurs
ou citadins, qui leur font bâtir des couvents, des
églises. Témoin de ces largesses, Philippe en félicite
les auteurs :

Nonne videntur hi vere centuriones esse fideles qui nostris temporibus bonis suis novis religionibus, ut Prædicatorum et fratrum Minorum, ædificant domos in quibus
habitent et ecclesias in quibus orent et Deo serviant (1).

On ne se douterait guère en lisant cela que Philippe
sera plus tard un des plus violents ennemis qu'aient
jamais eus les Prêcheurs, les Mineurs. Mais on voit
autrement les mêmes choses quand on les considère
d'un point de vue différent. Étant encore, pensons-
nous, simple clerc, Philippe prend volontiers parti
contre les évêques. Leur juridiction est oppressive,
puisqu'ils sont des supérieurs. Liguez-vous, Prêcheurs
et Mineurs ; entrez vaillamment en lutte contre ces
despotes. De grand cœur nous applaudissons à qui
conteste leurs droits prétendus. Mais quand Philippe
sera chancelier de l'église et de l'université de Paris,
et quand, après avoir réclamé le droit de confesser,
de prêcher librement, les mêmes religieux oseront
ouvrir les portes de leurs écoles conventuelles et con-
vier la jeunesse à venir entendre leurs maîtres non
licenciés, Philippe, révolté par cet excès d'audace,
s'armera pour le réprimer.

Faisons d'ailleurs remarquer que, présentement,
il ne se montre pas aussi favorable aux ordres anciens
qu'aux nouveaux. Les ordres anciens ont eu, dit-il,

____

(1) Fol. 56.

un juste renom quand ils étaient pauvres ; mais ils
sont devenus riches, et la richesse les a corrom-
pus :

Quanto vinea fimo impinguatur tanto magis fructus
ei multiplicatur; sed vinum non est ita pretiosum. Quando
autem non ita fimo impinguatur, rarius est vinum, sed magis sincerum. Fimus est temporales divitiæ, quæ quanto
magis in religione multiplicantur tanto plus potest habere
fratres; sed ipsæ divitiæ religionis impediunt puritatem.
Et quia nimis hodie fimatur sive stercoratur religio, vere
dici potest istud Thren. 4, e : *Qui nutriebantur in croceis
amplexati sunt stercora* (1).

Telle était la richesse de certains ordres que l'abbé
de Cluny passait alors pour le plus riche prélat,
après le pape, de toute la chrétienté. Le plus riche,
disait-on, le plus somptueux et le plus déréglé. Il ne
ressemblait certes pas à Pierre le Vénérable. L'abandon de l'ancienne discipline était presque général.
C'est pourquoi, de graves abus ayant été signalés
dans quelques monastères bénédictins, on ne put
trouver parmi les religieux de cet ordre des gens à
qui donner commission de les visiter ; il fallut
(grande honte !) leur imposer des visiteurs dominicains :

Per defectum visitatorum monachis nigri ordinis nuper
dati sunt visitatores de ordine alio, scilicet Prædicatorum.
Sanctius autem esset et honorabilius quod de proprio ordine
instituerentur ab ipsis visitatores (2).

Ce renseignement était à recueillir. N'est-il pas
instructif ?

(1) Fol. 64.   (1) Fol. 8.

18184

La plus grande partie de ce volume est occupée
par des sermons anonymes, intitulés : *Summa de
omnibus dominicalibus per annum;* et la lecture de ce
titre fait dès l'abord supposer qu'ils sont du même
auteur. Mais c'est une supposition à laquelle l'examen
des pièces ne permet pas de s'arrêter. La somme
est l'œuvre d'un copiste, qui l'a formée en tirant
de recueils divers les sermons qu'il a préférés.

Il en a pris surtout au Dominicain Pierre de Reims,
qui mourut évêque d'Agen. A ce religieux appartiennent les sermons que voici : fol. 3, 4, 9, 10, 12,
25, 27, 43, 77, 85, 87, 89, 90, 97, 99, 101, 103, 107,
108, 110, 112, 118, 120, 121, 123, 125, 126, 128,
130, 132, 133. Plus ou moins des mêmes sermons
sont dans nos volumes cotés 3578, 12417, 14957,
18174, et dans le n° 543 de l'Arsenal.

Nous avons au fol. 48 un sermon de Guillaume de
Mailly.

De qui sont les autres ? Nous ne le saurions dire.
Ce n'est pas que les copies en soient rares ; elles sont,
au contraire, nombreuses. Il n'y a pas un seul de ces
sermons qui ne se trouve dans les n°ˢ 16960, 16473,
16503 ; et les catalogues nous en indiquent d'autres
exemplaires dans le n° 116 de Soissons ainsi que
dans le n° 504 des *Cod. Laud. misc.*, à la Bodléienne.
Mais partout ils sont anonymes.

Pierre de Reims a, dans l'*Histoire littéraire* une
courte notice où l'on ne parle pas de ses sermons. Les

bibliographes de son ordre en avaient pourtant signalé plusieurs manuscrits. Ils ne sont guère, à vrai
dire, dignes de remarque et nous doutons même
qu'ils aient été prononcés. La chaire réclame autre
chose qu'une série continue de citations tronquées ;
elles les veut expliquées, développées. Ce que nous
avons ici, ce sont plutôt des matières de sermons que
des sermons.

Au fol. 143, *Proverbia vulgalia et latina ;* ce qui
veut dire : proverbes français, mis en regard de textes
sacrés. Voici le début du recueil :

A bon demandeur sage escondiseur. *Jac. : Petitis et non
accipitis. Matth., 20 : Nescitis quid petatis.* — A bon jor
bone euvre. *Eccl. 7 : In die bona fruere bonis. Ps. : Hœc
est dies quam fecit Dominus ; exultemus et cet.* — A chat
lecheur bat l'en sovant la guele. *Cor. 9 : Castigo corpus
meum ; et Rom. 6 : Sicut exhibuistis membra vestra servire iniquitati.* — A chacun oisel ses nis li est biaux. *Job,
29 : In nidulo meo moriar...*

Il y a onze pages de proverbes ainsi justifiés par
l'Ecriture sainte et conséquemment tout prêts à figurer dans un sermon. Nous avons montré l'usage que
Nicolas de Biard a fait d'un recueil semblable ou peut-
être même de celui-ci (1).

Au fol. 156, un extrait auquel manque le commencement.

Au fol. 157, des pensées, des notes, des remarques
diverses, comme celle-ci :

Claustralem aggrediuntur morbi inusitati et frequentes :
dolor oculorum ex vigiliis, tussis ex frigore, tumor tibiarum

____

(1) Tome II, p. 279 et suiv.

ex longa statione, tubera genuum ex crebra inflexione,
coarctatio arteriarum ex ciborum ariditate, et, quod gravius
est et omnibus difficilius, detractio fratrum, qui, cum viderunt eum prolixius orantem, aridius et rarius edentem,
aiunt : « Frater hic noster somniavit mortem abbatis et
ideo faciem suam demolitur ut oculos intuentium eludat; »
et, cum transit coram eis, insultant dicentes : « Ecce som-
niator venit. »

Les autres notes offrent encore moins d'intérêt.
Celle-ci, du moins, paraît être assez fidèlement des-
criptive. Il y avait encore des abbayes où l'on avait
pu maintenir l'ancienne discipline, si dure qu'elle
fût.

Au bas de la page, cette épigramme peu claire,
que nous avons aussi rencontrée dans le n° 15025
(fol. 213) :

> Sum reus, est judex ratio, meditatio vitam
> Accuset, testis sit mens mala conscia, tortor
> Sit dolor, erumpat lacrymarum sanguis ab omni
> Crimine ; judicium fugio si judico sic me.

Le volume finit par une autre et longue série de
pensées, tirées, pour la plupart, des livres saints. Le
but qu'on s'est proposé en formant ce recueil est
encore de venir en aide aux prédicateurs.

18186

Ce volume est une somme de sermons attribués
d'abord, sur la feuille de garde, à certain Armand,
plus tard à certain Durand. N'allez demander aux
bibliographes aucune information ni sur l'un ni sur
l'autre. Ces sermons ne sont, en effet, ni d'aucun

Armand ni d'aucun Durand ; ils sont de Jean Halgrin d'Abbeville. Ils ont eu beaucoup de succès et nous en avons conservé de nombreux manuscrits.

18188

Ce volume commence par deux longs sermons, l'un sur les peines de l'enfer, l'autre sur les joies du paradis, que nous avons déjà mentionnés, sous le n° 15852 (1). N'en ayant rencontré que des copies anonymes, nous n'en pouvons indiquer l'auteur ; mais comme il cite saint Bernard et mêle quelquefois du français à son latin, et comme, d'ailleurs, le manuscrit paraît être de la première moitié du xiii° siècle, de là nous concluons que l'auteur était contemporain de son copiste. Le premier de ces sermons est, en fait, la paraphrase des versets 20, 21 et 22 du dixième chapitre de Job. Il y a dans le second quelques traits d'esprit. Aux heureux de ce monde, dit l'orateur, les joies du paradis ne sourient pas ; vainement on leur en parle ; ils n'écoutent pas ce qu'on leur en dit. Ils ressemblent à ce paysan, qui, dînant à la table du roi, mangea, dès le premier service, tant de pois au lard qu'il eut l'estomac fermé quand on présenta le chapon rôti.

A la suite, quelques pieuses sentences, des thèmes proposés pour les sermons à faire en l'honneur des saints et plusieurs tables intitulées *Concordantiæ*. Ces tables étaient aussi dressées à l'usage des pré-

(1) Tome V, p. 30.

dicateurs et pouvaient leur être, en effet, très utiles.

Du fol. 17 au fol. 134, des sermons anonymes. Mais nous en connaissons l'auteur ; c'est Jean de La Rochelle. Nous avons déjà plus d'une fois rencentré ces sermons, jadis très estimés, surtout par les confrères de l'auteur. Il y a, notons-le, de fréquentes différences entre les diverses copies.

Du fol. 134 à la fin du volume, des matières de sermons généralement peu développées.

18192

Tous les sermons anonymes que nous avons ici sont de Pierre le Lombard et ont été publiés par Beaugendre dans les *Œuvres* d'Hildebert.

A la fin du volume, quelques extraits de saint Grégoire, de saint Augustin et d'autres Pères.

18193

Trois recueils de sermons composent ce volume. Le premier commence par ces mots : *Nimis honorati amici...* — *Vulgariter dicitur quod Deus nunquam habuit amicum quem exponeret confusioni ;* et finit, au fol. 54, par *Explicit Summula de communi sanctorum.* Ce recueil n'est donc pas formé de sermons mêlés, pris par un copiste à des auteurs divers ; c'est l'œuvre d'un seul auteur, par lui-même modestement nommée petite somme, sans doute parce que les sermons qui la composent sont très courts.

Nous avons le même recueil dans le n° 1839 et peut-être aussi dans le n° 1996 de Troyes, venus l'un et l'autre de Clairvaux ; nous le retrouvons presque entier dans les nᵒˢ 3565 et 12421 de la Bibliothèque nationale; enfin un plus ou moins grand nombre de ces sermons, détachés de l'ensemble, nous sont offerts par les nᵒˢ 3556, 12419, 14951, 14954, 14961, 18081 de la même bibliothèque. Tant de copies prouvent que l'œuvre eut du succès.

Mais quel en est l'auteur ? Suivant le Catalogue de la bibliothèque de Troyes, le copiste du n° 1839 l'a nommé frère Pierre. Ce nom de Pierre étant, au moyen âge, très commun, l'information n'a pas été jugée suffisante ; aussi quelque moine de Clairvaux a-t-il essayé de la compléter par cette addition : *de ordine fratrum Minorum*. Quelques-uns des manuscrits cités sont du xiiiᵉ siècle; il s'agit donc de trouver au xiiiᵉ siècle un frère Mineur, nommé Pierre, à qui les sermons puissent être attribués. On a déjà fait cette recherche, mais vainement. Assurément il y eut, au xiiiᵉ siècle, dans l'ordre des Mineurs, plusieurs écrivains nommés Pierre ; mais aucun de ceux que l'on connaît n'a laissé des sermons tels que ceux-ci, nous voulons dire composés suivant la même méthode et rédigés dans la même langue. Si donc l'attribution reproduite dans le Catalogue de Troyes est exacte, l'auteur est un Mineur dont, jusqu'à ce jour, nous n'avons encore rien lu.

Une autre attribution nous est recommandée par deux manuscrits de la Bibliothèque nationale. Le sermon qui commence, au recto du fol. 5, par *Tollite jugum,* est, au fol. 189 du n° 13579, dans un recueil de sermons anonymes dont l'auteur certain est, comme nous l'avons dit, Nicolas de Biard. De plus, deux autres sermons, qu'ici l'on voit aux fol. 47 et 51, sont sous ce même nom de Nicolas de Biard aux fol. 202 et 203 du n° 15954. Ce Nicolas de Biard est un écrivain vraiment original dont tous les sermons ont le même ton. Personne avant Sancho Pança n'est connu comme ayant cité tant de proverbes ; personne, dans son temps, n'a dit autant de choses en des sermons aussi courts ; personne n'a censuré tous les vices en des termes aussi familiers et pourtant aussi peu durs. Eh bien, nous trouvons une assez grande analogie, sous ces rapports divers, entre les sermons que nous avons lus dans le n° 13579 et ceux que nous venons de lire dans le n° 18193. Les uns et les autres paraissent donc être du même auteur. Cependant cette opinion n'est que vraisemblable, et nous allons maintenant produire un document qui semble bien la contredire.

Dans les deux catalogues extraits du *Liber rectoris* que M. Ch. Jourdain a publiés sous l'année 1303, il n'y a que deux recueils de sermons attribués à Nicolas de Biard, le premier *De dominicis,* le second *De festis* (1), ces deux recueils que nous avons trouvés réunis, mais incomplets, sous le n° 13579. Les libraires n'en ont-ils pas fait taxer un troisième, ne l'ayant pas ? On pourrait hasarder cette conjecture ; mais elle serait fausse.

(1) Ch. Jourdain, *Index chart.*, p. 76, 77.

Notre somme sur le commun des saints commence, avons-nous dit, par ces mots *Nimis honorati.* Or nous la trouvons ainsi mentionnée dans l'un des catalogues, après les sermons *De dominicis* et *De festis* de Pierre de Saint-Benoît : *Item, Commune sanctorum; scilicet : « Nimis honorati sunt* (1) ». A la vérité, le catalogue ne dit pas expressément que ce *Commune sanctorum* soit de Pierre de Saint-Benoît, comme les sermons précédemment taxés ; il manque un *ejusdem* pour que le témoignage soit formel. Mais il faut reconnaître que cette mention de notre *Commune sanctorum* après les sermons de Pierre, non pas après ceux de Nicolas, infirme, d'une part, l'attribution des n°s 13579 et 15954 et, d'autre part, confirme celle du manuscrit de Clairvaux. Nous hésitons néanmoins à conclure.

Ayant extrait du n° 13579 tous les proverbes français que nous y avons rencontrés, nous allons recueillir pareillement tous ceux que nous offre ce n° 18193. Si Pierre de Saint-Benoît frère Mineur est l'auteur véritable de ces sermons, il faisait le même emploi des proverbes français que son confrère en religion Nicolas de Biard.

Fol. 1, col. 4 : « L'une bonté, l'autre requiert (2) ». — « Encontre vezie recuit. »

Fol. 2, col. 3 : « Qui s'eslonge de cort et cort de lui. » *Qui elongant se a te peribunt.*

Col. 4 : « Ne te fie mie à estrangé. »

---

(1) *Ibid.*, p. 76.

2) Le texte du n° 18193 est généralement défectueux. Nous le corrigerons plus d'une fois par le n° 12421.

Fol. 3, c. 2 : « A besoigne voit li hon qui amis li est » — « Mors hon n'a nul ami. »

Col. 3 : « Amors reneres sunt plus fors. »

Fol. 4, c. 1 : « Jaques aicis n'aura bone escucle qui ne l'espande. » Voir le même proverbe, fol. 48, c. 3. Il commence au fol. 48 par : « Ja chartre n'aura... »

Col. 4 : *Aliquando emitur* « chat en sach. »

Fol. 6, c. 2 : « Mes na greie bele chere et bele chere vaut sept me. » — « A seignor totes honors. »

Col. 3 : *Qui mane non surgit dietam dimittit* : « En main lever est la jornée ». — « Vies hart ne puet tortre, ne vies chiens est mais à metre en lien. » — « Suef trait mal qui apris la. » — « Tous jors sent le pot l'encre. » — *Meliora sunt poma juvenis arboris quam veteris, primi temporis quam posterioris* : « En corde seson nessent recordele. » *Offerenda sunt pira de Johannet a*

Col. 4 : « Ne le doit etre contredite Parole puis que rois l'a dite. »

Fol. 8, c. 2 : *Sæpe canitur illud* : « Tote joie vient de bien amer. » — *Bonæ cogitationes sunt* « li allu-mailles ou le saint s'esprend.

Fol. 10, c. 3 : « Nus feu n'est sans fumée, ne fumée sans feu. »

Fol. 11, c. 2 : « Celui est li très fort d'où hon ne se donne garde. »

Fol. 14, c. 1 : *Nemo bene pugnat nisi expertus, se-cundum illud vulgare* : « Nus ne seit de esches s'il va estre mestre. » — « Ventre saol s'esjoit. »

Fol. 16, c. 2 : « Qui na cuer si le prenge. »

Fol. 20, c. 3 : « L'en parole volontiers de ce que l'en aime. »

Fol. 22, c. 4 : « Quant plus i a du bien plus vaut. »

Fol. 23, c. 4 : « Bone compaignie Dex la fist et deable la deffit. »

Fol. 24, c. 2 : *Qui vult venire vulnerare diabolum oportet prius vulnerare scutum, secundum illud vulgare :* « Je ferrai le buison qui regarde le larron. »

Col. 4 : « Coart marcheant ne changeur n'aura ja grant chose. »

Fol. 25, c. 3 : « Aise boit qui son lict voiet. » *Ideo Dominus bibentibus calicem passionis ostendit requiem æternæ retributionis ut securius bibant.*

Fol. 26, c, 2 : « Mot li grève qui atent. » — « Qui bien atent ne sor atent. »

Col. 4 : « A la bone fin va tot. »

Fol. 27, c. 3 : « Qui a honte de gaignier si a honte de vivre. » — « Qui fet son profit ne orde ses mains. »

Fol. 28, c. 3 : *Esto socius ementium dando pauperibus eleemosynas pro emenda societate, quia vulgariter dicitur :* « Une malle part aura cent mars. »

Fol. 29, c. 2 : « Chaude voie fet cape moillie » ; *quia quandoque fervor delectionis inducit aquam devotionis.* Au fol. 42, col. 2, on lit : « Chaude medie fait... »

Fol. 32, c. 1 : « Grant chevaliers ne va mie sous » ; *quia re vera non decet magnum dominum ire solum.*

Fol. 33, c. 4 : « Félon seignéur meino a sa diete. »

Fol. 34, c. 4 : « L'une bonté l'autre requiert et colée sa per. »

Fol. 35, c. 1 : « Miex vaut meis tirer que rompre. »

Fol. 36, c. 3 : *Rota uncta faciliter volvitur, sed multi volvuntur sicut rota nunc uncta...* « Gousdis brait la pere roie du char (1). »

Fol. 37, c. 2 : « Biau services trait argent de borse et morcel de boche. »

Fol. 39, c. 2 : Ce n'est pas feste de boerë à hanap de crieur » ; *quia ibi haurit immundus sicut mundus.*

Fol. 43, c. 1 : « Qui bon morsel met en sa boche bone novelle envoie à son cuer. »

Fol. 44, c. 4 : « Pensée de prudome si est sens et sa parole est jugement. » — « Tot passe fors que bien fet. »

Fol. 45, c. 1 : « Li mort au mort et li vif au vif. »

Col. 3 : « A cel présent cel grae. »

Col. 4 : « Qui moi aime et mon chien. »

Fol. 46, col. 1 : « Qui est garniz si n'est sourpris. »

C. 4 : « Qui a hore veut mangier ains hore doit apparailler. » — « Quand les dames sont parées, en sont ja les trois alées. » — « Buen atent qui part atent » ; *et ideo Dominus, qui non vult electos suos*

____

(1) Dans une chanson citée par M. Godefroy (*Dictionn.*, t. I, p. 720) :

La pire roe dou char
C'est cele qui plus breira.

expectationis dilatione deficere, hortatur constanter eos in bonis operibus vigilare.

Fol. 47, c. 4 : « Ja ne maignera qui dort. »

Fol. 48, c. 3 : « Tot est perdu ten qu'en met en sac percié. »

Fol. 50, c. 2 : « Que l'on sue boit le vent. »

Fol. 23, c. 2 : « Il n'est demis qui ne s'atorne. »

Fol. 53, c, 1 : « Bele de face, bele d'ator, De bien port et bele parole. »

C. 2 : « Meus vaut vataille que la mort. »

C. 3 : « Qui est biaus ne n'est bons refuser le doit l'en. »

Tels sont les proverbes ou dictons français dont nous avons constaté la présence dans cette somme de sermons pour le commun des saints. Or il n'importe guère d'en citer autre chose. Signalons pourtant quelques propos attribués par l'auteur à des contemporains, qu'il prend soin de nommer. Ainsi nous lisons, fol. 4, c. 2 : *Nota rationem fratris Gaufridi quod Deus odiret Ecclesiam quia justitia habitavit in ea, nunc autem homicidæ.* Mais quel est ce frère Geoffroi, qui s'exprimait avec une si grande liberté ? Plus loin, fol. 34, col. 1, nous trouvons une sinistre prophétie mise dans la bouche de Guillaume, évêque de Paris. Quant à ces historiettes qu'on réputait l'ornement nécessaire des sermons, elles sont toujours ici sommairement indiquées ; jamais elles ne sont racontées. *Nota*, dit l'orateur, *exemplum de milite infirmato et clerico qui portabat aquam benedictam* (fol. 14, col. 1) ; et fol. 4, col. 2 : *Exemplum de Gobardo de quo dictum est :* « A tart bea Gobaut ». Toutes ses indications sont aussi brèves. Mais elles se rapportent toutes à des anecdotes connues. Ainsi l'histoire du chevalier malade et de l'écolier porteur d'eau bénite est tout au long dans un sermon de Jacques de Vitry (n° 17509, fol. 82 v°) et celle de Gobaud, fils de Charlemagne, qui fut déshérité par son père pour avoir crié trop tard, est dans un autre sermon du même (n° 17509, f. 97). Elle est encore ailleurs. Nous l'avons citée sous le n° 16499 (1).

Entre le premier et le second des recueils qui composent, ainsi que nous l'avons dit, ce volume, se succèdent quatre sermons anonymes dont chacun réclame une mention particulière.

1° *Dilectus meus candidus...* — *In verbo iste beatus Bartholomæus a quatuor specialiter commendatur. Primo a divina dilectione.* D'autres exemplaires anonymes de ce sermon sont dans les n°ˢ 15958 (fol. 278) et 16510 (fol. 192).

2° *Egredietur virga de radice...* — *In verbo proposito quatuor principaliter possunt attendi. Primum beatæ Virginis ortus.* Pareillement anonyme dans les n°ˢ 15958 (fol. 280) et 16510 (fol. 196).

3° *Exaltavi lignum humile...* — *Duo tanguntur. Primum est exaltatio sanctæ crucis.* Dans les n°ˢ 15958 (fol. 281) et 16510 (fol. 198).

4° *Dico vobis quod angeli eorum...* — *In verbis istis attendit Salvator angelorum specialiter officium.* Dans les n°ˢ 15958 (fol. 281) et 16510 (fol. 200).

Ces quatre sermons font partie, comme nous

____

(1) Tome V, p. 146.

l'avons dit, d'un recueil considérable intitulé *Collectiones fratrum* (1). Ils n'offrent, d'ailleurs, rien
d'intéressant.

Le titre du deuxième recueil, qu'on lit au bas du
fol. 57, est *Sermones de dominicis fratris Nicholai
de Aquavilla*. Nicolas d'Hacqueville, de l'ordre des
Mineurs, mourut, croit-on, vers l'année 1317, et
ses sermons dominicaux, très souvent copiés, au
xiv⁰ siècle, ont été plusieurs fois imprimés, au xv⁰,
au xvi⁰ et même au xvii⁰. Mais dans les dernières
éditions, qui sont des années 1611 et 1630, l'auteur
est nommé, par erreur, Jean Quintin.

La troisième série de sermons commence au revers
du feuillet 158. Ils sont pour des fêtes diverses et,
nous paraissent appartenir à des auteurs différents.
En voici le détail :

1° *Ingredietur Dominus Ægyptum...* — *Quamvis
thema secundum tempus accipi soleat...*

Quoique ce sermon ne soit pas banal, nous n'en
connaissons pas une autre copie. L'histoire rapporte,
dit l'orateur, qu'au moment où naquit Jésus, les
statues des faux dieux s'écroulèrent dans tous les
temples. Ces statues étaient celles du Soleil, de la
Lune, de Mars, de Mercure, de Jupiter, de Vénus et
de Saturne. Mais la déchéance de ces faux dieux
n'a pas été sans quelque profit pour les mœurs ;
il est manifeste, par exemple, que le nombre des
gens chastes a beaucoup augmenté depuis que
Vénus n'est plus adorée. Cependant, poursuit

_____

(1) Tome V, p. 64.

l'orateur, il y a encore plus d'un débauché parmi les clercs et parmi les moines : *Christi præsentia luxuriæ desiccavit fœces et humida, præterquam in quibusdam clericis et falsis religiosis, deterioribus quibuslibet infidelibus in conversatione et vita.* Notons que l'on se disait ces choses-là face à face.

1° *Benedictionem dabit legislator... — Legislator est Christus. Jac. 3 : Unus est legislator...* Pas d'autre copie. Très court sermon, dont il n'y a rien à citer.

3° *Dominus legifer noster... — In verbo proposito notantur duo. Primo prænuntiatur Salvatoris adventus.* Pas d'autre copie.

4° *Apertis thesauris suis... — In hoc verbo quatuor notantur. Modus offerendi ibi : Apertis thesauris.*

Ce sermon est du Franciscain Jean de La Rochelle. Nous en avons d'autres copies dans les n°s 13583 (fol. 157 et 159), 15939 (fol. 172), 16477 (fol. 176).

5° *Consurgensque diluculo rex... — Ad laudem Salvatoris quatuor notantur. Primum passio, resurrectio matutina.* Ce sermon, aussi tiré des *Collectiones fratrum,* est au fol. 273 du n° 15958.

6° *Sicut in Adam omnes moriuntur... — In his verbis duo principaliter considerari possunt. Primum est humani generis corruptio.* Deux autres exemplaires anonymes sont dans les n°s 15958 (fol. 284) et 16510 (fol. 207). C'est dire que ce sermon appartient, comme le précédent et le suivant, aux *Collectiones fratrum.*

7° *Vidi in medio septem candelabrorum... — In hujus visionis mysterio beatissimus pater Franciscus.*

Autres copies : n°s 15958 (fol. 282), 16510 (fol. 202).
Ce sermon nous apprend que l'on chantait alors en
l'honneur de saint François, le jour de sa fête, une
hymne dont ces trois vers sont cités :

> Franciscus Evangelii
> Nec apicem vel unicum
> Transgreditur, vel iota...

Telle était l'opinion de tout Franciscain sur le
fondateur de son ordre. C'était un autre Christ. Il
n'avait jamais péché.

8° *Simile est regnum cælorum thesauro... — Ista
verba exponi possunt de cælesti patria primo, et postea
de virginibus.* Sermon en l'honneur de sainte Cathe-
rine. Nous n'en connaissons pas une autre copie.

9° *Erunt signa in sole... — In fine istius evangelii :
Cælum et terra... Verba Domini sunt gratiosa ad
trahendum...* Pour le deuxième dimanche de l'Avent.

10° *Erunt signa in sole... — Ista verba intelliguntur de adventu Christi ad judicium. Intelliguntur
etiam...* Un passage de ce sermon montre qu'il est
postérieur à l'année 1316 :

> Legitur in gestis regum quod, regnante Ludovico rege,
> apparuit ei cometa 25 diebus ante mortem suam quotidie;
> cumque primus vidisset stellam, vocavit quemdam sapien-
> tem, dicens : « Vides tu stellam istam? Dic quid significat
> stella ista. » Ille noluit aperire cor suum et respondit :
> « Scriptum est in Jeremia : *A signis cæli nolite timere quæ
> pavent gentes* (1).

Il s'agit de la comète dont l'apparition précéda la
mort de Louis X. Le continuateur de Guillaume de

____
(1) Jérémie, X, 2.

Nangis en parle ainsi : *Circa festum sancti Thomæ visa fuit cometa in cælo quæ mortem regis prænuntiare videbatur, et patuit postmodum in effectu* (1).

La série des sermons est ici momentanément interrompue par une dissertation morale dont le titre absent doit être *De quatuor abusionibus* : un prédicateur négligeant de pratiquer ce qu'il enseigne; un vieillard irréligieux; un jeune homme indocile; un riche avare. Cette dissertation sur une matière banale occupe quatre colonnes. Ensuite, d'autres sermons :

11° *Estote parati...* — *Hæc verba scripta sunt in Exodo, ubi dicitur quod filii Israel, cum egressi fuerunt de Ægypto...* La matière de ce sermon est la naissance du Christ. Pas d'autre copie à citer.

12° *Ecce vox clamantis in deserto...* — *Carissimi, prædicator veritatis debet esse vox clamantis quantum ad perfectionem doctrinæ.*

La partie principale de ce sermon est une vive remontrance à l'adresse des clercs qui, dans leur jeunesse, emploient tout leur temps à l'étude des lois civiles ou canoniques et n'abordent la théologie que dans leur vieillesse, lorsqu'ils ne sont plus capables de rien apprendre. L'orateur compare ces vieillards impuissants à David refroidi.

13° *Vade, quoniam ad nationes...* — *Hæc verba scribuntur in Actibus apostolorum et sunt verba Domini dicta de Paulo.*

Ce sermon paraît du même auteur que le précédent. Les clercs qui négligent la théologie pour les

____

(1) *Recueil des hist. de Fr. t.* **XX**, p. 615.

lettres et les lois n'y sont pas moins maltraités. L'auteur est, comme on va l'apprendre, un Franciscain très zélé pour sa religion et très dur pour tous les ministres de l'Église séculière :

Quando aliquis religiosus compellit aliquem intrare religionem, dicit : « Qui est iste? Vellet quod omnes essent sicut ipse est ; quia captus est, vellet quod alii similiter essent. » Sed, miser, numquid non habet frater Minor naturam sicut et tu? Gratia enim perficit naturam et gloria gratiam. Quia elegi paupertatem, dicunt quod sum captus, quia quæsivi quæ Dei sunt et ipsi quærunt quæ sua sunt... Non jam quæritur salus animarum, sed luxus divitiarum ; propter hoc ingrediuntur clerici ecclesias, frequenter missas cantant; jam pro archiepiscopatibus et episcopatibus hodie litigatur ut redditus ecclesiæ in superfluitatibus et variis usibus dissipentur...

Ces deux derniers sermons nous semblent être des premières années du xive siècle. Ils sont l'un et l'autre d'un très mauvais style.

<h2 style="text-align:center">18201</h2>

La feuille de garde offre un calendrier, auquel succèdent le *Liber viarum Dei* et autres opuscules d'Élisabeth, abbesse de Schonau, notamment celui qui concerne le martyre de onze mille vierges. Ce sont là, comme on le sait, des récits de visions. Ils sont bien connus, ayant été plusieurs fois publiés. On les attribue communément au frère d'Élisabeth, l'abbé Ecbert.

Au fol. 59, un poème intitulé *Dialogus Paracliti*.

Ce poème est, en effet, un dialogue en vers élé-
giaques léonins entre un pécheur pénitent et la grâce
divine. Le pécheur, parlant le premier, s'exprime
ainsi :

Vir celebris quondam qua me sub rupe recondam ?
    Ut mea fœda tegam quæ latebrosa petam ?
Aspicio cunctos sacro baptismate functos
    Rite loquenda loqui, rite sequenda sequi.
Nil in me specto quod sit de pneumate recto
    Et quod agat quisquam qui repetit patriam.
Rex cæli, verum numen, qui vincula rerum
    In te cuncta ligas mundaque corda rigas,
Ut quid me natum servasti tu sceleratum,
    Sordibus implicitum, sub vitiis positum ?
Bis me quid nasci voluisti paneque pasci
    Angelico, pellem cum teneam veterem ?
Spes mihi nulla boni, sensus ita sunt mihi pravi,
    In quodvis facinus lubricus est animus.
Lugeo quod, salvo partu genitricis ab alvo,
    In mundum veni spernere jussa Dei.
Eheu ! cur vivo vitio tabens recidivo,
    Namque fio pejor tempore, non melior ?
Spondeo sæpe bonum, Christum mihi posco paternum ;
    In dando spatio non valet hæc ratio ;
Sordida quippe colo deflendaque linquere nolo,
    Me miserum ! repetens quæ vetat omnipotens,
Et srophæ (1) ritu quæ putrida sunt repetitu,
    Facta miser recolo sæpeque me violo.
Ergo solamen quod erit mihi quodque juvamen ?
    Conscia mens noxæ se cruciat misere.
Judicio clemens et culpas Gratia demens,
    Tu fer opem, quæso, consiliumque reo !

Quoique ce poème ait peu de mérite, il avait au
moyen âge plus ou moins de lecteurs. C'est pourquoi

(1) En note : *Id est suis*.

l'Allemand Eberhard le cite ainsi dans son *Laborinthus* :

> Hortatur propria per scripta *Paraclitus* omnes
> Peccantes. Veniam Gratia donat eis (1).

Et, dans ses notes savantes sur le *Laborinthus*, M. Thurot n'a pas omis d'en indiquer la copie que nous avons présentement sous les yeux (2); mais il n'en a pas soupçonné l'auteur. Cet auteur est nommé par Hugues de Trimberg :

> Basiliensis clericus, Warnerius vocatus,
> Catholicis auctoribus sit hic annumeratus,
> Qui duos egregie libros compilavit
> Unumque *Sidonium* ex his prætitulavit,
> Alterum *Paraclitum ;* quod a multis scitur.
> Warnerius in frontibus horum invenitur,
> Sicut in *Sidonio* duo protestantur
> Versiculi, lectoribus qui per ipsum dantur :
> *Ut nomen foris laudetur compositoris,*
> *Sensim primarum seriem conjunge notarum* (3).

Assemblez, en effet, les premières lettres des premiers vers du *Paraclitus*, vous avez : *Warnerius Basiliensis me fecit*. L'auteur est donc certain. Mais on ne connaît que son nom et sa patrie. En quel temps a-t-il vécu? Notre manuscrit paraît être du XIIᵉ siècle. On suppose que Warnier et son copiste vivaient dans le même temps. Un autre exemplaire du *Paraclitus* nous est signalé par M. Endlicher dans un manuscrit de Vienne (4).

(1) Fabricius, *Bibl. med. et inf. ætat.*, t. II, p. 75.
(2) *Comptes rendus de l'Acad. des inscript.;* 1870, p. 264.
(3) *Das Registrum multor. auctorum des Hugo von Trimberg*, p. 33, Nous corrigeons le dernier de ces vers sur un autre texte cité plus loin.
(4) *Catalog. cod. philol. bibl. Vind.*, p. 159.

Comme ce poème classique est inédit, nous allons
en citer un fragment qui fera juger ce qu'il vaut.
Si d'autres valent plus, d'autres valent moins. La
Grâce dit au pénitent :

> Nosti de limo quod plasmato patre primo,
>   Hic pater arbitrio perditus est proprio,
> Arbitrioque dato per transgressum vitiato,
>   Vir, cultor vitii, fit reus exitii.
> Liberat electos nunc quos vult gratia rectos,
>   Sic justos miserans sicque malos moderans,
> Ut nec salvandus cogatur, nec reprobandus,
>   Sponteque per variam currat uterque viam.
> Eligit ille bonum, latebras amat ille draconum,
>   Ambo tamen fragiles et merito similes.
> Sunt etenim cuncti sontes et egent ope cuncti,
>   Quam quærunt alii despiciunt alii ;
> Verum quærentes bona sunt æterna merentes
>   Sponteque deficiunt qui bona despiciunt ;
> Sed sine supremo bonus esse potest quia nemo,
>   Adjuvat arbitrium conditor ipse pium ;
> Quique malum nescit, nec vult, ibi non requiescit
>   Quo malus est clamor, fraus, inhonestus amor ;
> Cordaque discernens hominum rex, omnia cernens,
>   Res ita diffinit : dat bona, prava sinit.
> Dat bona quærenti, nec obstat prava gerenti,
>   Et sanctum faciens et reprobum patiens.
> Ergo rectorum non sunt bona prorsus eorum,
>   Nam bona quæ faciunt cum Domino faciunt ;
> Jureque salvantur qui sponte bono sociantur
>   Utunturque boni jure quiete boni.
> Sic mala pravorum Satanæ mala sunt et eorum,
>   Nam mala quæ faciunt cum Satana faciunt ;
> Jureque damnantur qui sponte malo sociantur
>   Torquenturque mali jure dolore mali.
> Sed quia sic factus non est homo sicque subactus
>   Ut contra fatum vergat inane lutum,
> Heu ! quid desperat quisquam ne cælica quærat ?
>   Damnatis etiam dat pietas veniam ;

Ni convertatur reus, auctor dura minatur,
   Perpes supplicium tristeque judicium ;
Sed si damnatus properet deflere reatus,
   Atque Deo propiet, quod petit accipiet ;
Parcit enim gratis conversis fons bonitatis,
   Vitam dans humili quam petit, ex facili
De sicco stagnum faciens et quod erat lupus agnum,
   Mortua vivificans, sordida purificans.
Quid faceres nisi te solarentur Ninivitæ ?
   His mors incubuit, nec Deus erubuit
Se mutare minas, non perficiendo ruinas
   Urbis, quas famulo dixerat is populo,
O bonitas grandis, quam pro lapsis reparandis,
   Dum bona ferre studet, nec dare verba pudet !
Blanditur, terret, ne quis quasi nescius erret,
   Ut qui stat timeat, spe miser indoleat.
Cerne Deus mitis quid fecerit in Sodomitis,
   Quorum stultitiam commiserans nimiam,
Dixit : « Delebo Sodomam, tamen ante videbo
   Si tantum clamant quod reprobant quod amant. »
Cum sic est fatus fuit indulgere paratus ;
   Sed gens non voluit linquere quæ coluit ;
Quin imo mire studuit damnata perire,
   Consumpsitque ream sulphur et ignis eam.
Ergo plorandus ploret commissa nefandus,
   Nec se per fatum credat habere statum.
Si fato credis jaculo te duplice lædis,
   Dum tu quod nutas esse necesse putas.
Erravit mundum fingens hunc esse secundum,
   Et fieri, fato cuncta regente, Plato.
De Tagato (1) rerum patre matreque dicere verum
   Creditur a fatuis atque fide vacuis.
Sic animam mundo qui dat recolitque profundo
   Sensu Timæum, non amat ille Deum ;
Quique putat discens quod sit rerum reminiscens
   Visarum pridem, polluit ille fidem.
Tu serva Christi quæ per servos didicisti,
   Nec sis socraticus, sed vir apostolicus...

(1) C'est-à-dire τῷ ἀγαθῷ.

Formida rectas homo causas, sed tibi tectas ;
  Non tuus has penitus prospicit intuitus.
Nulla perenne bonum confundet vis rationum ;
  Recte cuncta gerit qui fuit, est et erit.
Non argumentum curat Deus arte loquentum ;
  Mentis amat requiem, non genus et speciem.
Cum vult infringit tua quod vigilantia fingit ;
  Quo duce non sequitur te duce quod sequitur.
Pervigilans horas noctis fingendo laboras ;
  Mira probare studes, decipiendo rudes ;
Tu cælum, terras, pontum numerando pererras,
  Assignans graviter facta Deo leviter ;
De lunæ gyris et solis sæpe requiris,
  Et scis stellarum de statione parum ;
Membris infusus det quomodo spiritus usus,
  Quamque bene notes, non bene scire potes.
Vim propriæ vitæ nequeas cum pandere rite,
  Summis de certis conscius esse petis ;
Brutis præponis homines merito rationis ;
  Respectu Domini sunt homines asini.
Quapropter stultum depone, stulte, tumultum
  Simpliciterque bene cuncta statuta tene ;
De Domino senti quod sentis corde trementi,
  Et credens spera cum pietate mera.

Nous ne disons pas que ces vers soient tous
louables. Mais il faut tenir compte des difficultés
qu'offre la recherche de la consonnance léonine. Le
mot propre, qui se présente le premier, ne rimant
pas, on essaie d'abord d'y substituer un synonyme,
et, si le synonyme trouvé ne rime pas non plus, on
est obligé de s'en tenir au mot qui s'éloigne le
moins, pour le sens, du mot propre, et pourtant s'en
éloigne. De là des vers pénibles, obscurs, dépourvus
de toute grâce. Il y en a beaucoup de tels dans le
fragment que nous venons de citer ; mais il faut reconnaître qu'un certain nombre sont, comme on dit

vulgairement, réussis ; quelques-uns même auraient
pu devenir et sont peut-être devenus proverbiaux. Ce
poète a trop voulu faire preuve d'esprit. On est en
droit de le lui reprocher ainsi qu'à beaucoup d'autres
de ses contemporains. C'est en prose qu'ils expri-
maient leurs sentiments, leurs pensées ; pour eux
écrire en vers n'était qu'un passe-temps, un jeu.

Ce Warnier, ou Garnier, n'ayant été cité, jusqu'à ce
jour, par aucun bibliographe, ne le quittons pas sans
avoir dit quelques mots sur un autre de ses poèmes,
le *Sinodius*, mentionné, comme on vient de le voir,
par Hugues de Trimberg. Eberhard l'Allemand ne l'a
pas non plus oublié :

> Per tres personas duo testamenta figurat
>   Sidonius. Judex Philosophia sedet.

Ce qu'interprète de cette façon un glossateur
cité par Fabricius : *Sidonius poeta, de duobus Testa-
mentis, novo scilicet et veteri, per duas personas, Ju-
dæum et Christianum scripsit.* Mais il se trompait
bien ; l'œuvre n'est pas d'un poète nommé Sidonius.
Avec plus de prudence, M. Thurot dit : « J'ignore
quel est l'auteur et l'ouvrage. » Nous connaissons
l'un et l'autre. Deux manuscrits du poème nous sont
indiqués dans les n°ˢ 1147 de Vienne et 610 de Valenciennes, et celui de Valenciennes commence ainsi
que nous l'atteste M. Mangeart, par ces hexamètres
léonins :

> Versibus emensis hic auctor, Basiliensis
> Vir quidam, clerum paritates quærere rerum
> Admonuit primus, Domino quas judice scimus,

> Rerum priscarum brevis editor atque novarum,
> Nec veteri more, sed eas scribendo canore ;
> Et quia certantes ponendo duos modulantes
> Res istinc junctæ titulantur in ordine cunctæ,
> Judice matrona dare quæ solet optima dona,
> Ut nomen foris laudetur compositoris,
> Sensim primarum seriem conjunge notarum (1).

Voilà encore des vers qui ne manquent pas moins de clarté que d'élégance; mais les premières lettres de chacun de ces vers indiquent aussi l'auteur : *Warnerius*.

Au fol. 65, *Radulfus super Leviticum*. Ce *Radulfus* est Raoul de Flaix et son commentaire sur le Lévitique est, parmi ses nombreux écrits, un de ceux que ses contemporains ont le plus goûtés. Notre exemplaire est incomplet.

Du fol. 93 au fol. 100, sans titre, un recueil des miracles de la Vierge. Ces historiettes, empruntées à divers autres recueils, offrent presque toutes des traits de mœurs. Nous en citerons une :

> Extra Castrum Radulphi est quædam abbatia quæ Tolis vocatur. Supra quadam columna ecclesiæ illius est imago lapidea ad honorem beatæ Mariæ Virginis sculpta, ad quam cum quædam paupercula mulier veniret orandi gratia aderant ibi in atrio duo Brabantiones, qui improperantes mulieri blasphemabant imaginem. Unus etiam, lapides in imaginem projiciens, uno lapide percussit et confregit brachium pueri Jesu. Et cum manus illa lapidea cecidisset, exierunt guttæ sanguinis a brachio ac si esset hominis viventis, statimque in eodem loco qui lapides projecerat expiravit. Alter vero, cum vellet morientem inter brachia sua colligere ut ei aliquod præberet auxilium, statim arreptus est a dæmonio et in sequenti die defunctus est.

(1) Mangeart, *Catal. des man. de Valenc.*, p. 601.

Eadem etiam sequenti die, cum multa turba conveniret ut imaginem et sanguinem fluxum de lapide videret, ipsis videntibus prædicta imago scidit vestimenta sua, scilicet ornatum, qui circa eam erat, lapideum, et collum suum quod firmatum erat monili lapideo et pectus denudavit usque ad mamillas propter ignominiam et injuriam quæ illata fuerat sibi et parvulo suo. Hoc contigit anno Domini MCLXXXVII, tempore quo guerra erat inter Philippum, regem Franciæ, et Henricum, regem Angliæ, altero constituto apud castrum Dol., altero cum exercitibus suis. Ego qui scripsi sanguinem illum in oculis meis et imaginem nudatam et vestimentum revulsum apposui. Qui autem eam viderant ante perpetratum miraculum testantur quod erat prius rubicunda et bene colorata. Modo stat exsanguis et pallida. Ibi pro certo cæci illuminantur, claudi curantur et fiunt miracula (1).

Il va sans dire que toutes les narrations sont aussi dignes de confiance que celle-ci, quoiqu'elles n'aient pas toutes été rédigées par un témoin oculaire.

Au fol. 100, un opuscule sur l'antéchrist qui commence par ces mots : *Heriberto, Coloniensi episcopo, Alquiminus, suorum servorum ultimus, pacem et gratiam sempiternam.* Les auteurs de l'*Histoire littéraire* ont commis une erreur, qu'ils nous ont fait commettre après eux (2), lorsqu'ils ont confondu le traité de l'antéchrist publié sous le nom d'Alcuin avec celui dont nous venons de transcrire les premiers mots (3). Nous devons ici corriger cette erreur. Il est vrai qu'il existe entre ces deux traités de grandes ressemblances. D'abord ils sont l'un et l'autre, dans quelques manuscrits, sous le nom d'Alcuin plus ou moins

(1) Fol. 96.
(2) Tome I, p. 370.
(3) *Hist. litt. de la Fr.*, t. VI, p. 555.

altéré. On constate ensuite que la plus grande partie de l'un est, sans notables changements, passée
dans l'autre. Cependant, après avoir aussi constaté
que dans ces deux écrits, dédiés à des personnes dif-
férentes, il y a des choses tout à fait dissemblables,
et que les mêmes choses, exprimées dans les mêmes
termes, ne se succèdent pas dans le même ordre, on
ne peut hésiter à reconnaître que ce sont là deux
traités à tort confondus.

Sur celui qu'on a publié dans les *OEuvres* d'Alcuin
nous n'avons à donner aucune explication nouvelle.
Il est depuis longtemps reconnu qu'il est d'Adson,
moine de Moutier-en-Der. Son nom se lit dans sa
dédicace à la reine Gerberge, femme de Louis d'Ou-
tremer.

Quant à celui que nous avons ici sous le nom d'*Alquiminus*, évidemment il n'est pas d'Alcuin, Alcuin
ayant vécu près d'un siècle avant Héribert, évêque de
Cologne. En d'autres manuscrits le nom est écrit
Alboinus, *Albuinus*, et nous savons qu'Alboin, moine
de Gorze, plus d'une fois consulté par l'évêque Héribert, a, pour le satisfaire, composé d'autres opuscules
dont le mérite n'est pas grand. Fions-nous donc à ces
manuscrits, et lisons *Albuinus* au lieu d'*Alquiminus*.

Ainsi voilà pour les deux écrits, deux auteurs d'ailleurs connus : Adson et Alboin. Or, puisque l'un de
ces écrits est manifestement, en de nombreux passages,
la copie de l'autre, il y a plagiat. Quel est donc le plagiaire ? Il n'est pas difficile de le deviner. Adson
étant mort sept ou huit ans avant qu'Héribert fût
évêque de Cologne, n'a pu lui donner ce titre. On

s'appuie d'ailleurs sur de bonnes raisons pour conjec-
turer qu'il mit la main à son traité tout au plus tard
en 954 (1), tandis que celui d'Alboin est certainement
postérieur à l'année 999, date de l'élection d'Héribert
à l'évêché de Cologne. Ainsi le plagiaire est Alboin.
Il n'aurait probablement pas mérité d'être ainsi qua-
lifié, si l'évêque de Cologne s'était montré moins
curieux d'avoir des informations précises sur l'aspect
physique et la venue plus ou moins prochaine de
l'antéchrist. Mais ne sachant, comme il paraît, rien
de cela et trouvant dans l'écrit d'un autre une réponse aux questions qui l'avaient mis dans un embarras facilement explicable, il aura mieux aimé
copier qu'inventer. Voilà son excuse.

Le traité d'Alboin sur l'antéchrist a été, pour la première fois, publié par M. Floss : *Zeitschrift für deut-
sches Alterthum,* t. X, p. 265. On lit en tête : *Heriberto, Coloniensi episcopo, Albuinus suorum servorum
ultimus,* etc.

Il nous reste à dire quelques mots sur le fragment
par nous édité d'après notre n° 8433. Ce fragment est,
en effet, autre chose qu'une libre copie; il est tiré d'un
troisième texte rédigé sur celui d'Adson, tantôt abrégé
tantôt amplifié.

Au fol. 101, *Cantica canticorum et expositio eorum
metrice descripta.* Cette exposition métrique du Cantique des cantiques est en hexamètres léonins, et voici
les premiers :

> Quem sitio votis nunc oscula porrigat oris, |
> Quem mihi venturum promisere organa vatum !

(2) *Hist. litt. de la Fr.,* t. VI, p. 477.

Nunc etiam per se præsens dignetur adesse,
Oscula præbendo, sua dulcia verba loquendo !...

Le poëme est considérable ; c'est une œuvre de très grande patience. Mais non pas, certes, de grand mérite. Aussi n'en connaissons-nous pas un autre exemplaire. Les contemporains de l'auteur ne paraissent donc pas l'avoir estimé plus que nous. C'est pourquoi nous n'en citons rien.

Au fol. 112, l'évangile de Nicodème. Cet évangile apocryphe a, dès le xv⁰ siècle, été souvent publié.

Au fol. 127, *Liber mag. Roberti de Flammesbuc, canonici, S. Victoris Parisiensis pœnitentiarii.* Nous avons déjà cité ce livre sous le n° 16506 (1). On en a conservé de nombreuses copies.

Aux fol. 157 et 158, sont traitées plusieurs questions de droit canonique, notamment sur la simonie, les transactions, les appels. Mais elles n'y sont pas traitées au point de vue général ; les personnes en cause sont des abbés, des moines, des religieuses.

A la fin du volume des extraits de saint Jérome, de saint Ambroise, de saint Hildephonse, de Pierre Le Mangeur, etc., etc., sur la Vierge, Hérode, etc. Ces extraits n'occupent que deux feuillets.

18216

Nous avons d'abord ici l'*Elucidarium*, attribué tour à tour, mais par simple conjecture, à plusieurs écrivains notables du xi⁰ siècle et même du xii⁰. On l'a

(1) Tome V, p. 164.

déjà rencontré dans les nᵒˢ. 3417 (1), 12312 (2),
17400 (3), et l'on a dit que l'auteur ayant voulu,
comme il le déclare expressément, demeurer inconnu,
la prudence conseille de ne pas le chercher.

Au fol. 33, sans nom d'auteur, une *Summa pœnitentiæ* commençant par : *Sine gratia gratum faciente
nullus est Deo gratus.* Ce sont des instructions pour
les pénitents et pour les confesseurs. Saint Bernard
étant cité dans cette *Somme*, nous la croyons du
xiiiᵉ siècle. Un autre exemplaire anonyme est dans le
nᵒ 149 de Toulouse.

Au fol. 54, une vive apostrophe à l'adresse des Juifs,
commençant par : *Vos, inquam, convenio, o Judæi,
qui usque in hodiernum diem negatis filium Dei ;* et
finissant par les vers de la sibille :

> Judicii signum tellus sudore madescet...

Les premiers mots de cette apostrophe indiquent
assez que c'est un fragment. C'est, en effet, un fragment du sermon de saint Augustin *Contra Judæos de
symbolo,* qui se lit au tome VIII de ses *Œuvres* dans la
Patrologie, col. 1117.

Au fol. 56, quelques notes sur les trois Marie, finissant par ces vers :

> Anna tribus nupsit, Joachim, Cleophæ Salomeque ;
> Tres parit ; has ducunt Joseph, Alphæus, Zebedæus.
> Prima Jesum ; Joseph, Jacobum, cum Simone, Judam
> Altera ; quæ sequitur Jacobum parit atque Joannem.

Ces quatre vers ont été plus d'une fois cités. Ils

(2) Tome I, p. 209.
(2) Tome II, p. 61.
(3) Tome V, p. 266.

l'ont été notamment par Eudes de Gériton dans un sermon que contient notre n° 16506, fol. 162. Ils eurent le succès de tous les vers mnémoniques.

Au fol. 57, *Summa de baptismo' et ejus effectu et de aliis sacramentis et casibus baptismi;* commençant par : *Notandum est quod baptismus potest considerari multipliciter.* Comme il ne s'agit pas plus ici du baptême que des autres sacrements, le titre exact serait *Summa de sacramentis.* Un autre exemplaire, pareillement anonyme, de cette *Somme,* est dans le n° 91 de Metz. Nous n'en connaissons pas l'auteur.

Au fol. 67, un traité sur les cérémonies de l'Église, à la fin duquel on lit : *Explicit summa domini Hugonis cardinalis quæ dicitur Speculum Ecclesiæ.* Ce cardinal est Hugues de Saint-Cher. Son traité, souvent copié, a été donné quelquefois à Hugues de Saint-Victor. Nous l'avons déjà cité sous le n° 18081 (1) et nous devons le rencontrer encore.

Au fol. 75, *Sermo sancti Augustini,* commençant par : *Fratres, estote fideles in omnibus.* Ce sermon est une sobre exposition de l'oraison dominicale, qui ne paraît pas indigne de saint Augustin. Cependant nous l'avons en vain recherchée dans l'édition de ses *OEuvres.*

Au fol. 76, quelques mots de plus sur l'oraison dominicale, attribués au même Père, et, au fol. 77, une autre exposition, qui n'est guère plus étendue, sous le nom de saint Ambroise.

Au fol. 78, le *Liber Quare,* commençant par : *Quare*

____

(1) Ci-dessus, p. 2.

Septuagesima celebratur. Sur ce traité, dont les copies sont si nombreuses, il ne nous reste plus rien à dire, après ce que nous en avons ditsous le n° 13576 (1). Presque toutes ces copies sont anonymes, et l'on ne peut se fier aux indications de celles qui ne le sont pas.

Au fol. 94, sans titre, la relation d'un procès plaidé devant la cour céleste. Un procureur envoyé par Satan vient, en son nom, demander justice. Depuis la chute d'Adam il a, durant une longue série de siècles, paisiblement régné sur ce monde ; ce monde était son domaine incontesté. Mais un usurpateur est venu, qui l'en a dépouillé. Il proteste et s'engage à prouver, même devant le coupable auteur de cette usurpation, que le genre humain est sa propriété légale. Telle est la matière du procès, et en voici le compte rendu (2) :

Nostis, fratres, litteram qualiter (dæmon), subintrans viscera Judæ, procuravit quod ipse Judas magistrum suum prophetam, qui filium Dei se dicebat, morti tradi faceret. Nostis etiam qualiter genus humanum ab exordio mundi fuit damnatum per inobedientiam Evæ et postea fuit salvatum per Mariam virginem ; nam mulier damnavit, mulier salvavit... Cogitavit nequitia infernalis, longo et malitioso ponderato consilio, quod procuratorem mitteret ad præsentiam Christi bene instructum, ad petendum quod genus humanum in eorum redigeret pristinam servitutem...

Procurator igitur nequitiæ infernalis legitime constitutus, astutus et versutus, ad præsentiam Christi accedens dixit : « Creator cæli et terræ, ego sum quidam damnatus, procurator totius nequitiæ infernalis coram vobis, ad agendum

(1) Tome II, p. 252.
(2) Nous retranchons, dans le préambule, quelques phrases étrangères au sujet.

contra genus humanum constitutus. Placeat vobis ad informationem vestram aliquantulum me audire. »

Dixit Dominus : « Habes-ne diem? »

Respondit dæmon : « Nondum; sed ad informationem vestram vobis aliqua explanabo, si placeat. »

Respondit Dominus : « Cum scitis quod merita causarum partium assertione panduntur, non volumus a te informari. Recolimus enim, dum mundum perambulabamus, qualiter nos informare volebas quando dixisti nobis : « Dic ut lapi- « des isti panes fiant. » Dixisti quoque quod mirabilia nobis dares si te adoraremus. »

Quo audito, dixit dæmon : « Tu es justitia et justitiam postulo. Peto genus humanum vocari coram te ad certam diem, responsurum mihi procuratori nequitiæ infernalis, et ecce procuratorium meum. »

Quo inspecto per Dominum, cum careret omni calumnia, dixit Dominus : « De die agatur. »

Dixit dæmon : « Ad diem crastinam. »

Dixit Dominus : « Tu nosti experientia facti quia via longa est; et quia de die simus discordes, judicis est diem assignare. Quare nos tibi et generi humano assignamus certam diem, scilicet diem Veneris sanctam qua in crucis patibulo mortem subivimus temporalem. »

Respondit dæmon : « Ah, Domine, hæc dies ubicumque locorum est insignis et celebris, sicut etiam jura divinitus per ora principum promulgata testantur. Quare citatio et quidquid ex ea sequeretur nullius esset momenti. »

Respondit Dominus : « Nos jura condidimus et auctoritatem damus juribus, non jura nobis. Quare volumus citationem valere et processum, non obstante quod talis dies sit ubilibet feriata. » Et dixit Dominus Gabrieli archangelo : « Vocifera cum tuba tua sonifera ad dictam diem genus humanum coram nobis procuratori nequitiæ infernalis responsurum. »

Quibus actis, recessit dæmon ad inferos, cum novis talibus qualia superius audivistis.

Quibus omnibus gestis sociis suis infernalibus per procuratorem relatis, viderunt dæmones quod nullam gratiam vel misericordiam a Domino invenirent. Habito consilio eorum, justitiæ, ut dicebant, inhærentes, statuerunt eumdem procuratorem ad dictam diem mittere ut viderent justitiam judicantis. Qua die sancta adveniente, cogitans dæmon quod major erat contumacia actoris quam rei, quodque nullos in regno cælorum habebat amicos, comparuit tempestive (ut loquamur more humano) in loco scilicet in quo Dominus pro tribunali sedere consueverat; quia in domo Domini mansiones multæ sunt.

Adveniente igitur die statuta, comparuit dæmon, dicens : « Domine, ego sum ille deputatus procurator qui habeo hodie diem coram vobis contra genus humanum. »

Dixit Dominus : « Vade, exspecta ; tu scis quod tota dies cedit generi humano. »

Exspectavit dæmon usque ad horam nonam, et, videns (ut loquamur more humano) litigantes intrantes et recedentes, tunc ipse, assumpta audacia, iterato dixit : « Pater, qui es ubique summa justitia, ego iterum me præsento contra genus humanum. »

Cui Dominus ait : « Importune, nonne tibi dixi quod tota dies cedit ? »

Et sic exspectavit dæmon usque quasi ad noctis tenebras. Tunc cœpit vociferare dæmon : « Ubi est justitia quam in cælis (non) invenio ? »

Tunc dixit Dominus : « Veni, maledicte, quia jam est hora ut te audiamus. »

Et statim exhibuit dæmon citatorium. Quo exhibito, exclamatum extitit si esset ibi aliquis pro genere humano. Verumtamen quilibet obmutuit. Tunc dixit dæmon : « Non credat aliquis quod intendam procedere nisi curiali modo. Quo posito, constat de contumacia generis humani. Quid super hæc dicant jura ; qualiter agant judices Parisienses, qui statim excommunicationis sententiam fulminant, vos nostis. Ego non peto hoc ; sed tantum peto litteras quod sufficienter comparui, nemine pro genere humano comparente. Nescio quid minus possum petere, quia sicut dixi curialiter agere propono. »

Verumtamen non quærebat dæmon aliud nisi quod nos capere posset et redigere in pristinam inobedientiam, propter quam, ut nostis, fueramus damnati per factum Evæ.

Tunc respondit Dominus, qui novit abscondita tenebrarum : « Tu scis quod judices secundum jura quandoque utuntur

mera justitia, quandoque rigore, quandoque æquitate, secundum personas, causas, loca et tempora, et bene nosti quod
æquitas quandoque præfertur rigori. Volumus igitur ad præsens et ex causa æquitate uti, ut hac die, et, æquitate suadente, diem istam assignamus, continuamus, prorogamus,
prout melius potest valere, in diem crastinam. »

Exclamavit dæmon : « Ah, Domine, ubi est justitia ? »

Dixit Dominus : « Ejiciatis eum foras. Nonne tibi diximus
quod æquitate uti volebamus ? »

Et ejectus dæmon de regno cælorum ad inferos rediit, qui
si prius satis dura retulerat, tunc retulit duriora. Verumtamen dixerunt dæmones quod si judex, æquitate pensata, ea
quandoque utatur, nemini facit injuriam, licet parti præsenti non faciat gratiam. Sero autem fuit magnus rumor in
regno cælorum, qualiter genus humanum in contumacia
erat positum, nisi fuisset clementia Salvatoris qui, æquitate
pensata, diem prorograverat in diem sequentem, et in
tantum quod rumor pervenit usque ad aures beatæ Virginis
Mariæ, matris Domini nostri Jesu Christi, quæ, audita re
gesta, amarissime fuit turbata, inquirens totam veritatem.
Et, audito quod nihil erat innovatum, nec innovari poterat
pendente dilatione, dixit publice : « Ne timeat humanum
genus, quia die crastina ego ero advocata generis humani. »
Quo audito, omnis chorus cælestis militiæ gaudio repletus
est magno.

Mane autem facto, rediit procurator infernalis nequitiæ,
tempestive subintrans consistorium, et cum cordis amaritu-
dine vidit Christum, in magnitudine inaudita venientem ad
sedendum pro tribunali. Postea autem illico advocata nostra veniebat, comitata comitiva angelorum, archangelorum,
virginum, continentium et conjugatorum. Et omnis chorus
militiæ cælestis alta voce concinebat : « Ave, regina cælorum !
Ave, domina angelorum, regina imperatrix, sanctitatum
sanctitas ! » Et, ad ipsam pro nobis magis animandum,
cantabant :

> Nec abhorre peccatores,
> Sine quibus nunquam fores
> Tanto digna filio.

Processit igitur advocata nostra et sedit ad dexteram filii
sui omnipotentis, et turbata est, ut facies ejus indicabat, et

allocuta est filium suum dicens : « Benedicte fili mi, audio
quod genus humanum vocatum est ad præsentiam tuam.
Quare, si est aliquis qui contra genus humanum causam
habere se dicat, veniat. »

Et dixit angelus : « Vide, Domina, illum versutum, damnatum, reprobatum accusatorem nostrum, dum inter nos
erat. Ille est qui non cessat infestare judicem contra genus
humanum. »

Statim ille vocatus comparuit demissa facie ; qui quidem
beatam Virginem levatis oculis non audebat respicere.
Quæ quidem ipsum tam horribili inspiciebat oculo quod dolorem cordis sui oculi et facies indicabant.

Dixit ergo Dominus dæmoni : « Modo dicas quid habes
agere contra genus humanum. »

Respondit dæmon : « Pater sancte, non moveat te caro et
sanguis ; sed facias mihi justitiam, quia tu es justitia, veritas et æquitas ubicumque locorum. Vos dicitis quod ego
dicam causam meam ; sed non video cum quo loquar, quia
judicium, sicut scitis, constat ex tribus personis ; personam
autem rei non video.

Respondit beata Virgo : « Quia, sicut dicit dæmon, judicium constat ex tribus personis, ego non video personam
actoris quæ primitus est fundanda. »

Respondit dæmon : « Fundata est persona actoris, prout
constat ex procuratorio meo per judicem admisso et citatione
obtenta. »

Dixit advocata nostra, quæ more muliebri de levi offendi-
tur : « Non stet ad diem in vanum. Peto copiam procura-
tionis et citationis mihi fieri. »

Dixit dæmon : « Cui fiet copia ? Partem enim hic non video. »

Respondit advocata : « Ecce me advocatam generis humani. »

Respondit dæmon : « Audi, pater, et respice veritatem,
quia mater tua ab omni advocationis officio excluditur.
Adverte primo quia mulier pro alio postulare prohibetur,
quia virile officium est. Præterea ipsa est mater tua, et sic
esset mihi valde suspecta si ad hujusmodi officium admitte-
retur, quia de levi te, filium suum, judicem in partem
suam trahere posset. Ex quibus dico ipsam minime admittendam. »

Dixit autem advocata filio : « Cave, fili, ne fraus istius versuti te circumveniat. Asserit enim me ad advocationis officium non admittendam. Mentitur, et contra veritatem loquitur quia in ore ejus nunquam fuit inventa veritas. Fili mi benedicte, tu qui jura condidisti, nosti quod licet generaliter mulieres non admittantur ad postulandum pro aliquo, cum sit virile officium, pro personis tamen miserabilibus, conjunctis, orphanis et viduis et pupillis bene admittuntur mulieres. Ubi sunt enim miserabiliores personæ quam mundus quem ipse nititur redigere in pristinam servitutem ? Præterea dixit ipse quod sum mater judicis. Ego mulier ; unde tanquam mulier et vocata ad judicium causam defendere volo, quia mea interest tanquam vocata. Unde, si essem hæretica, vel judæa, aut excommunicata, defensiones meæ mihi essent salvæ, et audiri deberem me defendendo. Præterea nosti, fili, tres ordines fore in mundo, conjugatorum, virginum et continentium. Ego vero fui de omni ordine isto : conjugata cum Joseph et virgo ante partum et post ; te enim ineffabiliter concepi et genui, sine alterius contactu, sicut granum sine alterius grani contactu germinat, et sicut virga Aaron frondes, flores et fructus protulit absque semine et radice. Sum quoque et fui continens. Hoc dico ad denotandum omnem ordinem, et quod istorum ordinum humani generis nuncupari debeo advocata. Quare me in advocatam admitti postulo. »

Dixit autem dæmon ; « Super hæc peto interloqui. »

Interlocutus est Dominus Mariam in advocatam admitti et eam admisit, ac procuratorii et citationis copiam advocatæ reddi debere. Quibus advocatæ redditis, cum in nullo possent redargui, dixit advocata : « Si vult deinceps aliquid dicere procurator, dicat. »

Proposuit igitur procurator nequitiæ infernalis in hunc modum : « Moris est et discretio cautelæ cujuslibet sapientis volentis contra alium experiri, intentare primo intro. ductorium restitutionis, si sibi de jure competat ; quia, sicut scitis, melior est conditio possidentis. Quare ego procurator, procuratorio nomine, peto primo et principaliter me restitui ad omnem possessionem cujuscumque generis humani tormentandi et vexandi ut prius ; in quorum possessione paratus sum probare me fuisse pacifice et quiete

nomine quo supra et fuisse spoliatum. Quare reintegranda
sunt omnia spoliata antequam procedatur ulterius in
causa; restitutione autem mihi facta, paratus sum cuilibet
respondere. »

Advocata autem sic respondit : « Audi, fili benedicte,
iniquitatem filii diaboli, filii iniquitatis, qui, cum gerat
partes actoris, falso modo, ut sui moris est, imponit juribus
actores restitui primitus debere. Quæ jura loquuntur in reis
spoliatis restituendis quærere restitui nequaquam debet.
Quin imo restitutio danda est eis qui possederunt non vi
non clam, non precario, sed bona fide et justo titulo;
dæmones autem nunquam possederunt hominem, sed velut
custodes carceris inferni januas, sicut bedelli et carciones,
custodierunt. Is etenim, fili mi, tantum possidet cujus
nomine possidetur. Ergo tu solus hominem possedisti et
possides, quia tu hominem creasti, quia in re aliena, id est
in homine quem creasti, nunquam potuit habere dæmon
bonam fidem quantocumque tempore possederit, quia nulla
dierum præscriptio juvat malæ fidei possessorem, nisi resi-
puerit postquam se noverit aliena possedisse; unde et bona
fide et justo titulo caruit et caret. Fuit enim dæmon non
bonæ fidei possessor, sed solummodo hominis detentor,
sicut asinus qui portat paieam. Igitur ubi nulla fuit pos-
sessio nulla competit restitutio, et ubi non est bona fides,
imo dolus, non titulus, sed præsumptio, non habet locum
restitutio. Dic mihi, damnate, reprobate, nonne Filius
meus, qui hic est, Pater et Spiritus sanctus hominem crea-
verunt? Quomodo ergo rem alienam potuisti bona fide
possidere ? »

Respondit dæmon : « Interlocutoriam judicis super hoc
postulo, cum in possessione hujusmodi ab olim fuerim. »

Interlocutus est Filius dæmonem non esse restituendum.

Tunc dæmon, strictis dentibus, missa manu ad marsupium,
extraxit Bibliam, cæpit legere in Genesi ubi dicit Dominus
Adæ et Evæ : « De omni ligno paradisi comedetis, excepto
isto ». Hæc sunt verba tua ? »

Respondit Dominus : « Utique. »

Ait illi dæmon : « Cum tu sis veritas, peto ista verba
stare in finibus suis et finibus veritatis: aut tu non es veritas. Adam et Eva, qui duo soli erant in mundo, sive in

paradiso voluptatis, contra mandatum tuum voluntarie venientes, inobedientiæ filii, imo privigni, pomum vetitum comederunt ; ex quo infecti et leprosi cum omnibus eorum sequentibus merito sunt effecti; quia patres comederunt uvam acerbam et dentes filiorum obstupuerunt. Quare peto ipsos cum suis posteris in perpetuum damnari; aut tu non es veritas. »

Respondit advocata mundi : « Attende, benedicte fili mi, ad verba mea et parabolas istius dolosi ne consideres. Alle_gavit enim caput et caudam fraudulenter subticuit. Sequitur enim in Genesi, post verba per ipsum dæmonem allegata, et ab ipso pro se et suis complicibus affirmata : « Si comeditis de hoc ligno, eritis sicut dii. » Ergo sic dæmones Adæ et Evæ causam peccandi dederunt. Sunt igitur audiendi Adam et Eva in facto hujusmodi accusati ; nam quia fraus et dolus alicui patrocinari non debet, nec ex dolo commisso gaudium, unde debet dispendium, id est incommodum, reportare. Repellatur igitur dæmon a limine judiciorum. »

Inflammatus autem dæmon in responsione hujusmodi, ait ad judicem : « Audi, pater justitiæ, quæ in hujusmodi casibus jura sequuntur. Posito sine præjudicio, sicut asserit advocata mundi, quod ab agendo repellar, imploro tamen tuum nobile officium, quod etiam parte tacente, ex mero judicantis officio, seu arbitrio, ne crimina remaneant impu_nita, ex bono et æquo datur »; asserens dæmon quod ex necessitate justitiæ ad hæc teneatur quilibet justus judex.

Quod audiens advocata mundi, timens ex hoc humani generis subjectionem, mutavit faciem, et lacrymis, singultibus dedita et animata adeo quod nemo tam ferreæ mentis existens qui cum tanta Virgine lacrymari tardesceret, flexis genibus, scissis ad ubera vestibus, allocuta est filium suum madidis oculis in hunc modum : « Fili mi, benedicte a Deo, ecce dæmon qui te sprevit, lapidavit, ad columnam ligavit et in statera crucis tanquam latronem confixit, et amarissimæ morti te tradidit; tuum nobile officium implorat. Ego vero mater tua dulcissima, quæ te novem mensibus in hoc utero portavi, te pie nutrivi et te his uberibus lactavi, his manibus fascinavi (aperiens sibi pectus et ubera); contrarium ei quod petit dæmon pie postulo, quodque, si magis hosti faveas quam matri, deleas me de libro vitæ. »

Intuens autem filius intensum matris dolorem, pietatis immensitate commotus, ait dæmoni : « Vade retro, Satanas, quia petitum tibi officium merito denegamus. »

Dixit autem dæmon ad Patrem et Spiritum sanctum : « Dico vobis quod caro et sanguis et non cælestis justitia hoc filio revelavit; et ideo bene prædixeram quia non erat mihi tutum matrem judicis contra me postulare ». His dictis, dixit dæmon : « Jam audietis talia quæ nolletis »; et, ostenso evangelio, legit ubi dicitur : « Venit princeps « mundi hujus, et in me non habet quicquam »; quare quæro, pater sancte, ut observes mihi verba tua et quæ processerunt de labiis tuis non facias irrita. Tu scis quod ego sum princeps mundi hujus et de me loquitur Scriptura tua et est sensus verborum sive litteræ quod ego sum princeps malorum et peccatorum, tu vero bonorum. Modo scitis quod volunt jura; cum timetur partes ob comminationem aliquam posse venire ad rixas, boni judicis est decidere rem litigiosam et dare cuilibet partem suam. Ego enim, ut vos scitis, sum princeps mundi hujus et intelligo quod sum princeps realis, non verbalis tantum, quia verba tua intelligenda sunt cum effectu. Tu vides et potes scire quod quotidie est discordia inter me et te, et tu dicis quandoque esse tuum illud quod est meum, et forte quandoque dico esse meum quod est tuum; postulo igitur quod omnis cesset discordia et quod facias sicut bonus judex. Ponderentur in præsenti æqualiter bona et mala mundi et tu sis dominator bonorum, ego vero malorum et peccatorum, et videbis quod regnum tuum non erit majus quam sit granum milii respectu regni mei. »

Dixit filius matri : «Advocata mundi, respondeas. »

Ait illa; « Absit, fili mi ; etenim quod petit dæmon aliter se habere debet. Tu scis et sciunt omnes quod tali die sicut fuit heri, scilicet die Veneris sancta, bona et mala mundi, quæ iste versutus petit modo ponderari, ponderata fuerunt ad petitionem ipsius in statera crucis ubi tu, pretium et bonitas mundi, in statera crucis pependisti et latro peccator in parte alia pependit ; et tu, fili, mundi bonitas, in recta statera tantum ponderasti quod descendisti ad inferos et extraxisti captivos. Quare cum semel ponderatum sit, dæmone et suis petentibus, me vidente et plorante et dolente, et hæc ponderatio transierit in rem adjudicatam a qua non fuit appellatum, nolo amplius ponderari, ne pueris similes fiamus quibus, cum non placet in ludo ponderatio, dicunt : Ponderemus iterum ». Et, respiciens dæmonem facie turbata, dixit : « Loquere, si scias. »

Attonitus denique dæmon de tanta responsione, dixit : « Advocata mundi, dimitte me, quia deinceps est hora ut loquar mirabilia. Dico hominem tribus rationibus sine remedio damnari debere. Primo secundum duplicem justitiam, scilicet secundum justitiam exempli et justitiam præcepti. Secundum justitiam exempli sic : Quia angelus, cum peccavit, sine remedio fuit damnatus ; igitur, cum Deus non sit acceptor personarum, oportet similiter hominem sine remedio damnari ; aut est acceptor personarum, et sic injustus judex ; de qua justitia nos damnati juste possumus conqueri. Ad justitiam autem præcepti sic : Quia homini præcepisti ne comederet de pomo et quandocumque comederet morte moriretur. Angelo autem præceptum non dedisti ; si ergo angelum damnasti sine præcepto, multo fortius cum præcepto hominem secundum justitiam damnare debes, quia multo gravius est contra præceptum quam præter præceptum facere ; et peto quod respondeat advocata mundi, si respondere sciat, antequam ultra procedam. »

Respondit advocata mundi : « Miser et infelix, non est simile quod tu dicis simile, scilicet ad justitiam exempli, quod angelus qui peccavit ideo sine remedio est punitus, quia nihil infirmum in se habebat quod eum induceret ad peccatum, quia non infirmitate, sed malignitate deliberata, peccavit ; sicut scitis, nullo præcepto indigebat angelus ; ad æthereum totus se conferebat ; homo autem si peccavit habuit in se quod ad peccatum eum adduxit, scilicet corpus fragile, grave et luteum. Ad justitiam præcepti sic respondeo : angelo præceptum non fuit datum tanquam scienti quid agere deberet sine præcepto ; in natura enim sua habebat sapientiam et scientiam eorum quia cognoscebat certitudinem boni et mali propter perfectionem suæ naturæ, et veniendo contra talem certitudinem sine comparatione gravius peccavit quam homo. Homo enim talem certitudinem non habebat propter corpus quod animam aggravabat etiam ante peccatum. Hinc est quod serpenti non respondit certitudinaliter; sed dixit : « Ne forte moriamur ». Sile igitur, damnate et reprobate, quia satisfactum est tibi ultra velle, »

Dixit autem dæmon : « Non tacebo, sed aperi aures, o tu advocata mundi, ad ea quæ dicam. »

Dixit advocata : « Derri (1) sine. Quare non petis interlocutoriam fieri super propositis, sicut callide incœpisti? »

Respondit dæmon his : « Tu scis quare : quia tu etiam frænum deitati imponis. Sed attende. Dico quod homo peccavit. »

Dixit advocata mundi : « Tace, fili mi, judex vivorum et mortuorum. Ego scio quid vult dæmon dicere. Vult enim arguere ex multis clausulis pro majori parte falsis et postea vult concludere quasi ex omnibus veris. Sed tu nosti quod si propositio copulativa pro parte sit falsa et pro parte vera, in totum est falsa et in totum potest negari. Præterea tot falsitates arguit hodie in curia veritatis quod periculum est ne aliquos inficiat; ego enim, quæ non consuevi audire mendacia, ex ejus mendaciis sum adeo fastidiata quod nescio in quam partem me volvere possim. Quare supplico quod ipse dicat tractim et per se omnem clausulam; ego punctabo et glosabo secundum veritatem. »

Dixit dæmon : « Ego audio mirabile, quia advocata mundi vult esse advocata mea, me invito, et tutrix et nutrix; sicut pueris qui nesciunt punctuare nec legere. Asserit enim quod vult punctuare, glosare. Ego postulo me audiri, quia mos ingerendus est, et postea ipsa punctuet et gloset et repetat, si sciat et possit, consona veritati, ut dicit, et ego postea replicabo. »

Dixit advocata mundi, non modicum turbata : « Nolo quod alleget falsitatem in regno meo. »

Dixit dæmon : « Si non vultis me audire ego nunc recedam, et hæc videbit justitia judicantis. »

Dixit Pater omnipotens : » Maria, regina cælorum, justitiam requirit, et permittas eum dicere, et postea respondeas. »

Dixit Maria : « Ubi est justitia quæ permittet mendacia dici in regno meo? »

(1) On ne peut lire que *Derri.*

Dixit Omnipotens : « Non cures ; nam si bene respondeas, tanto tibi et filio tuo erit majus gaudium. »

Dixit advocata mundi : « Modo dicat. »

Dixit dæmon : « Homo peccavit. »

Dixit advocata : « Facias ibi punctum. »

Dixit Omnipotens : « Maria, permittas ipsum dicere. »

Dixit dæmon : « Homo peccavit in bonitatem infinitam, appetens deitatem. Cum ergo secundum jura pœna debeat respondere culpæ, et culpa fuit infinita, quia peccavit in Deum qui est bonitas infinita, debet eodem modo esse pœna infinita; alias non respondebit pœna culpæ. Quare peto hominem, qui commisit crimen læsæ majestatis, cum suis heredibus in quibus hereditas criminis ex persona trahitur, perpetuo damnari et puniri. »

Advocata autem respexit filium pio oculo filiusque matrem, et responsiones insufflavit in eam.

Ait autem dæmon hæc advertens : « Ego semper dixi quod durum mihi erat matrem judicis contra me advocatam habere. »

Dixit advocata inspirata : « Fili mi, qui es semper benedictus super omnem creaturam angelicam et humanam, in cujus nomine flectitur omne genu cælestium, terrestrium et infernorum, precor te audire verba mea. Dixit dæmon, hæc fera pessima, plenus invidia, quod homo peccavit in bonitatem infinitam et ideo est infinite puniendus. Ad quod respondeo. Fili mi, dico quod tu es Deus et homo et bonitas infinita; et tu, qui es infinitus et bonitas infinita, pependisti in cruce, morte crudeli condemnatus fuisti ; et sic pæna respondet culpæ, quia si culpa fuit infinita, sicut asserit Satan, ecce et tu ille, qui es infinitus, punitus; ergo bene respondet pœna culpæ.

Respondit Pater et Spiritus sanctus : « Regina cælorum, non sufficit nobis responsio ista. Nonne tu vis quod homo puniatur de peccato secundum peccatum ? »

Dixit regina cælorum : « Imo volo. »

« Igitur, dixit Pater et Spiritus sanctus, quia fuit culpa infinita, ideo dicit dæmon quod homo in infinitum puniatur. »

Respondit Filius pro matre : « Nonne, Pater, omne judicium mihi tradidisti ? Si culpa fuit infinita et homo non possit infinite satisfacere, cum non sit infinitus, ego, qui sum Deus et homo et infinitus, volui pro ipso satisfacere et mori. »

Dixit autem dæmon : « Tu, Filius Dei, vivis et es rex in æternum duraturus et Deus et homo ; ergo homo non est punitus in infinitum. »

Respondit advocata : « Dixit dæmon : homo peccavit ; homo, scilicet vetus Adam, peccavit. Respondeo glosando : homo, scilicet filius meus, Deus et novus homo, salvavit. »

Sequitur in themate diaboli : « Homo peccavit in bonitatem infinitam ». Respondit advocata glosando : « Peccator cum ingemuerit, dixit Dominus : Amplius non recordabor, quia non debet in eo reincipi quod fuit cum jam incipiat esse quod non fuit. Non enim judicat bis Deus in id ipsum.

« Sequitur », ut dixit advocata, « conclusio diaboli : ergo pœna debet esse infinita quia culpa fuit infinita. Mentitur dæmon, dixit advocata, et ex falsis concludit; imo debet esse finita; cum adnullata sit culpa per misericordiam, adnullata est pœna per gratiam, sicut dicitur, ut vitium virtus operiret, gratia culpam. »

Dixit dæmon : « Tu cum probris et opprobriis, cum lacrymis, suspiriis et singultibus, scissis vestibus, utero nato, id est filio, denudato, cum uberibus muliebriter minis (1), trahis ad te judicem quocumque vis. »

Respondit advocata : « Nonne nosti quod ubi justa subest defensionis causa, non solum lacrymis, sed etiam insidiis hosti resistere licet. Si falleris, tibi imputa. »

Ait dæmon : « Advocatum mihi dari peto, ut jura volunt. »

Respondit advocata : « Ex secretariis cælestis curiæ non potes petere quemcumque; ex secrotariis autem nequitiæ infernalis recipere potes quot et quos vis ». Addidit autem advocata : « Audite me, quia omnem quæstionem ego solvam. Non est dubium quod Pater et Filius et Spiritus sanctus creavit in sapientia hominem ut esset heres vitæ æternæ, quam olim Abrahæ promisit et semini ejus. Igitur si homo, ut petit dæmon, in totum deleatur, non in sapientia sed in vanum constituisti omnes filios hominum ; quod esse non debet, aut sequetur quod non in sapientia, sed in

____

(1) Il faudrait, comme il est dit plus haut, *apertis*, ou *nudis*.

vanum creasti hominem. Oportet igitur hominem esse heredem vitæ æternæ. Discede ergo, miser, malorum inveterare
sententiam quam ignoras. »

Dixit dæmon : « Dixit advocata mundi quod si deleatur
genus humanum, sequetur quod non in sapientia sed in
vanum constituisti filios hominum. Ex hoc sic arguo. Quidquid olim fecistis et facitis in sapientia facitis et fecistis.
Vos creastis angelos et postea damnastis ; ergo apparet
quod non in sapientia facta sunt omnia, aut injuste nos
damnastis in perpetuum. »

Respondit advocata : « Mentiris, fili iniquitatis. Si enim
damnatus fuit unus chorus angelorum, cum essent decem
chori, adhuc tamen remanent novem chori angelorum.
Secus vero est in homine ; quia si genus humanum in totum
deleatur, ergo in vanum constituti fuerunt homines et non
in sapientia. Responde mihi et noli obmutescere. »

Dixit autem Pater et Spiritus sanctus : « Si Deus Filius
et mater pro homine, quis contra hominem ? »

Et sic decisa est omnis quæstio.

Tunc concinerunt angeli illum hymnum : Salve, regina
misericordiæ ! Eia ergo, advocata nostra ! Et ejectus est
dæmon cum jurgiis ; et remansit cælestis curia cum gaudio.
Deo gratias !

Ce procès verbal n'est certes pas recommandable
au point de vue littéraire ; le notaire qui l'a rédigé
n'a pas dû fidèlement reproduire les dires des plaideurs, qui se sont exprimés sans doute l'un et l'autre
dans une langue plus correcte. Nous avons néanmoins
cru devoir reproduire cette pièce presque entière.
C'est, en effet, le texte primitif d'une fiction assez
ingénieuse qu'on a plusieurs imprimée au xvᵉ siècle,
à la suite du *Tractatus judiciorum* de Bartole, mais
avec des retranchements et des additions, et d'une
façon d'ailleurs tellement défectueuse qu'il est vraiment impossible d'apprécier ce qu'elle vaut. C'est

pourquoi nous avons pris le parti de la faire mieux
connaître. Notre manuscrit n'étant pas lui-même sans
défauts, nous en avons corrigé plusieurs mots avec le
secours des éditions ; les plus mauvaises offrent quelquefois des leçons préférables à celles des manuscrits
les plus recommandables. Quel copiste a toujours bien
lu ce qu'il avait à transcrire !

Quoique, dans ces éditions du xve siècle, notre
procès-verbal vienne après un traité de Bartole, ce
n'est pas à Bartole qu'il en faut attribuer, comme
on l'a fait plus d'une fois, le texte plus ou moins
corrompu. Nous avons de Bartole un autre compte
rendu du même procès, dans lequel les deux plaideurs, savants juristes, ne produisent pas un argument sans invoquer à l'appui quelque loi romaine.
Cela est très plaisant. On ne peut entendre sans
sourire la Vierge et Satan, Jésus lui-même, citer à
tout propos le Code et le Digeste. Cette facétie de
Bartole, qu'on peut lire au tome X de ses *Œuvres*,
édition de 1596, p. 127, finit ainsi :

Lata, data, in his scriptis pronuntiata et promulgata fuit
suprascripta sententia, in omnibus et per omnia sicut superius continetur et scriptum est, per supradictum Dominum
nostrum Jesum Christum pro tribunali sedentem in supra-
dicto loco, præsentibus suprascriptis partibus, lecta et
vulgarisata per me Joannem evangelistam, notarium Domini
nostri Jesu Christi et dictæ curiæ scribam publicum, præsentibus Joanne Baptista, Francisco et Dominico confessoribus,
Petro et Paulo principibus apostolorum et Michaele archangelo et multis aliis sanctis in multitudine copiosa, testibus
ad hæc vocatis et habitis et rogatis. Anno Dom. 1311, ind. II,
die 6 mensis aprilis.

Si Bartole a reproduit souvent notre texte, il s'en est

souvent beaucoup éloigné. Pourquoi ne se serait-il pas substitué quelquefois à Satan, même à la Vierge, pour mieux faire valoir leurs thèses opposées ? Assurément c'était son droit.

Nous avons une autre relation du même procès, qui s'écarte plus encore de l'original. Elle a été publiée en 1475, in-4, par Guldibeck de Sultk, sous ce titre : *Tractatus procuratoris, editus sub nomine diaboli, qui petit justitiam coram Deo, et beata Maria se opposuit contra ipsum.* C'est aussi l'ouvrage d'un jurisconsulte en gaité.

Beaucoup plus fidèle est une tradition française, en vers de huit syllabes, intitulée *L'Advocacie Notre-Dame*, qu'a publiée M. Alph. Chassant d'après un manuscrit d'Évreux. Bartole et l'auteur quel qu'il soit, de cette *Advocacie,* paraissent avoir vécu dans le même temps, et M. Chassant n'est pas, dit-il, loin de croire qu'ils ont l'un et l'autre travaillé sur un texte plus ancien. Il est bien certain que Bartole n'a fait aucun usage de l'*Advocacie*, qu'il n'a probablement pas connue; il ne l'est pas moins que l'auteur de l'*Advocacie* n'a rien pris à Bartole. Ils ont donc eu sous les yeux, l'un et l'autre, un ancien texte. Eh bien, c'est celui que nous venons de publier. La conjecture de M. Chassant était bien fondée.

Au fol. 99, une longue relation, faite par la Vierge, du jugement et du supplice de Jésus. On l'interroge, elle répond et ses réponses sont ensuite prolixement commentées. Nous ne connaissons pas l'auteur de cette relation très pieuse, mais dont le style prétentieux est celui des mauvais rhéteurs. Si le manuscrit ne paraissait pas être du xive siècle, nous croirions que l'auteur a vécu dans le siècle suivant.

Au fol. 102, le *Jubilus* souvent copié, quoique littérairement très peu louable, qui commence par

> Dulcis, Jesu, memoria...

Nous avons dit qu'il a plusieurs fois été publié sous le nom de saint Bernard, mais que l'auteur en est ignoré (1).

Enfin, sur la dernière feuille de garde, nous lisons ces vers prophétiques :

> Annis millenis trecentis et quadragenis,
> Bis denis junctis, consurgens aquila grandis
> Gallos succurret, aquilæ victricia signa
> Mundus adorabit, erit urbs vix præsule digna,
> Papa cito moritur, Cæsar regnabit ubique,
> Sub quo tunc vana cessabit gloria cleri.

Ainsi l'année 1360 devait voir finir la lutte de l'Empereur et du pape, et c'était le pape qui devait succomber. Fiez-vous donc aux prophètes !

18219

Ici nous avons d'abord un assemblage confus de textes canoniques : lettres de papes, d'évêques, décrets de conciles, capitulaires, etc., etc. La première pièce est une lettre d'Ives de Chartres à Richer, archevêque de Sens. Suivent des lettres apocryphes de saint Pierre, de saint Clément et d'autres. Les auteurs vrais ou faux de ces lettres sont presque toujours in-

(1) Tome V, p. 66 et ci-dessus, p. 49.

diqués; mais quand ils l'ont été seulement à la, marge, le ciseau du relieur a tranché les noms. Nous rétablissons celui du pape Simplicius au fol. 27 et celui du pape Gélase au fol. 28. La dernière lettre est du légat Hugues de Die à Ives de Chartres.

Au fol. 53, le prologue du livre d'Ives de Chartres intitulé *Decretum* dans la *Patrologie*, tome CLXI, col. 47. Il n'est pas complet dans notre manuscrit. Ensuite plusieurs lettres du pape Urbain II à Ives et d'Ives à l'archevêque Richer, à Guillaume, roi d'Angleterre, à Hugues de Die, à Gautier, évêque de Meaux, etc., etc. Toutes ces lettres ont été publiées.

Du fol. 63 au fol. 71, sans le nom des auteurs, après une paraphrase sur quelques versets du Cantique des cantiques, des pensées diverses, plus ou moins développées. Les auteurs sont Hugues de Saint-Victor et saint Bernard.

Nous avons déjà plusieurs fois rencontré la paraphrase, qui commence par *Ibo mihi ad montem myrrhæ*. Elle est du Victorin, et a été précédemment citée sous les nᵒˢ 3833, 12029, 13577, 13586, 17251, 18096. Ce qui suit est du même auteur et a été inséré par ses confrères dans ce qu'ils ont appelé ses *Mélanges*. *Mélanges* veut dire un fouillis de sermons, de gloses mystiques, de pensées philosophiques ou morales, qui n'ont ensemble aucun rapport. Il était pourtant facile d'ordonner tout cela. Mais ce désordre n'est pas ce que nous avons à blâmer le plus dans l'édition victorine. L'altération, l'incorrection des textes publiés est chose bien plus grave. La copie que nous avons sous les yeux est du XIIᵉ siècle; elle est

donc d'un contemporain de l'auteur. Or nous y lisons
au fol. 70 :

Viæ quæ ducunt ad mortem ratione trifaria dividuntur :
alia est ærumnosa, alia laboriosa, alia deliciosa. Ærumnosa
est in pauperibus, qui in paupertate sua regio spiritu et di-
vite animo intumescentes, ab inopia temporali ad æternam
miseriam transferuntur. Laboriosa est in avaris et cupidis,
qui, dum diversarum anxietate curarum miserabiliter dis-
tenduntur, obliviscuntur ea quærere quæ Dei sunt, et ava-
ritiæ æstibus anhelantes usque ad vitæ terminum ab in-
quietudine temporali ad æterni laboris angustias transferuntur. Deliciosa in divitibus delicatis, qui, in deliciis et
voluptatibus enutrientes corpora et corda sua, post dulce-
dines momentaneas et horarias suavitates ad sempiternas
amaritudines deferuntur.

Via quæ ducit ad vitam simili ratione distinguitur. Est
enim alia sanguinea, alia purpurea, alia lactea. Sanguinea
in martyribus, qui in sanguine agni suorum corporum indu-
menta laverunt et per iter martyrii triumphalis altitudinem
solis attigerunt. Purpurea est in confessoribus, qui in sua
carne vestigia dominicæ passionis per abstinentiam expres-
serunt et in suis corporibus vulnerum Christi stigmata por-
taverunt. Lactea in virginibus, quæ in seipsis puritatis angelicæ candidatum et virtutem sanctimoniæ consecraverunt
et per viam munditiæ ad amplexus et thalamos veri sponsi
virtutum pennis feliciter evolaverunt.

Ce style n'est pas simple; on peut même le qualifier de prétentieux. Mais c'est un style. Les subtilités
en sont littéraires; tout y dénote un écrivain curieux
de plaire à son lecteur. Eh bien, que l'on compare ce
que nous venons de transcrire à l'édition qu'en ont
donnée les chanoines de Saint-Victor, au livre VI
des *Miscellanea* de leur confrère, titres 43 et 44. Est-
il permis de mutiler ainsi le texte d'un auteur et de
le rendre à ce point inintelligible? Nous ne nous dé-

fendons pas de témoigner vivement le vif déplaisir que nous causent tant d'outrages commis envers un écrivain que, malgré ses défauts, nous aimons.

Les extraits de saint Bernard, mêlés à ceux de Hugues, sont, au fol. 65, un fragment sur la confession, commençant par : *Quatuor sunt quæ impediunt confessionem.* Nous l'avons déjà cité sous les n°s 13577, 13586, 14925. — Fol. 66 : *Veni in hortum, soror mea.* Voir sous le n° 13577. — *Quatuor sunt genera hominum;* sermon xcix *De diversis.* — Fol. 67 : *Quantum distat inter pastorem et regem;* sermon c *De diversis.* — *Sicut æger ad medicum.* Voir sous le n° 14925 (1). — *Factus est in pace locus ejus;* sermon xcviii *De diversis.* Fol. 68 : — *Paratum cor meum, Deus.* Voir sous le n° 13578 (2). — *Haurietis aquas in gaudio.* Voir sous le n° 18096 (3). Nous n'avons ici qu'un fragment d'un assez long sermon. — *Sive ad austrum sive ad aquilonem;* sermon lxxxv *De diversis.* — *Omnia fecisti in pondere;* sermon lxxxvi *De diversis.* — *Sic nos existimet homo;* sermon xxxii *De diversis.* — Fol. 69 : *Sicut portavimus imaginem;* sermon lxix *De diversis.*

Nous lisons enfin, au fol. 69, une assez longue dissertation sur les grâces divines que nous avons en vain cherchée dans les *Œuvres* de Hugues de Saint-Victor et dans celles de saint Bernard. Elle commence par : *Prima gratia est timor Domini.* Nous en avons d'autres copies anonymes dans les n°s 12261, 12422 (fol. 166), 14517 (fol. 181).

(1) Tome III, p. 330.   (3) Ci-dessus, p. 23.
(2) Tome II, p. 269.

Du fol. 71 au fol. 83, une liasse de sermons anonymes qui sont tous de saint Bernard. D'abord tous
ceux qu'il a faits, au nombre de sept, pour les fêtes
de l'Avent. Ensuite, aux fol. 83, 84, 86 et 88, le premier, le deuxième, le cinquième et le sixième de ses
sermons pour la veille de Noël, dans l'édition de Mabillon; aux fol. 92 et 95, le troisième et le quatrième;
aux fol. 98 et 100, ses deux premiers sermons pour le
jour de Noël.

Du fol. 102 à la fin du volume, de la même main,
des extraits confusément assemblés. Les premiers,
jusqu'au fol. 112, nous offrent des explications morales sur divers passages de l'Ancien testament.
Elles sont toutes peut-être du même auteur; mais cet
auteur nous est inconnu.

Du fol. 112 au fol. 121, c'est-à-dire depuis les mots
Noli timere jusqu'à ceux-ci *Potestis bibere*, un mono-
logue anonyme, du genre mystique, deux fois imprimé dans la *Patrologie*, au tome CLXXXIV, col. 741,
et au tome CLXXXIX, col. 1736. Il a, dit-on au
tome CLXXXIV, été publié pour la première fois sous
le nom de saint Bernard; cependant on ne l'admet pas
parmi ses œuvres authentiques, car on n'y reconnaît
pas son style particulier. Il avait été, dit-on au
tome CLXXIX, jadis imprimé sous le nom de saint
Cyprien, après d'autres écrits qu'on sait maintenant
être d'Ernaud, abbé de Bonneval. N'est-il pas de cet
Ernaud, comme les autres? On reconnaît toutefois
qu'aucun des anciens bibliographes ne l'a mentionné
sous son nom. C'est pourquoi l'on s'en tient au
doute.

Et nous aussi nous doutons. Le seul manuscrit où nous ayons rencontré cet opuscule sous le nom d'Ernaud, notre n° 12326, est très moderne et par conséquent sans autorité ; et il est intitulé *Dicta domini Bernardi* dans un manuscrit du XIIe siècle, notre n° 14517 (fol. 115), et dans un autre du XIIIe, le n° 307 de la Mazarine. Ainsi Bernard a pour lui, non seulement la majorité, mais encore, ce qui, dans la balance, pèse le plus, la priorité des témoignages. Cependant nous n'osons pas conclure en sa faveur. L'opuscule est d'un écrivain qui, visant trop à l'éloquence, parle beaucoup pour dire peu. C'est là quelquefois, à la vérité, le tort de saint Bernard ; mais il nous semble qu'il a rarement à ce point manqué de mesure. Telle doit avoir été, pensons-nous, l'opinion de Mabillon.

Au fol. 121, une paraphrase morale de ces mots : *Potestis bibere calicem.* Au fol. 122, un discours du même genre, plus étendu, sur les plaies d'Égypte, commençant par : *Anima, dum in hoc mundo in erroribus vivit et ignorantia veritatis...* Nous n'en avons pas découvert les auteurs. Un extrait qui suit, fol. 123, sur le sacrement de l'autel, est pareillement anonyme dans notre n° 6674 (fol. 70). Enfin nous lisons, au fol. 124, quelques phrases tirées des *Sentences* attribuées à saint Bernard. Ces phrases commencent par : *Sancta anima carnem suam a putredine vitiorum mortificat,* et elles sont imprimées dans le tome CLXXXIII de la *Patrologie*, col. 756.

18240

Ce volume contient une somme juridique intitulée :
Summa composita per Ricardum Anglicum. On connaît plus d'un Richard l'Anglais : celui-ci nous a
laissé des livres de médecine, celui-là des chroni-
ques, tel autre des commentaires sur l'Écriture, tel
autre encore des traités de logique, de morale; mais,
parmi tous ces insulaires du nom de Richard, nous
ne voyons pas un juriste. Il faut, en effet, corriger
le titre de notre somme, qui n'est d'aucun Richard.
C'est le célèbre *Ordo judiciarius* de l'italien Tancrède.
On ne s'explique pas une si grosse erreur.

18288

Tout ce volume est occupé par un écrit anonyme,
De regia potestate et papali, dont tels sont les premiers mots : *Interdum contingit quod, vitare volens
aliquem errorem, dilabitur in errorem contrarium.*
Une note moderne, à la marge du premier feuillet,
nous avertit qu'Oudin attribue cet écrit à Jean de
Jandun, Ellies-Dupin à Jean de Paris. Cette note n'est
pas tout à fait exacte. Il est vrai qu'à la col. 885 de
ses *Commentaires* Oudin nomme l'auteur Jean de
Jandun; mais il le nomme Jean de Paris à la col. 640.
Nous l'excusons : à quel bibliographe n'est pas adve-
nue pareille mésaventure? Quoi qu'il en soit, l'auteur
véritable est le Dominicain Jean de Paris, nommé

tantôt Jean Quidort, tantôt Jean Le Sourd (1). S'étant
proposé de concilier les royalistes et les papistes, si
fort animés de son temps les uns contre les autres, il
a tantôt approuvé, tantôt condamné ceux-ci, ceux-là.
Mais on ne termine pas ainsi les procès entre des
plaideurs trop échauffés pour entendre raison. En
fait, il a soulevé contre lui les papistes, et, quant aux
royalistes, il ne les a pas pleinement satisfaits. Son
livre, plusieurs fois imprimé, l'a d'abord été pour
Jean Petit en 1506, dans un recueil in-4°. On en a
conservé d'assez nombreux manuscrits, dont quelques-uns sont anonymes. Le nom de l'auteur manque, par exemple, dans notre n° 4364, ainsi que dans
les n°ˢ 389 de Toulouse, et 146 (*a*) du collège Balliol,
à Oxford.

18522

Les deux premiers feuillets sont occupés par un
fragment de commentaire. A la suite, quelques vers
léonins sous ce titre : *Hi sunt versus quos fecit magister Nicolaus de Bisuntino :*

> Sancta Dei lacryma, quæso, mea lumina lima
> Obscurumque zyma frontis rimare per ima,
> Clara quod azyma mea visio sit quasi prima,
> Nuper enim visi tua templa, sacer Dionysi...

Plusieurs incorrections rendent les vers suivants
tout à fait incompréhensibles. C'est pourquoi nous ne
les transcrivons pas. Mais connaît-on d'ailleurs ce
maître Nicolas de Besançon? Quant à nous, c'est la

(1) *Hist. litt. de la Fr.*, t. XXV, p. 259.

première fois que nous le rencontrons. Il a donc fait
des vers; mais sans doute par accident, n'ayant pas
l'habitude du métier. Cependant ne l'avait-il pas,
étant maître, enseigné? Quoi qu'il en soit, nous ne
sommes pas surpris qu'un tel poète soit resté jusqu'à
ce jour inconnu.

On lit ensuite l'épitaphe du légiste Jean de Blanot,
publiée, d'après ce manuscrit, dans le tome XXVIII de
l'*Histoire littéraire*, p. 494. C'est un document historique d'un intérêt apprécié. Enfin voici des vers sur
un débordement de la Seine :

Parisius fluvii furor excitus a pluviali
   Invaluit, nimii nuper origo mali.
Dum pluit et repluit structuras diluit amnis;
   Præteritis annis non aqua tanta fuit.
Alveus imbre tumens stagnat, procul unda vagatur
   Per plateas labens, æquoris instar habens.
Per vicos regitur ratis, amne solum superatur,
   Et, si summa patent, inferiora latent.
Tecta basesque labant, nec stant modo qui modo stabant;
   Pontis nequaquam sustinet arcus aquam.

Il n'y a pas à rechercher, croyons-nous, la date de
cette pièce; les rues basses de Paris étaient alors fréquemment inondées.

Suit le texte du *Grécisme* d'Évrard, avec une glose
interlinéaire et marginale dont tels sont les premiers
mots : *Quemadmodum legitur in Genesi, Deus formavit hominem ad imaginem et similitudinem suam.*
M. Thurot ne l'a pas mentionnée et nous n'en connaissons pas un exemplaire autre que celui-ci. Il est
est donc probable qu'on ne l'a pas estimée. L'auteur
en est pourtant, non seulement un lettré, mais encore

un philosophe. Les citations d'Ovide, de Virgile, de Lucain, d'Horace, de Juvénal abondent dans ses courtes notes, et dans quelques autres, plus étendues, il traite en logicien diverses questions de grammaire que la logique peut seule résoudre. Ce que, pour notre part, nous y trouvons de plus intéressant ce sont les sentences, les jeux de mots, les jeux d'esprit anonymes dont elles nous offrent une copieuse provision. Ce sont des vers de professeurs ou d'écoliers badins. Nous en avons tiré d'une autre glose, sous le n° 15133 (1), un certain nombre qui se rencontrent ici. Nous n'avons pas eu l'occasion de citer ceux-ci :

Anglia, Flandria flent quia Francia, nescia fraudis,
Continet hæc tria : præmia, prædia, prælia laudis (2).

Ces vers obscurs sont bien certainement d'un Français, et c'est un Français qui les cite. Notre glossateur nous indique ailleurs encore sa patrie, lorsqu'il traduit *encænia* par « estreines (3), » *falcastrum* par « fauchon (4), » *incubatio* par « cover (5) » et *catillare* par « gatoillier (6) ».

Au fol. 23, col. 1, nous lisons :

Vir notat ætatem, sexum, sponsum, probitatem;
Annis, conjugio, sexu, probitate vir esto (7);

(1) Tome IV, p. 280.
(2) Fol. 9, col. 3.
(3) Fol. 17, col. 1.
(4) Fol. 29, col. 3.
(5) Fol. 51, col. 3.
(6) Fol. 52, col. 4.
(7) Tel est le premier de ces vers dans le n° 553 des Nouvelles acquisitions, fol. 97 ;
Vir notat ætatem, vir sexum, vir probitatem.

et, à la col. 4 du même feuillet, ainsi [qu'à la première du feuillet 39, cette épigramme que nous avons déjà citée (1) mais avec une assez notable différence :

Cum non sit rectum vicini frangere lectum,
Plus reor esse reum zelotypare Deum.
Uxorem violare viri grave crimen habetur;
Est gravius sponsam zelotypare Dei.

Autres extraits, d'un intérêt inégal :

A majore statu nomen traxere magistri;
Si doceat, doctor quilibet esse potest (2).
— Non invitandus tantum, sed veste trahendus
Hospes, nam melius attrahit ore manus (3).
— Mus salit in stratum dum scit abesse catum (4).
— Flos in pictura non est flos, imo figura;
Qui pingit florem non pingit floris odorem (5).
— Si potare potes vinum, cur flumina potes?
Flumina si potes, febricitare potes (6).
— Fundus fundit opes, diffundit funda lapillos;
Fundum cum tenui murmure fundit aquas (7).

(1) Tome IV, p. 285.
(2) Fol. 24, col. 4.
(3) Fol. 25, col. 3. Nous rencontrons aussi ces deux vers au fol. 30, v°, du n° 8427. Dans une glose sur le *Doctrinal* que renferme le n° 14747, on lit, fol. 28, col. 2 :

Non est rogandus tantum, sed veste trahendus
Hospes, nam melius loquitur ore manus.

Ces deux vers sont faux. Avons-nous besoin de le faire remarquer? Peut-être. N'est-on pas aujourd'hui tenu pour suffisant latiniste, même sans avoir appris la quantité des mots *rogandus* et *loquitur* ?
(4) Fol. 25, col. 4.
(5) Fol. 26, col. 3.
(6) Fol. 32, col. 1. Nous avons autrement donné le second de ces vers ; t. IV, p. 287.
(7) Fol. 35, col. 1. Ce mot *fundum*, qui n'appartient pas à la langue classique, se lit aussi dans le *Grécisme*, et le glossateur l'interprète ainsi : *Fundum est profunditas maris*. Mais le poète qu'il cite paraît l'avoir autrement entendu. Nous avons ces deux vers, avec une légère différence, dans le n° 8427, fol. 46 v°.

— Est homo res fragilis et durans tempore parvo
   Et merito similis flori qui crescit in arvo (1).
— Jejunus venter recipit quæcumque libenter (2).
— Nec meretrix munda, nec cornix alba fit unda (3).
— Non placeo scorto si non aliquid sibi porto (4).
— Qui non est dives et nescit vivere pauper
   Mensuram vitæ nescit habere suæ (5).
— Spernitur in bello vir inermis, et absque libello
   Clericus est mutus, licet ingenio sit acutus (6).
— Futile vas illud quod nulla receptio claudit;
   Sic homo futiliter divulgans omne quod audit (7).
— Consortes facit unus amor, socios labor idem,
   Communis comites reddit via, mensa sodales (8).
— Crede Deo, vel crede Deum, plus credere dico
   Si credas in eum quam vel ei vel eum (9).

(1) Fol. 38, col 3. Les mêmes vers dans le nº 8427, fol. 47,
et le nº 14747, fol. 14, col. 2.

(2) Fol. 38, col. 4.

(3) Fol. 40, col. 3. Dans la glose de Jean de Vignai, sur le
Doctrinal, ce vers est précédé par celui-ci (nº 1038 de l'Arsenal.
fol. 51, col 1.) :

    Balnea cornici non prosunt, nec meretrici.

Ces deux vers sont encore cités par M. Delisle d'après une autre
glose sur le *Doctrinal* que renferme un manuscrit d'Erfurt, (*Hist.
litt. de la Fr.*, t. XXXI, p. 15.)

Le premier vers se lit ainsi dans le nº 8247, fol. 123 :

    Balnea cornici non profuit ac meretrici.

Mais c'est une leçon mauvaise. *Balnea* n'est pas un nominatif
singulier.

(4) *Ibid.* Ce vers se lit aussi dans le nº 8427, fol. 49.

(5) *Ibid.*

(6) Fol. 44, col. 3.

(7) Fol. 46, col. 2.

(8) *Ibid.* Tel est le premier de ces vers dans le nº 8427, fol. 55 vº:

    Consortes conjungit amor, socios labor unus...

(9) Nous lisons ainsi cette épigramme dans un sermon d'Eudes
Cériton (nº 16586, fol. 169) :

    Crede Deum credasque Deo ; mage credo salubre
      Quod credas in eum quam vel ei vel eum.

Dans le nº 8427, fol. 87, elle est telle que nous venons de la transcrire d'après notre nº 18522.

— Omnis masculus *a!* nascens, *e!* femina profert,
Et dicunt *e!* vel *a!* quotquot nascuntur ab Eva.
A *!* dat Adam genitor, *e!* dedit Eva parens (1).
Accipe, sume, cape, sunt verba placentia papæ (2).

Il y a même des énigmes. Celle-ci par exemple :

Arbor inest sylvis, quæ scribitur octo figuris ;
Fine tribus demptis, vix unam in mille videbis (3).

Traduisez *figuris* par *lettres*. Le mot est *casta*, étant
retranchées les trois dernières lettres de *castanea*.
Et le glossateur s'écrie : *Mulierem castam quis inve-*
niet ? Il aurait pu citer ensuite ces vers d'un autre
plaisant, que nous lisons dans le n° 8247, fol. 127 :

Femina casta, securis acuta cliensque fidelis,
Hæc tria Parisius nunquam vel raro videbis.

Ce sont là, sans aucune doute, des calomnies. Mais
on permet à l'épigramme de ne pas s'en tenir à la
simple vérité.

On soupçonne bien qu'on doit rencontrer dans ces
gloses beaucoup d'étymologies proposées. Elles sont
presque toutes à rejeter. Nous n'en transcrivons
qu'une : Theodolus *dicitur a* theos, *quod est Deus, et*
dolus, li, *quod est fraus, quia liber componitur de*

---

(1) Fol. 71, col. 3. C'est ce que repète, en des termes peu différents, André, fils de Sunon, au livre III, vers 1795, de son *Hexa-*
meron :

Post culpam dicta fuit Eva, quod *e* vel *a* voce
Promant lugubri quotquot nascuntur ab Eva :
E ! quævis mulier, et A ! quivis masculus, istam
Ingrediens lucem flendo proclamat, amaras
Ærumnas sæcli tristi mœrore prophetans.

(2) Fol. 72, col. 1. Ces vers se lisent aussi au fol. 125 v° du
n° 15433.

(3) Fol. 26, col. 4.

veritate et fraude. Cela suffit; on voit assez quelle était l'inexpérience du glossateur en matière de linguistique. Mais quand l'auteur du *Grécisme* n'avait pas lui-même su le grec, faut-il s'étonner qu'on l'ait glosé sans le savoir davantage ?

Citons enfin ce fragment :

Sciendum est quod creator creaturarum, post mundi creationem, volens esse eum (1), formavit (de limo terræ). Quo facto, volens ei nomen imponere, misit quatuor archangelos, scilicet Michaelem, Gabrielem, Raphaelem et Urielem, in quatuor partes mundi. Primum scilicet in orientem, ut unam litteram afferret ad nomen primi hominis; qui vidit stellam quæ dicitur Anastole. Qui rediens secum attulit *a.* Secundum vero, scilicet Gabrielem, misit in occidentem; qui vidit stellam quæ dicitur Disis, et secum attulit *d.* Tertium, scilicet Raphaelem, misit ad septentrionem et vidit Archon et attulit *a.* Quartum, scilicet Urielem, misit ad meridionalem partem, et vidit stellam nomine Mesebrios, et inde attulit *m.* Et sic collectum est hoc nomen *Adam;* et per hoc significatum est quod genus Adæ impleturum erat quatuor partes mundi. Et inde dicuntur quidam versus :

> Anastole, disis, Archos, Mesebrios; orbis
> Quattuor has partes collige, fiet Adam (2).

Où notre glossateur avait-il lu cela ? Probablement dans le commentaire de Bède sur l'évangile de saint Jean (3). Mais, avant Bède, saint Augustin, avant saint Augustin, saint Cyprien avaient conté le même conte, tiré des *Oracles sybillins :*

> Αὐτὸς δη θεός εσθ' ο πλασας τετραγράμματον Ἀδὰμ,
> Του πρῶτον πλασθέντα, καὶ οὔνομα πληρώσαντα
> Αντολίην τε, Δύτιν τε, Μεσημβρίαν τε, καὶ Αρκτον (4).

(1) *Eum,* c'est-à-dire l'homme.
(2) Fol. 22, col. 3.
(3) *Expos. in evang. Joannis,* cap. ii.
(4) Vers 24 et suiv. du livre III, dans l'édition de M. Alexandre.

M. Alexandre dit que ce conte est ingénieusement absurde, *si*, toutefois, *ita dicere fas est*, (1). Nous ne pouvons le trouver ingénieux. Quel qu'il soit, au moyen âge on l'a pris sans doute au sérieux, car on l'a plus d'une fois reproduit. Nous l'avons déjà rencontré dans le nº 15133, fol. 45 vº. Il y en a même une version française, citée dans *Le Livre des secrets aux philosophes* (2).

Du fol. 86 à la fin du volume, une glose sur l'*Alexandréide* de Gautier de Châtillon, autre livre classique, beaucoup plus estimable, un vrai poème, dont on a, de nos jours, reconnu le mérite et qu'on a pris le soin de faire imprimer. Nous croyons que le glossateur de l'*Alexandréide* est celui du *Grécisme*. Non pas sans doute parce que les deux gloses sont ici de la même main. Ce n'est là qu'un faible argument; rien ne prouve, en effet, que le manuscrit soit autographe. Une conformité beaucoup plus significative est celle de la méthode, ou, pour mieux dire, celle des procédés, de la manière et du style. Bien que les scoliastes se pillent sans aucun scrupule, avec quelque attention on les distingue assez facilement les uns des autres. Dans un genre qui paraît le moins libre des genres, chacun se montre aussitôt lui-même, indiquant les études qu'il a préférées, les auteurs qu'il a lus avec le plus de constance et de fruit, et par le ton de ses remarques, pieuses, philosophiques, satiriques, faisant voir sur le champ quelles sont ses opinions, ses passions, quel est le tour particulier de son esprit.

(1) *Ibid*. p. 250.
(2) *Hist. litt. de la Fr.*, t. **XXX**, p. 577.

Tout scoliaste a la brusquerie, le sans-façon et conséquemment la franchise d'un maître qui parle à des
écoliers, à des auditeurs muets.

Les traits communs que nous rencontrons dans les
deux gloses nous font donc supposer qu'elles ont le
même auteur. Celles qui se rapportent à l'*Alexandréide* sont plus souvent historiques que grammati-
cales. Mais notre scoliaste, ayant la mémoire pleine
de dictons moraux, en cite à propos d'histoire comme
à propos de grammaire. Il ne se défend pas, d'ailleurs, de citer plusieurs fois les mêmes. Nous transcrivons ceux-ci :

> Nox et amor vinumque carent moderamine, semper
>   Illa pudore caret, Liber Amorque metu (1).
> — Inquinat egregios adjuncta pecunia mores (2).
> — Infans, inde puer, adolescens, post juvenis fit,
>   Inde vir, inde senex, postea decrepitus (3).
> — Pontificis vestis auro, byssoque, jacintho,
>   · Croco subtincto murice facta fuit.
> Vult aurum quod sit sapiens, byssus quod honestus,
>   Purpura quod justus juraque regis agat,
> Quod maneat cœlebs infixa mente jacinthus,
>   Crocus quod duplici fiat amore calens (4).
> — .... Barbato crede magistro (5).
> — Plura petens meritis privatur jure petitis (6).

(1) Fol. 88, col. 1. M. Mangeart a lu cette épigramme sur la
garde du n° 396 de Valenciennes. Les deux textes diffèrent. Tel est
celui de Valenciennes :

> Nox et amor vinumque nihil moderabile suadent;
>   Illa pudore vacat, Liber Amorque metu.

(2) *Ibid.* col. 2.
(3) Fol. 89, col. 6.
(4) Fol. 94, col. 4.
(5) Fol. 112, col. 4.
(6) Fol. 136, col. 2.

— Est misero pejus derisio quam dolor ejus (1).
— Gaudens gaudenti, flens flenti, pauper egenti,
  Prudens prudenti, stolidus placet insipienti (2).
— Francis scire, sitis Anglis, nescire Britannis,
  Fastus Normannis crescit crescentibus annis (3).
— Obsequium domat tigres sævosque leones (4).
— Motus fortunæ variatur imagine lunæ :
  Crescit, decrescit, in eodem sistere nescit (5).
— Cum fœx, cum limus, cum res vilissima simus,
  Unde superbimus? Ad terram terra redimus (6).
— Gratia magnatum non scit habere statum (7).
— Fama boni lente volat, invidia retinente (8).
— Fama repleta malis velocibus evolat alis;
  Fama mali præco præpete currit equo (9).

Aucune des gloses historiques n'est à citer, si ce n'est pourtant celle-ci, qui se rapporte à l'histoire, non de la Grèce ou de la Perse, mais de notre université parisienne :

Fol. 89, col. 1. Quando quis largitur suas opes, licet fuerit vitiosus, tamen facit quod sua vitia palliantur; sicut solent facere magistri, non re sed nomine, qui bedellis dant plurima ut eos magnificent et suam ignorantiam non revelent.

Les bedeaux étaient alors de gros personnages. On nous dit ici que des maîtres, gens sans tenue et d'un

(1) Fol. 137, col. 3.
(2) *Ibid.* On lit aussi ces vers dans le n° 8247, fol. 121.
(3) Fol. 149. col. 2.
(4) Fol. 150, col. 2.
(5) Fol. 156, col. 1.
(6) Fol. 156, col. 2. Ces vers ont été publiés par M. Omont, d'après un manuscrit de Rouen : *Catal. gén. des man. Département.* t. I, p. 375. On les trouve encore dans le n° 593 de la Mazarine, fol. 23.
(7) Fol. 157, col. 1.
(8) Fol. 166, col. 4.
(9) *Ibid.*

faible poids, sollicitaient humblement et payaient
leurs faveurs. Ils puisaient aussi dans la bourse des
écoliers, quand elle était bien garnie. Comme il leur
appartenait d'assigner à chacun d'eux sa place dans
les classes, plus ou moins loin de la chaire magistrale,
ils plaçaient en meilleur lieu ceux qui leur faisaient
les plus beaux présents. Nous lisons dans un sermon
de Jacques de Lausanne :

Utinam non servetur ordo in ecclesia sicut in scola, ubi
bedellus sæpe situat scolares non secundum merita, sed secundum dona; unde nobiles, dantes bedellis vestes et pecu-
nias, ante alios situantur (1).

Ces dons volontaires s'ajoutant à leurs revenus
statutaires, les bedeaux étaient riches et l'on ne
s'étonne pas que plus d'un se soit fait taxer d'arro-
gance. Il n'en manquait certainement pas ce bedeau
de la nation picarde, qui, saint Thomas prêchant, osa
porter le trouble dans l'auditoire en distribuant un
libelle plein d'outrages contre lui, contre ses confrères, un libelle déjà condamné par l'évêque, et
causa par cet excès d'audace un tel scandale que le
pape lui-même s'en émut et l'excommunia (2).

18531

La première pièce a pour titre : *Arengæ mag. Gui-
donis*. Ce sont des modèles d'allocutions solennelles
ou familières, proposés par Guy Faba. Nous les avons
déjà rencontrés dans le n° 8650 (3). On en a conservé

(1) Lat. 18181, fol. 165, col. 4.
(2) *Chartul. univ. Paris*, t. I, p. 391, 402.
(3) Tome I, p. 391.

de nombreux exemplaires ; il n'y en a pas moins de
cinq dans notre ancien fonds. Puisqu'on a tant de fois
copié ces harangues, il y a lieu de croire que plus
d'une fois on en a fait usage. Elles nous semblent
aujourd'hui d'une emphase intolérable.

Au fol. 17, l'opuscule, encore plus souvent copié,
du diacre Lothaire (c'est-à-dire Innocent III) *De mise-*
ria humanæ conditionis ou *De contemptu mundi*. Les
feuillets 39 et 40, rejetés par le relieur à la fin du
volume, doivent être placés entre les feuillets 36
et 37.

Au revers du fol. 37, avec les notes musicales,
mais sans le nom de l'auteur, la prose

> Ave gloriosa
> Virginum regina,
> Vitis generosa...

L'auteur est le chancelier Philippe de Grève (1).
M. l'abbé Chevalier indique d'autres manuscrits de
cette prose et plusieurs éditions (2). Ce n'est pas la
meilleure que le chancelier nous ait laissée. On sait
d'ailleurs que ses vers liturgiques ne valent pas ses
vers libres, latins ou français.

18569

Autrefois conservé chez les Célestins de Paris, ce
petit volume, écrit avec soin dans les premières
années du xvᵉ siècle, nous offre d'abord un poème

(1) *Archiv. des missions;* 1866, p. 280.
(2) *Repert. hymnol.,* p. 108.

anonyme, intitulé, par une main du xviiie siècle :
Speculum ecclesiæ de professione monachorum. Ce
titre n'est pas exact, car il ne s'agit pas ici des moines ;
il s'agit des clercs séculiers, et divers copistes ont
mieux indiqué le contenu de ce poème en l'intitulant :
Speculum sacerdotum ou *Speculum presbyterorum*.
C'est le poème nullement poétique d'Aimar Robert,
archevêque de Sens. Nous en avons parlé sous le
n° 15165 (1).

Nous lisons ensuite cette épigramme :

> Si sapiens fore vis sex serva quæ tibi mando :
> Quid dicas, vel ubi, de quo, cur, quomodo, quando.

Puis un fragment du poème sur la messe qui commence par

> Illud pellicium quod presbyter induit ante...

Des exemplaires, plus ou moins complets, de ce
poème existent dans les n°s 14758 (fol. 89), 15135
(fol. 86) de la Bibliothèque nationale, 593 (fol. 27) de
la Mazarine, 128 de Bourges, 7 de Châlons-sur-Marne
et 898 de la Bibliothèque impériale de Vienne. Tous
ces exemplaires sont anonymes, hormis le dernier,
qui porte le nom d'Hildebert. Mais cette attribution
ne paraît pas acceptable (1). Notons qu'une de ces
copies, celle du n° 15135, commence par *Ecce super-
licium*, et une autre, celle de Vienne, par *Illud supplicium*.

(1) Tome IV, p. 315.
(2) *Mélang. poét. d'Hildeb.*, p. 214.

18570

M. Ch. Thurot a très fidèlement décrit la première
partie de ce volume, où nous avons le *Laborinthus*
d'Eberhard l'Allemand, avec une glose du xvie siècle
qui n'aide pas beaucoup à l'intelligence de ce poème
didactique (1). On a cru longtemps que le poème
avait pour auteur Évrard de Béthune ; M. Ch. Thurot
a bien prouvé qu'il n'est pas de lui, d'accord sur ce
point avec notre glossateur. Ainsi s'exprime celui-ci :
*Causa efficiens dicitur fuisse expertissimus clericus
magister Everardus Alemannus, dictus Everardus
quasi Egregius Versificator et Excellens Rithmista,
Arduus Rhetor, Dictator Valde Solemnis* (2). Une
ancienne édition du *Laborinthus* a été donnée par
Leyser, et Fabricius en a reproduit les vers qu'il a
jugés à bon droit les plus intéressants.

Au fol. 22, sans le prologue et sans l'épilogue, le
poème de Marbode, édité par Beaugendre, *De ornamentis verborum*. A la suite, la complainte du bouffon
Hugues Primat sur sa disgrâce, dit-il, imméritée,
complainte que M. Wright a publiée, sous le nom
de Golias, à la page 64 de ses *Poèmes attribués à
Walter Mapes*. Mais l'édition de M. Wright n'est pas
toujours bonne, et comme cette pièce a longtemps
joui d'un grand renom, on nous saura peut-être gré
d'en donner une nouvelle. Nous l'établirons sur trois

(1) *Compt. rend. de l'Acad. des Inscr.*, 1870, p. 259.
(2) Assemblez les premières lettres des mots *egregius versificator*, etc., etc., et vous avez *Everardus*.

textes : le texte imprimé et deux copies, celle que nous avons dans ce volume et une autre qui se trouve dans notre n° 16208 (fol. 135) :

Dives eram et dilectus,
Inter pares præelectus;
Modo curvat me senectus
Et ætate sum confectus,
Unde, vilis et neglectus,
A dejectis sum dejectus
Quorum rauce sonat pectus,
Pansa gravis, olens lectus,
Quibus amor nec affectus,
Sed horrendus est aspectus.

Homo mendax atque vanus,
Infidelis et profanus,
Plus Avarus quam Roma-
[nus,
Me dejecit capellanus,
Veteranum veteranus,
Et injecit in me manus,
Dignus dici Daciscanus.

Prius quidem me dilexit
Fraudulenter et illexit;
Postquam meas res trans-
[vexit,
Fraudem suam tunc detexit.
Primas sibi non prospexit,
Neque dolos intellexit,
Donec domo pulsus exit.

Satis eram bonus ante,
Bursa mea sonum dante,
Et dicebat mihi : « Sancte
Frater, multum diligam [te. »

VI

Hoc deceptus blandimento,
Ut emunctus sum argento,
Cum dolore, cum tormento,
Sum depulsus in momento,
Rori datus atque vento;

Vento datus atque rori,
Vitæ prima turpiori
Redonandus et errori;
Pœna dignus ampliori,
Et ut Judas dignus mori,
Qui me tradens traditori,
Dignitatem vestri chori,
Tam honesti, tam decori,
Permutabam viliori.

Traditori dum me trado,
Qui de nocte non est spado,
Me de libro vitæ rado,
Et, dum sponte ruens cado,
Est dolendum quod evado.

Inconsulte nimis egi,
In hoc malum me impegi,
Ipse mihi collum fregi
Qui, vos linquens, præelegi
Ut servirem ægro gregi,
Vili volens veste regi,
Quam servire summo regi
Ubi lustra tot peregi.

Aberravi, sed, pro Deo,
Indulgete mihi reo,
Incessanter enim fleo,
Pro peccato gemens meo.

9

Fleo gemens pro peccatis,
Juste tamen et non gratis,
Nec lugere possum satis,
Memor vestræ sanctitatis
Et fraternæ caritatis.

O quam dura sors Primatis!
Quam adversis feror fatis,
Segregatus a beatis,
Sociatus segregatis!
Vestris tamen fidens datis,
Fero pondus paupertatis.

Paupertatis fero pondus.
Meus ager, meus fundus,
Domus mea totus mundus
Quem percurro vagabundus;
Quondam felix et fœcundus,
Et facetus et facundus,
Movens jocos et jocundus,
Quondam primus, nunc se-
        [cundus,
Victum quæro verecundus.

Verecundus victum quæro.
Sum mendicus; ubi vero
Victum quæram nisi clero,
Enutritus in Piero,
Eruditus sub Homero?
Sed dum mane victum quæro,
Et reverti cogor sero,
Jam in brevi, quod despero,
Onerosus vobis ero.

Onerosus et quo ibo?
Ad laicos non transibo;
Parum edo, parum bibo,
Venter meus sine gibbo,

Et contentus brevi cibo,
Plenus erit parvo libo,
Et, si fame deperibo,
Vobis culpam hanc adscribo.

Vultis modo causam scire
Quæ coegit nos exire?
Brevi possum expedire,
Si non tœdet vos audire.

Quidam frater, claudo pede,
Est eadem pulsus æde,
Violenter atque fœde,
Ut captivus et pars prædæ,
Alligatus loris rhedæ
A Guillelmo Palamede (1),
Vel per noctem Ganymede.

Frater membris dissolutus,
Qui deberet esse tutus
Nam pes erat præacutus,
Nihil mali prælocutus,
Sed mandatum non secutus,
Calciatus et indutus
Est in luto provolutus.

Provolutus est in luto
Frater pede præacuto;
Quem clamantem dum ad-
        [juto,
Ut putabam satis tuto,
Fui comes involuto
Et pollutus cum polluto.

Involuto comes fui
Et in luto pulsus rui,
Dum pro bono pœnas lui.
Nullus meus, omnes sui.

(1) Autre leçon non moins obscure : *A ministro Ganymede.*
Il y a sans doute, dans ces vers, des allusions qu'on ne peut
aujourd'hui comprendre.

Adjuvabant omnes eum,
Jebusei Jebuseum,
Chananæi Chananæum,
Pharisæi Pharisæum,
Et me nemo, præter Deum,
Dum adjuto fratrem meum,
Nil merentem neque reum.

Solus ego motus flevi,
Fletu genus adimplevi
Ob magistri scelus sævi
Et tormentum jam grandæ-
[vi (1).

Quis haberet lumen siccum
Cernens scelus tam iniquum,
Sacerdotem impudicum,
Corruptorem meretricum,
Matronarum et altricum,
Sævientem in mendicum,
Claudum, senem et anti-
[quum,
Dum, distractus per posticum,
Appellaret replens vicum
Adjutorem et amicum.

Nec adjutor est repertus,
Nec sacerdos est misertus;
Ita solus est desertus,
Totus luto coopertus,
Nec quo pedem ferret certus.

Accusabam turpem actum.
Propter fratrem sic confrac-
[tum,
Claudum, senem et contrac-
[tum;
Et dum dico male factum,
Judicatus dedi saltum.

Judicatus saltum dedi,
Post hæc intus non resedi,
Neque bibi nec comedi,
Capellani jussu fœdi
Qui quod sacræ datur ædi
Aut impertit Palamedi
Aut fraterno dat heredi,
Aut asportant citharœdi
Ut adquirat bonus credi.

Modo, fratres, judicate,
Neque vestro pro Primate
Aberrantes declinate
A sincera veritate,
An sit dignus dignitate,
Vel privandus potestate,
Senex carens castitate
Et sacerdos honestate,
Plenus omni fœditate
Qui, exclusa caritate,
Nos in tanta vilitate
Quorum fama patet late
Sic tractavit? Judicate.

Ayant rencontré ces vers sous le nom de Golias, employé par antonomase comme un nom commun, M. Wright n'a pas compris que les mots *Primas, Primatis*, qu'on lit dans la pièce, en désignent l'auteur.

(1) Cette strophe, que nous empruntons à M. Wright, n'est pas dans nos manuscrits. Elle est peu claire.

Cet auteur est, d'ailleurs, indiqué par le titre de la
pièce dans un manuscrit de la bibliothèque Léopol-
dine qu'a. décrit Bandini : *Opus Hugonis, Aurelia-
nensis primatis, de exclusione propria* (1). Plusieurs
poètes burlesques ont pris ce nom de Primat ; c'est
pourquoi l'on ne sait pas toujours auquel d'entre eux
tels ou tels vers doivent être attribués. Mais on ne
peut avoir ici la moindre incertitude ; il s'agit très
sûrement du premier en date, Hugues, primicier ou
primat des écoles d'Orléans, qui vivait dans le second
quart du xii° siècle, et qui, rendu célèbre par ses
vulgaires facéties, est devenu, plus tard, après sa
mort, le prototype de tous les farceurs.

Il n'est pas facile de comprendre le poétique récit
de sa disgrâce. Hugues le primat était, au rapport de
François Pippino, chanoine d'Orléans (2), et, en des
vers qui lui sont attribués par un manuscrit de
Tours (3), il raconte lui-même qu'il fut, un jour, privé
de son canonicat; mais il ne dit pas pour quelle cause.
Cette cause est ici longuement exposée, mais peu
clairement. Ses anciens collègues, dont il sollicite le
pardon, ont dû sans peine le comprendre, sachant
bien de quel délit ils l'avaient jugé coupable ; mais
cela nous est moins facile. Il était vieux, dit-il, et
s'était fait préposer, par les conseils d'un traître, à la
surveillance des infirmes, des malades. Or, ayant pris,
en certaine occasion, la défense d'un de ces infirmes
cruellement maltraité, il fut pour cela traduit devant

(1) Bandini, *Bibl. Leopold.*, t. II, col. 423.
(2) L. Delisle, *Les écoles d'Orléans*, p. 15.
(3) L. Delisle, *Notes sur quelques man. de Tours*, p. 14.

le chapître, condamné, chassé de sa maison canoniale
et réduit, sans prébende ni gîte, à mendier son pain.
Voilà, du moins, ce que nous croyons lire dans cette
supplique, sincère ou non. Admettons qu'elle n'est
pas sincère, qu'elle dissimule une grande partie de
la vérité ; toujours est-il qu'elle nous offre, sur la vie
si mal connue du célèbre Primat, quelques renseignements dont on pourra faire un utile emploi.

Nous avons ensuite, du feuillet 23 au feuillet 45, un
commentaire sur les satires de Perse, à la fin duquel
nous lisons : *Explicit expositio Persii satirici, compilata a magistro Joanne de Levedale, bonæ memoriæ,
submonitore quondam scolarum Lovaniensium. Finita
anno 1334, in vigilia beati Thomæ apostoli.* Ce Jean
de Levedale n'a été cité ni par Fabricius, ni par Fop-
pens, ni par Paquot ; son nom paraît manquer dans
tous les répertoires. Il ne faut pas s'étonner de ce
que Valère André n'a pas même parlé de lui dans
sont traité particulier sur l'histoire de l'université de
Louvain. Cette histoire ne commence, en effet, qu'en
l'année 1435, et l'*explicit* qu'on vient de lire montre
que le sous-moniteur Jean de Levedale était mort
avant l'année 1334. Son commentaire, dont les premiers mots sont *Materia hujus libri est sermo satiricus
de commendatione virtutum*, accompagne un texte
complet des œuvres de Perse. Il a pour unique objet
l'interprétation de ce texte ; les digressions y sont
très courtes et, pour la plupart, historiques. Ce n'est
pas à dire que Jean de Levedale soit, en ce qui
touche l'histoire, un critique savant. Mais il est encore moins un délicat humaniste.

SEPTIÈME PARTIE

(Nouvelles Acquisitions)

202

Dans ce volume ont été réunis trois traités mystiques dont les auteurs ne sont pas nommés. Nous
indiquerons sans peine ceux des deux premiers. Il
s'agit, en effet, d'écrits souvent copiés, et les théologiens méditatifs, auxquels on les doit, ont eu dans
leur temps, l'un et l'autre, un grand renom.

Le premier, intitulé *De oculo morali,* est de Pierre
de La Sepieyra, communément nommé Pierre de
Limoges, chanoine d'Évreux. On l'a donné quelquefois à Jean Peckham, ou Peacham, à Raymond
Jordan et à Jean de Galles. Mais ces attributions sont
certainement fausses. Ajoutons qu'il y a eu plusieurs
éditions de l'ouvrage. On le lisait encore au xvi⁰ siècle (1).

Le deuxième de nos traités, dont le titre est *De
doctrina cordis,* a été cité sous le n° 15958, où il est,
comme ici, sans nom d'auteur. Mais on a dit qu'il est
de Gérard de Liège (2). Le succès de ce livre, qui n'a
pas duré jusqu'à nous, n'a peut-être pas été moindre,
au xv⁰ siècle, que celui de l'*Imitation.*

Mais pour ce qui regarde le troisième traité, l'auteur
est plus incertain. Le P. Bonelli l'a publié pour la

(1) *Hist. litt. de la Fr.,* t. XXVI, p. 464.
(2) Tome V, p. 64.

première fois dans son supplément des *OEuvres* de saint Bonaventure, sous ce titre : *Sermones de laude melliflui nominis Domini nostri Jesu Christi*. C'est de même à saint Bonaventure que l'attribuent notre n° 458 (fol. 249) ainsi que le n° 4210 de la Bibliothèque impériale de Vienne, et nous ne le trouvons pas ailleurs sous un autre nom. Cependant on se dit que les contemporains et les confrères de saint Bonaventure auraient plus souvent copié ce pieux opuscule s'ils avaient cru qu'il en fût le véritable auteur. Pour nous du moins l'attribution reste douteuse.

217

Ce volume commence par un long catalogue de tous les miracles opérés par les reliques conservées dans l'abbaye de Savigny. La plus grande partie de ce catalogue a été publiée, d'après ce manuscrit, dans le tome XXIII des *Historiens de la France*, p. 587-605.

Au fol. 79, le *Purgatorium sancti Patricii*, commençant par ces mots : *Dicitur magnus sanctus Patricius, qui a primo est secundus, quod, dum in Hibernia verbum Dei prædicaret...* C'est le début, la dédicace absente, de la relation faite par Henri de Saltrey. Et c'est le vrai début. L'édition donnée par Colgan (*Trias Thaumaturga*, t. II, p. 274) commence inexactement par *Igitur magnus*. On corrigerait avec notre manuscrit beaucoup d'autres fautes de cette édition. Qu'on se fie moins encore au texte des extraits donnés par Thomas Messingham. Nous avons déjà rencontré dans le n° 16499 ce très pieux et très bizarre opuscule (1).

Au fol. 88, un très court pénitentiel, commençant par : *Sacerdos debet esse discretus, ut sciat discernere inter lepram et lepram*. Ce sont des conseils donnés aux confesseurs. Nous ne pensons pas en avoir un texte complet.

Au fol. 91, une prose que nous croyons inédite. La voici :

Arce siderea Phœbe refulserat
Et lucis aureæ globos effuderat,
Cum nocte media temporis aderat
    Jam plenitudo ;
Multis e fratribus unus eligitur,
Tot cæli civibus unus dirigitur.
Regis obtutibus præsens qui quæritur.
    Stat fortitudo (2).

Succinctus Gabriel obedientia,
Summus archangelus, promptus ad omnia,
Stat regis nuntius, regis imperia
    Ferre paratus.
« Angele Gabriel, inquit, egredere,
Fer cito nuntium, cito regredere,
Sed brevi, jubeo, brevi caractere
    Sis oneratus.

Ibis ad virginem stirpis davidicæ,
Vultus siderei, mentis angelicæ.
Cum vocis exprimes verba propheticæ
    Mystica, cave
Virgo ne timeat ; sed prolis regiæ,
Sed vultus placidi, sed pulchra facie,
Saluta virginem, sed tali serie
    Dic prior : *Ave*.

(1) Tome V, p. 146.
(2) Cela nous paraît inintelligible.

Virgo dum trepidat, et unde veneris
Nesciens, cogitat quis, qualis fueris,
Vel cujus nuntius, ne cito dixeris;
        Sed voce pia,
Stans vultu placido, demisso lumine,
Pudicis oculis fixis in virgine,
Propriam proprio designans nomine,
        Junge : *Maria.*

Dum timens refugit virilem faciem,
Vultus angelici denuda speciem;
Dum modum discutit et rerum seriem
        Virgo serena,
Sume parabolam vocis interea,
Sed, quidquid dixeris prius vel postea,
De quibus dixero, dic tamen antea :
        Gratia plena.

Carnis virgineæ sub domicilio
Dic domum præparet, sed Dei filio.
Stabit et conferet, sed sub silentio,
        Singula secum ;
Pudoris titulum primo discutiet.
Da fidem virgini quod virgo pariet,
Dic cujus spiritu per quem concipiet :
        Dominus tecum !

Felicem prædica quæ Dei filio
Mater eligitur, vernante lilio
Pudoris integri, sed et angelico
        Digna relatu ;
Quæ pacis osculo terrena superis
Amoris glutino jungis et inseris,
In mulieribus primis et posteris
        Benedicta tu.

Dulce cum virgine misce colloquium.
Quæret et quomodo ; dic : « Dei filium. »
Quæret et quomodo ; dic tu : « Per Spiritum. »
        Quærere plura

Virgo si cœperit, libens exsequere.
Dic tetragrammaton, quali caractere
Possit dissyllabam sensu concludere
    Laude futura. »

Regis imperio regalis nuntius
Secreta virgini, secreti conscius,
Divina reserat. Formidat primitus
    Virgo pudica.
Incipit angelus modis disserere,
Felicem prædicans, vota puerperæ
Jam cupit effici; sed tali fœdere,
    Regis amica,

Jam sacri pneumatis perfusa lumine,
Credit et concipit divino semine ;
Floret et pullulat mater in virgine.
    Nosque solemni
Laudemus Dominum vocis obsequio ;
Cum patre filium, matrem cum filio,
Laudet et prædicet nostra devotio
    Laude perenni !

Ne connaissant pas une autre copie de cette prose, nous n'en donnons peut-être pas un texte toujours bon. Plus d'un mot nous est suspect. Nous la publions d'ailleurs sans la recommander, uniquement parce que nous la supposons inédite. Certes elle n'est pas littérairement recommandable ; mais on en imprime tant d'autres qui ne le sont pas davantage !

Suivent des introductions aux évangiles de saint Matthieu, de saint Marc, de saint Luc, à l'Apocalypse, à l'évangile de saint Jean, aux épitres canoniques et aux Actes des apôtres. Le tout occupe huit feuillets.

Du fol. 109 au fol. 123, des fragments, des extraits

de saint Jérome, de saint Grégoire, de saint Bernard,
etc., etc., entre lesquels un sermon dont l'auteur ne
nous est pas connu, et six vers sur les trois mariages
de la mère de Marie, vers qui se lisent aussi dans le
n° 749 de Douai.

Au fol. 123, des proverbes. Au fol. 123, une pièce
de vers contre la cour romaine depuis longtemps
signalée par Bandini dans un manuscrit de la Laurentienne, et dont M. Mone a publié quatre strophes
dans la première série de l'*Anzeiger fur Kunde der
teutsch. Vorzeit*, t. VII, col. 110. Mais elles ne donnent
pas une exacte idée de cette violente satire. On doit
être curieux d'en avoir un texte complet. Eh bien,
c'est une curiosité que nous ne pouvons satisfaire.
La copie qu'on lit ici n'est pas non plus complète, et,
si nous en avons une seconde, qui paraît l'être, dans
le n° 1544 (fol. 86) des Nouvelles acquisitions, elle
est tellement fautive qu'il est à peine possible d'en
tirer quelque chose. Un autre texte de la même pièce
nous étant signalé dans un manuscrit de la
Bodléienne (*Add.* A 44, fol. 64), nous avons un ins-
tant espéré qu'il nous serait permis de corriger avec
ce texte les vices des nôtres. Mais il n'y a que cinq
strophes dans le manuscrit de la Bodléienne, comme
nous l'apprend M. Madan à qui nous en devons une
obligeante transcription. Voici du moins ces cinq
strophes, collationnées sur trois manuscrits :

Frigescente caritatis	Brevi sub articulo,
In terris igniculo,	Audietur vastitatis
Universæ vanitatis	Gemitus in populo.
Fons inundat sæculo.	

Ecce florent venditores
    Spiritalis gratiæ,
Antichristi præcursores ;
    Pastores Ecclesiæ,
    Fures eucharistiæ,
Novi Judæ successores,
    Christum vendunt hodie.

Martha foris occupatur,
    Quærens lucri gratiam :
Soror Marthæ contemplatur
    Nummos et pecuniam ;
    Itur ad perfidiam.
Aurum Christi conculcatur;
    Conversum in scoriam.

Silent leges, jura tacent
    Nullo fulta stipite ;
Luxus et rapinæ placent
    In hoc mundi tramite.
    Errat plebs cum milite,
Lapidesque sancti jacent
    In viarum capite.

Hoc sancivit mos Romanus,
    Hoc decretum legitur :
Non sit præsul vel decanus
    Is a quo nil dabitur.
    Ergo recte dicitur
Roma quasi rodens manus,
    Per quam mundus rodi-
                    [tur...

. Les mots *Roma quasi rodens manus* sont une allusion à une épigramme dont nous avons plusieurs formes. En voici une :

Roma manus rodit ; si rodere non valet, odit.
Dantes exaudit, nil dantibus ostia claudit (1).

Ensuite de nouveaux extraits de saint Augustin, de saint Grégoire, de Bède, de saint Bernard, des philosophes profanes, et d'autres vers, qui, les uns, sont moraux et les autres ne le sont pas. M. Delisle a publié la plus louable de ces pièces, sous le nom de l'auteur, Serlon de Wilton (2). Nous en avons donné quelques autres sous le n° 16699 (3). En voici deux qui sont peut-être inédites :

Vita brevis, divinus amor terrorque gehennæ
    Sunt tria quæ recolens labe carebit homo.

(1) *Neues archiv*, t. II, p. 401.
(2) *Mélang. de paléogr.*, p. 485.
(3) Tome V, p. 202, 203.

— Quidquid habes meriti præventrix gratia donat ;
Nil Deus in nobis præter sua dona coronat (1).

Au feuillet 141, après quelques autres extraits, le traité d'Ailred, abbé de Rievaux, *De lectione evangelica*, que Mabillon a publié dans ses annexes aux *OEuvres* de saint Bernard, t. II, p. 577. Le nom de l'auteur, qui se lit dans notre manuscrit, manque dans d'autres, notamment dans le n° 392 de Douai, et l'on en cite des copies sous le faux nom de saint Bernard.

Fol. 150 : *Magnificat anima mea Dominum...* — *Magnificat voce, magnificat opere, magnificat affectu.* Cette paraphrase du *Magnificat* est intitulée, dans le n° 500 de l'Arsenal, *Expositio venerabilis Bernardi, abbatis Clarævallis, super Canticum beatæ Mariæ.* Mais c'est une attribution que les critiques modernes n'ont pas acceptée. Si cet écrit a été par leurs soins tiré des ténèbres, ils ne l'ont fait figurer que parmi les œuvres apocryphes de saint Bernard. Nous en avons un autre exemplaire dans le n° 529 (fol. 71); un autre encore nous est indiqué dans le n° 402 des *Cod. Laud. misc.*, à la Bodléienne. Ils sont l'un et l'autre anonymes.

Au fol. 153, la vie de sainte Barbe. A la suite, du feuillet 157 au feuillet 189, un recueil de maximes morales auquel manquent le commencement et la fin, et dont tous les chapitres débutent par *Dominus dicit in Evangelio.* C'est le *Liber scintillarum* de Defensor, moine de Ligugé. Mais nous ne l'avons pas

____

(1) Ces vers se lisent aussi dans le n° 593 (fol. 24) de la Mazarine et à la page 16 des *Carmina Burana.*

constaté sans quelque peine. Et d'abord le premier
de nos fragments manque dans l'édition de ce livre
qu'on lit au tome LXXXVIII de la *Patrologie*. De plus,
par la faute d'un relieur maladroit, les autres fragments ne se succèdent pas, dans notre manuscrit, en
même ordre que dans l'édition. Ainsi nous avons en
premier lieu, du fol. 159 au fol. 173, les chapitres
XXXII-XLVII de l'édition, avec une partie du chapitre XLVIII ; ensuite, du fol. 173 au fol. 189, les
chapitres X-XXI.

Au fol. 189, un traité *De præparatione cordis* qui
commence par : *Præparate corda vestra...* — *Quam
sit utilis cordis præparatio sequens declarat promissio.*
Une autre copie de ce traité, qui n'offre pas non plus
le nom de l'auteur, est dans le n° 65 d'Évreux.

Le volume finit par des sermons que nous n'avons
pas ailleurs rencontrés. Ce sont des sermons qui,
pour la plupart, ont été prononcés, comme il semble,
devant des moines, peut-être les moines de Savigny.
Il y a peu de traits originaux : les citations de l'Écriture y surabondent. On ne les croit pourtant pas tous
du même auteur. Ainsi débute le premier: *Cum
ambularent animalia...* — *Igitur vos, prælati, ambulate dum lucem...* Il est à l'adresse des évêques et a
le ton d'une remontrance.

219

Traité de logique, sans nom d'auteur, commençant
par : *Dialectica est ars artium, scientia scientiarum,
ad omnium methodorum principia viam habens.* C'est

la logique célèbre de Pierre d'Espagne, dont le titre le plus fréquent est *Summulæ*. Elle a été souvent imprimée.

223

Ce volume est composé tout entier de pièces anonymes dont chacune veut être particulièrement décrite.

La première, qui commence par *Quid fuit priusquam mundus fieret,* est un dialogue le plus souvent intitulé, dans les manuscrits, *De creatione rerum,* ou *mundi.* L'auteur est Hugues de Saint-Victor, et, dans l'édition de ses Œ*uvres,* ce dialogue a pour titre : *De sacramentis legis naturalis et scriptæ.* Nous avons cru devoir y signaler plusieurs opinions que l'Église n'a pas admises (1), du moins littéralement.

Les pièces suivantes ont aussi pour auteur Hugues de Saint-Victor ; ce sont des fragments détachés de ses œuvres. Et d'abord, au fol. 17, nous avons les premiers chapitres de son grand traité *De Sacra-mentis.* Le début est ici : *Arduum profecto et laboriosum opus...* Ce sont les seize premiers chapitres de l'édition. — Au fol. 25 : *Desiderius proprium nomen est.* C'est ici le premier chapitre des *Adnotationes elucidatoriæ in Pentateuchum.*— Au fol. 26 : *Lectorem divinarum Scripturarum primo instruere oportet...* Ce sont les seize premiers chapitres (le seizième incomplet) du traité *De scripturis et scriptoribus sacris.*

(1) *Les* Œ*uvres de Hugues de Saint-Victor,* p. 63 et suiv.

Au fol. 33, des gloses sur la Genèse, qui sont toutes des explications d'allégories supposées. Les premiers mots du court prologue sont : *Creavit Deus cælum et terram.* Ceux des gloses sont : *Principium Christus, cælum et terra Ecclesia in Christo fundata, cælum in justis, terra in peccatoribus.* Nous ne connaissons pas l'auteur de ces gloses. Ce ne sont pas les Allégories d'Isidore, ni celles de Raban-Maur, ni celles de Hugues de Saint-Victor.

Au fol. 45, un commentaire sur la vision d'Ezéchiel, dont tel est le début : *Et factum est in anno tricesimo...* — *Ezechiel interpretatur fortitudo Dei, Buri despectus.* Ce n'est pas le commentaire de Richard sur la même vision.

Du feuillet 55 au feuillet 59, deux pièces dont nous ignorons aussi l'auteur ou les auteurs. La première commence par : *Gratia vobis...* — *Gratia Dei gratis data, sed non merces reddita.* La seconde par : *Dentes tui sicut greges...* — *Pastor bonus, qui animam suam ponit pro ovibus suis...* Cette seconde pièce est pareillement anonyme dans les n⁰ˢ 3733 (fol. 104) et 13852 (fol. 184). C'est un sermon prononcé dans une assemblée d'évêques.

Du fol. 59 au fol. 77, le traité bien connu de Richard de Saint-Victor *De exterminatione mali et promotione boni,*

A la suite, des sermons anonymes, que nous avons, presque tous, ailleurs rencontrés.

Fol. 77. *Ego sum pastor bonus...* — *In hujus lectione evangelii ostendit nobis Dominus in seipso formam boni pastoris.* Autre copie anonyme : n° 3824 (fol. 50).

Fol. 79. *Legimus, apostolo dicente, quod Dominus superbis resistit et humilibus dat gratiam.* Autre copie anonyme : nº 3824 (fol. 31).

Fol. 81. *Egredimini et videte, filiæ Sion...* — *Fratres, vox Ecclesiæ invitat animas vestras ad intuendum.* Nous n'avons pas à citer une autre copie de sermon.

Fol. 85. *Ferrum de terra tollitur...* — *Ferrum istud intelligitur cor ferreum, cor scilicet durum et frigidum.* Autre copie anonyme : nº 3824 (fol. 49).

Fol. 86. *Omni custodia serva cor...* — *Fideli homini dicitur ut servet cor suum quasi domum Dei.* Pas d'autre copie.

Fol. 88. *Postquam completi sunt dies purgationis...* — *Ecce in tam sublimi Virgine admiranda humilitas.* Autres copies anonymes : nᵒˢ 3824 (fol. 17), 15962 (fol. 59). Dans le nº 15962, ce sermon fait partie d'un recueil dont l'auteur est certainement Jean de La Rochelle.

Fol. 90. *Legimus in Zacharia propheta angelum locutum fuisse ad eumdem prophetam, et dixisse :* « *Leva oculos...* » Pas d'autre copie.

Fol. 92. *Domum tuam, Domine, decet sanctitudo...* — *Celebramus hodie, fratres carissimi, solemnitatem dedicationis ecclesiæ.* Autres copies anonymes : 3570 (fol. 139), 3824 (fol. 83).

Fol. 94. *De laude beatæ et gloriosæ Dei genitricis et virginis Mariæ vobis in præsenti sermone locuturus, placet de castello...* Autre copie anonyme : nº 3824 (fol. 19).

Quelques notes théologiques, de courts fragments, interrompent ici la série des sermons. Mais elle reprend au fol. 101.

Fol. 101. *Dei omnipotentis sermo in persona prophetæ speculatoris sic loquitur, dicens : « Fili hominis... »* Autre copie anonyme : n° 437 (fol. 3).

Fol. 102. *Montes Gelboe nec ros... — Aliter, sicut dicit beatus Gregorius, profertur maledictum amore justitiæ.* Autre copie anonyme : Mazarine, 962 (fol. 108).

Fol. 104. *Tria sunt quæ in misericordiæ opere optanda sunt.* Pas d'autre copie.

Fol. 106. *Congregate illi sanctos ejus... Ah! ah! ah! Domine Deus, ecce nescio... — Unde ergo tam præsumpta superbia...* Nous avons indiqué diverses copies de ce sermon sous le n° 18172 (1), et dit qu'on l'a donné tantôt à Pierre Le Mangeur, tantôt au moine bénédictin Alain l'Anglais. Il n'est probablement ni de l'un ni de l'autre.

Fol. 109. *Revertere, revertere, Sunamitis...— Sunamitis hæc amantissimum ac legitimum virum contempserat.* Autre copie anonyme : n° 14934 (fol. 27).

Fol. 111. *Moyses et Aaron in sacerdotibus...— Unus est sermo quem audistis.* Nous avons cité ce sermon sous le n° 14925 et nous avons dit qu'attribué par divers copistes à Gébouin et à Pierre Le Mangeur, il nous semble plutôt du chancelier que de l'archidiacre (2).

Aux fol. 115 et 116, deux fragments. Le premier, commençant par *Scriptura sacra tria loca solet distinguere,* est, dans les *Mélanges* de Hugues de Saint-Victor, le titre 95 du premier livre. Le second, qui

----

(1) Ci-dessus, p. 52.   (2) Tome III, p. 329.

commence par *Tria sunt quæ nos trahunt ad mortem,* paraît être du même auteur : mais nous l'avons en vain recherché dans l'édition de ses *OEuvres.*

Fol. 117. *Evangelistis evangelisare, prædicatoribus prædicare.* C'est le prologue des sermons de Maurice de Sully. Nous l'avons cité sous le n° 14925 (1).

Fol. 130. *Utinam appenderentur peccata... — Melius est ire ad domum luctus quam ad domum lætitiæ.* Ce sermon est aussi de Maurice, comme nous l'avons dit sous le n° 14925 (3) ; mais il n'appartient pas à son œuvre littéraire dont nous venons de mentionner le prologue ; c'est un sermon qui paraît avoir été prononcé.

Fol. 133. *Duo sunt quæ fidelis quisque attendere debet.* Autre copie anonyme : n° 3824 (fol. 45). De ce très grave sermon, qui a pour objet les misères de la vie humaine, nous citerons les phrases suivantes, où l'on remarquera la locution *mons gaudii ;* en français « mont-joie » :

In hoc discrimine atque in hoc conflictu dum peregrinus noster laborat cunctis fere diebus peregrinationis suæ, frequenter tamen respirat in protectione Dei sui... Tandem, post diuturnos conflictus, post multa pericula, post diversos virtutum profectus, aspicit quasi de longe *montem gaudii* per gratiam subitæ contemplationis.

Fol. 136. *Gaudent in cælis animæ... — Ecce, fratres, tribulationes et angustiæ vitæ præsentis.* Ce sermon, dont nous ne pouvons pas indiquer une autre copie, est suivi d'une collation.

(1) Tome III, p. 310.   (2) *Ibid.,* p 322.

Fol. 141. *Dixit Simon Petrus ad Jesum : Ecce nos...* — *Verba principis apostolorum quam proprie coapostolo suo, cui hodie militamus...* La matière de ce sermon est la conversion de saint Paul. Nous n'en connaissons pas d'autres copies.

Fol. 143. *Vobis datum est nosse mysterium... — Hæc vox dominica, fratres, ad vos specialiter attinet.* Pas d'autre copie.

Fol. 144. *Confidite, quia ergo vici mundum, dicit Dominus. Fratres, pensanda sunt verba Salvatoris nostri.* Pas d'autre copie.

Fol. 147. *Hodie, fratres carissimi, beata Maria puerum Jesum præsentavit in templum.* Pas d'autre copie.

Ces cinq derniers sermons, dont le ton est d'une gravité constante, paraissent du même auteur, et l'on a lieu de croire qu'ils ont été prononcés par un moine devant des moines.

Le volume finit par un court fragment sur les deux sortes de richesses, la richesse temporelle et la spirituelle : paraphrase banale sur un lieu commun.

226

La première pièce a pour titre : *Tractatulus adversus hæresim novam de necessitate communionis laicorum sub utraque specie, raptim editus Constantiæ, anno Dom. 1417, die 20 Augusti, a Joanne Yarson, cancellario Parisiensi.* Ce titre indique donc à la fois la matière du *tractatulus* et le nom de l'auteur, Jean de Gerson. Après le petit traité, sont deux fragments, l'un d'Alexandre de Halès, l'autre de saint Thomas, produits par le chancelier en faveur de sa thèse. Ce qui voulait dire : Dominicains et les Franciscains, votez avec moi.

A la suite un recueil de maximes, de distinctions, rangées suivant l'ordre alphabétique, et commençant par *Abjicit mundus pauperes et honorat divites*. *Nota* : *Augustinus super Genesim (dicit) quod corvus est illius naturæ*... Nous en pouvons citer d'autres copies anonymes, notamment dans les n°ˢ 888 de la Mazarine, 826 et 1272 de Troyes, 8181 de Munich, 1288 et 3609 de Vienne ; mais dans le récent catalogue des manuscrits de Vienne, sous le n° 4872, cette compilation a pour titre : *Jacobus de Lausanna. Compendium moralitatum, ex ejus postillis excerptum*. Ce titre est peut-être exact ; les postilles de Jacques de Lausanne ont été plus d'une fois compilées ; on en a fait, à l'usage des prédicateurs, d'autres extraits. Cela donne lieu de supposer qu'elles ne sont pas toujours graves. On y rencontre, en effet, plus d'une historiette plaisante et plus d'un vif propos sur le compte des dignitaires laïques ou clercs.

Plus loin, sans titre : *Sunt quædam vitia quæ frequenter speciem virtutum assumunt*. C'est le *Paradisus animæ* qu'on a souvent imprimé sous le nom d'Albert le Grand (1). Ce n'est pourtant pas une de ses œuvres les plus recommandables. Le théologien ne vaut pas chez lui le philosophe.

A ce traité succède un fragment d'une seule page,

____

(1) Quétif et Échard, *Script. ord. Præd*, t. I, p. 178.

commençant par : *Quid faciam, quia Dominus...* — *Cum nihil certius morte...* Nous ne savons à qui ce fragment appartient.

La dernière pièce du volume est la copie du premier livre de l'*Imitation*. Nous remarquons et nous signalons des différences entre cette copie et les éditions.

228

L'écrit que nous offre ce volume est sans titre. D'autres copies l'intitulent : *De abundantia exemplorum in sermonibus*. On a remarqué que l'auteur, annonce, au début de son livre, qu'il aura sept parties; mais, a-t-on ajouté, la première seule paraît avoir été conservée (1). Ici nous avons, outre la première, sur le don de crainte, la seconde, incomplète, sur le don de piété. La première est plus intéressante, parce qu'elle contient plus d'exemples. Quant à la méthode, c'est la même dans les deux parties. L'auteur pille Étienne de Bourbon, mais énonce les mêmes choses plus simplement, plus clairement. C'est un meilleur écrivain. Nous avons dit qu'on ignore son nom, aucun des noms indiqués par les copistes et tour à tour admis par les bibliographes ne paraissant devoir être accepté (2).

246

Le *Speculum disciplinæ* que contient ce volume avait été plusieurs fois publié sous le nom de saint

(1) *Hist. litt. de la Fr.*, t. XXIX, p. 549.
(2) Tome II, p. 72 et suiv.

Bonaventure, quand cette attribution fut mise en doute comme insuffisamment justifiée. Il conviendrait mieux, dit Luc Wadding, de le rapporter à son secrétaire Bernard de Besse. Cependant, ajoute Wadding, puisque cet ouvrage est généralement jugé très estimable, pourquoi ne supposerait-on pas que saint Bonaventure en a dicté les meilleurs chapitres, et que son secrétaire, après avoir rangé ces chapitres en bon ordre, y a fait simplement, de son chef, plus ou moins d'additions? Mais rien, suivant Casimir Oudin, rien de cet ouvrage n'est de saint Bonaventure ni de son secrétaire ; tout est d'un autre Franciscain, leur contemporain, David d'Augsbourg. Sbaraglia s'inscrit enfin contre toutes ces attributions, qu'il dit également fausses, et revendique notre *Speculum disciplinæ* pour Jean Peckham. Où nous semble être la vérité ?

Voici comment Oudin argumente en faveur de David. L'auteur d'un traité *De profectu religiosorum* cite, dit-il, dans son prologue et s'attribue formellement un autre traité, *De exterioris hominis compositione*, qui n'est certainement et ne peut être que notre *Speculum disciplinæ*. Or, ce *De profectu religiosorum*, donné quelquefois à saint Bonaventure, est, on l'a reconnu, de David d'Augsbourg. Donc il faut reconnaître qu'il est pareillement l'auteur du *Speculum disciplinæ* (1).

Mais, répond Sbaraglia, la mineure de cette argumentation n'est pas recevable. Ce prétendu traité *De*

____

(1) *Comm. de Script. ecclesiæ,* t. III, col. 433.

exterioris hominis compositione n'est aucunement le *Speculum disciplinæ* publié dans les *Œuvres* de saint Bonaventure; c'est la première partie d'un livre intitulé *De institutione novitiorum* que s'est à bon droit attribué l'auteur du *De profectu religiosorum*; ces deux écrits, dont l'un complète l'autre, sont, en effet, de la même plume, et tout le monde accorde qu'ils appartiennent l'un et l'autre à David d'Augsbourg. Or puisqu'il ne s'agit aucunement du *Speculum disciplinæ* dans le prologue du *De profectu religiosorum*, Oudin s'est à tort félicité d'avoir résolu la question avant lui plus d'une fois discutée; l'auteur du *Speculum disciplinæ* reste à trouver. Est-ce donc, comme on l'a cru longtemps, saint Bonaventure? Non pas, ajoute Sbaraglia; mais un de ses disciples, que nous désigne clairement l'ancien *Mémorial de l'ordre des Mineurs*, disant que c'est un savant maître à qui l'on doit aussi le traité *De la perfection évangélique* et la *Vie de saint Antoine de Padoue;* c'est donc Jean Peckham (1).

Cela paraît clair à Sbaraglia. Cela pourtant ne l'est pas. Il est vrai que les anciens bibliographes mettent au compte de Jean Peckham un traité *De la perfection évangélique;* mais pas un ne mentionne parmi ses œuvres soit la *Vie de saint Antoine* soit le *Speculum disciplinæ*.

Nous nous demandons si l'auteur du *Mémorial* n'a pas commis une erreur facile. Deux autres miroirs sont donnés à Jean Peckham par son compatriote Le-

(1) Sbaralea, *Suppl. Wadd.*, p. 162.

land, un *Speculum animæ* et un *Speculum ecclesiæ.*
L'auteur du *Mémorial* n'a-t-il pas confondu l'un de
ces deux livres avec le *Speculum disciplinæ?* Quoi
qu'il en soit, Sbaraglia n'allègue au profit de Jean
Peckham qu'un assez vague témoignage, et ce vague
témoignage n'est confirmé ni par quelque bibliographe
ni par quelque manuscrit.

Pas un manuscrit n'est donc cité qui porte le nom
de Peckham ; pas un non plus qui porte celui de
David. En fait on n'en cite aucun, avec ou sans un
nom quelconque. Pour notre part, nous n'en avons
jusqu'à présent rencontré qu'un seul, celui dont la
description est l'objet de cette notice, et il est intitulé:
*Speculum disciplinæ, compositum a fratre Bernardo de
Bessa, ordinis sancti Francisci.* Ainsi l'attribution de
Luc Wadding est confirmée par le seul manuscrit
dont on ait encore invoqué le témoignage dans ce
procès qui dure depuis si longtemps, et c'est un manuscrit de bonne date, dont l'autorité ne semble pas
contestable. Nous croyons donc qu'il faut tenir pour
vrai ce qu'il atteste, en écartant toutefois la supposition de Wadding quant à la collaboration de saint
Bonaventure. Saint Bonaventure a pu conseiller, ordonner même à son secrétaire de composer cet utile
Speculum ; mais rien n'indique qu'il en ait dicté lui-
même la meilleure part. L'ouvrage est tout entier du
même style, et ce style sec, pédagogique, sans abandon, n'est pas celui de saint Bonaventure.

A la fin de notre volume est une épître *Ad quem-
dam novitium insolentem et instabilem,* dont l'auteur est aussi Bernard de Besse : *Ejusdem cujus*

et Speculum disciplinæ. Tel est le début de cette pièce :

Vidi, carissime, faciem tuam apud Montiniacum castrum, venerabili patre ministro provinciali præsente. Tunc te mihi præsentia corporalis exhibuit, nunc memoria repræsentat, et quem præsentem allocutus sum et hortatus ad bonum, absentem nunc duxi per litteras alloquendum.

C'est une allocution amicale, où sont compendieusement exposées les règles principales de la vie religieuse.

257

Cette *Brevis introductio ad dictamen* commence par trois vers dont quelques mots sont illisibles. Les voici d'après un autre manuscrit qui se trouve à Florence (1) :

Bononia natus, natali dum studet urbe,
Hunc est lætatus breviter juvenum dare turbæ
Tractatum, noscat quo sic quid epistola poscat.

Ces méchants vers ne nous apprennent rien et nous avons recherché vainement quel en est l'auteur. Les professeurs de grammaire que mentionne Sarti sont en très petit nombre et pas un n'est Bolonais. Les modèles de lettres qui suivent les vers nous donnent simplement lieu de supposer que ce Bolonais, contemporain de l'empereur Albert Ier, de Philippe, roi de France et du pape Benoît XI, vivait dans les premières années du XIVe siècle.

Son traité, très court, n'est guère instructif. On y

(1) Bandini, *Catal. bibl. Laur.*, t. III, col. 748.

remarque, toutefois, fol. 10, d'autres vers où sont
exposées sommairement toutes les règles du *cursus*
romain :

> Ut cursus formare scias hanc accipe legem.
> Ad membri finem geminas concurrere voces
> Ars jubet, utrasque triplicem quartumve notarum
> Implentes numerum ; penultima sed nota quarti
> Altera submissam, longam petit altera vocem...

Ces règles sont ensuite expliquées en prose. On lit
à la fin du volume : *Explicit liber Bononiæ nati.*

258

Le traité de logique incomplet par lequel commence
ce volume est celui de Pierre d'Espagne, intitulé
Summulæ, que nous avons cité sous le nº 219 du
même fonds. Nous n'avons pas ici les chapitres qui
traitent des premières catégories; il s'agit d'abord de
la relation (*Ad aliquid*), puis de la qualité.

Au fol. 72 le *Physiologus*, ou *Tractatus de naturis
animalium*, poème que Beaugendre a publié dans les
Œuvres d'Hildebert (col. 1173). Ce qu'il a fait en
commettant une inconvenable étourderie. Le poème
finit en effet, dans l'édition même de Beaugendre, par
ces vers :

> Carmine finito, sit laus et gloria Christo ;
> Cui, si non alii, placeant hæc metra Tibaldi.

Ainsi Thibaud s'est dit expressément l'auteur de ces
vers, et quand Beaugendre les publiait comme étant

(1) Ci-dessus, p. 142.

d'Hildebert et, disait-il, *nondum editi*, ils avaient été, neuf fois au moins imprimés, dès le xv⁰ siècle, sous le nom de Thibaud (1). On ne sait rien d'ailleurs sur ce poète, que l'on place par conjecture au xii⁰ siècle; il est appelé, dans notre n° 8321, *Theobaldus de Plesentia*. La copie de ses vers que contient notre volume est incomplète et détestable. Mais il est facile de la corriger, car on en a conservé beaucoup d'autres qui sont d'une meilleure date.

Au fol. 77, un autre traité de logique, qui commence par : *Ut ait Philosophus, in primo Posteriorum, ad hoc quod habeamus scientiam de aliqua re, tria requiruntur*. Cette logique anonyme est un commentaire assez étendu sur les premiers chapitres des *Summulæ* de Pierre d'Espagne. Tout le début se retrouve, presque sans changements, en tête d'une autre glose qui contient notre n° 6433 (fol. 153). Mais quel est le plagiaire ?

Au fol. 129, un troisième commentaire sur quelques paragraphes de la logique de Pierre d'Espagne.

Au fol. 143, diverses questions de logique, sous ces titres, *De consequentiis, de disjunctivis, de regula causati, de exceptivis*.

280

Tout est anonyme dans ce volume, dont les plus anciens possesseurs paraissent avoir été les moines bénédictins de Colombs.

(1) Hain, *Repert. bibl.*, n° 15467-15475.

Il commence par un opuscule intitulé pompeusement : *Ars prædicandi*. Ce n'est pas l'écrit d'Alain que l'on connaît sous ce titre. L'auteur s'est uniquement proposé d'enseigner aux prédicateurs comment ils doivent paraphraser les thèmes de leurs sermons. C'est donc la matière traitée par le moine Richard dans le n° 249 du collège Merton et par Olivier de Went dans le n° 317 de Saint-Omer. Voici le début de notre *Ars prædicandi* : *Octo modis potest aliquis abundare in themate. Primo per qualescumque termini notificationes.* Ces huit modes sommairement définis, l'auteur offre aux prédicateurs quelques matières à développer, leur enseignant même où ils doivent placer, dans leurs sermons, quelques propos injurieux sur le compte de leurs contemporains, séculiers ou réguliers. Il n'a pas besoin d'ajouter que le prédicateur régulier fera cette injure aux séculiers et le séculier aux réguliers.

A la suite, une série de vingt-deux sermons dont nous avons déjà rencontré le plus grand nombre en d'autres recueils. Une note moderne, qu'on lit en tête du volume, semble les attribuer à l'auteur de l'*Ars prædicandi* qui précède. Si c'est bien là ce que dit la note, elle est, selon nous, erronée. Voici le détail des vingt-deux sermons :

Fol. 16. *Ero quasi ros et Israel germinabit...* — *Loquitur propheta in persona filii Dei adventum suum in carnem promittentis.* Un autre exemplaire anonyme de ce sermon est dans le n° 3574 (fol. 1).

Fol. 20. *Susceptum Noemi puerum posuit...* —

Iste puer juxta litteram vocabatur Obeth, qui natus est ex Booz. Autre copie : n° 3574 (fol. 4).

Fol. 23. *Inebriabuntur ab ubertate domus...* — *Hic notatur triplex festum hodiernum ; scilicet epiphania, theophania, bethphania.* Autre copie : n° 3574 (fol. 5).

Fol. 26. *Sint lumbi vestri præcincti...* — *Hodie celebrat Ecclesia triplicem festivitatem, triplici vocabulo appellatam.* Autre copie : n° 3574 (fol. 8). L'orateur cite Adam de Perseigne, fol. 29, col. 2.

Fol. 31. *Convertimini ad me in toto corde...* — *Quatuor genera hominum indigent conversione ad Deum.* Nous n'avons pas rencontré ce long sermon dans le n° 3574.

Fol. 41. *Ductus est Jesus in desertum...* — *Juxta litteram, secundum glosam, post baptismum, sine mora, ductus est a Spiritu.* Autre copie : n° 3574 (fol. 11). Est ici cité Pierre le Mangeur (fol. 43, col. 2).

Fol. 45. *Rorate cæli desuper...* — *His verbis propheta petit adventum Filii in carnem sub metaphora.* Autre copie : n° 3574 (fol. 15).

Fol. 48. *Hiems transiit, imber abiit.* — *Hæc verba bene competunt diei quæ vulgariter Pascha Floridum appellatur.* Autre copie : n° 3574 (fol. 17).

Fol. 51. *Terra, ne operias sanguinem meum...* — *Verba sunt Job, qui interpretatur dolens; et significat illum de quo Isaias..* Pas d'autre copie.

Fol. 54. *Hæc dies quam fecit Dominus...* — *Speculator illucescente die incipit tuba canere.* Autre copie : n° 3574 (fol. 19).

Fol. 57. *Ascendit Jonathas manibus...* — *Hic pos-*

sumus tangere septem circa dominicam ascensionem.
Autre copie : n° 3574 (fol. 22).

Fol. 62. *Pater vester de cælo dabit spiritum...* —
In hoc evangelio, sicut dicit Augustinus, audimus eum-
dem Dominum. Pas d'autre copie.

Fol. 66. *Sanctus, sanctus, sanctus...* — *Hoc est*
canticum seraphin, id est angelorum, secundum
Isaiam et sanctorum animalium juxta Joannem.

Est ici cité (fol. 68, c. 3) le traité *De sacramentis* de
Hugues de Saint-Victor. Un peu plus loin (fol. 69,
col. 1 et fol. 70, col. 2) le livre *De tribus diebus* du
même docteur, annexé sans raison au *Didascalicon*
par plusieurs éditeurs de ses *Œuvres* (1). Ce long
sermon n'est guère qu'un assemblage de phrases
empruntées à saint Augustin, saint Bernard, Hugues
de Saint-Victor.

Fol. 73. *Ex studiis suis intelligetur puer...* — *Le-*
gitur in Evangelio quod, nato Joanne, Deoque nativi-
tatem ejus miraculis illustrante... Pas d'autre copie.
Au fol. 74, col. 2, une citation de saint Odilon, abbé
de Cluny.

Fol. 78. *Fecit Deus duo luminaria...* — *Firmamen-*
tum dicitur Ecclesia militans, quia tanquam media
dividit aquas. Pas d'autre copie. Il y a, vers la fin de
ce sermon, quelques remontrances à l'adresse des religieux qui, toujours absents du cloître, font au dehors le métier de gens d'affaires et ne savent plus
ce que c'est que contempler et prier.

Fol 86. *Ingressa Esther cuncta per ordinem...* —

(1) *Les Œuvres de Hugues de Saint-Victor*, p. 98.

Esther congruentissime designat beatam Virginem, tum propter nominis interpretationem. Pas d'autres copies. Tout ce sermon est un assemblage de phrases empruntées à saint Bernard.

Fol. 91. *Quæ est ista quæ progreditur...* — *Hic Salomon, spiritu prophetico prævidens futura, vel chorus angelorum in speculo cernens.* Pas d'autre copie. Saint Bernard est encore ici fréquemment cité.

Fol. 96. *Species cæli gloria stellarum...* — *Nomine stellarum intelliguntur omnes sancti quorum hodie communis solemnitas.* Sermon pour la Toussaint. Pas d'autre copie.

Fol. 101. *Salutate Mariam, quæ multum...* — *Hoc scribit apostolus Romanis de quadam matrona romana.* Pas d'autre copie.

Fol. 103. *Beatus venter qui te portavit...* — *Venter beatæ Virginis recte beatus dicitur, quia bonum fructum tulit.* Pas d'autre copie.

. Tous les sermons qui précèdent paraissent avoir été prononcés devant des moines, et, saint Bernard y étant souvent nommé, nous les croyons d'un moine cistercien. Nous tenons d'ailleurs pour certain que ces sermons ne sont pas antérieurs au xiiie siècle; on y cite, en effet, des livres d'Aristote que le xiie siècle n'a pas connus.

Fol. 105. *Eligite meliorem et eum...* — *Hæc verba misit Jehu ad optimates Samariæ, quæ satis competunt præsenti negotio.* Pas d'autre copie.

Cette affaire présente est l'élection d'un évêque. Le sermon dont nous venons de citer le début fut prononcé par un chanoine, dans un chapitre cathédral, avant l'ouverture d'un scrutin. Il n'est donc pas surprenant que le style de ce sermon soit beaucoup plus libre que celui des sermons précédents. Redoutant, comme il semble, le résultat du vote, le chanoine commence par mettre en doute l'honnêteté des électeurs. *Eligite meliorem*, écrit Jéhu aux *optimates Samariæ* ; mais aussitôt, s'écrie l'orateur, ces *optimates* où sont-ils ? Je les cherche et ne les vois pas. *Sed heu ! hodie plurimi, qui deberent esse optimates, facti sunt, ut ita dicam, pessimates.* Il est probable que ce jeu de mots fut accueilli par quelques murmures. Plus loin :

Nunc in quibusdam ecclesiis accidisse videtur quod in Isaia, I, dicitur : *Derelinquetur filia Sion sicut umbraculum in vinea*, et cet. Hujusmodi enim habitacula nunquam a custodibus frequentantur nisi quando sunt fructus in vinea vel in horto ; sic et plurimi clericorum raro vel nunquam frequentant ecclesias nisi propter fructus temporales, nec vadunt ad matutinas vel anniversaria nisi quando distribuenda est ibi pecunia, quam statim ut acceperunt terga vertentes recedunt.

Le reste est sur le même ton :

Si requirentur porci quam arborem eligi vellent in regem vel prælatum, libenter eligerent ilicem vel quercum. Sic clerici gulosi et luxuriosi nolunt prælatum eligere nisi qui bene pascat eos, et de tali fabricant idolum suum, scilicet qui epulatur quotidie cum sociis suis splendide.

Il n'y a que de bons conseils dans ce très long sermon ; mais ils sont donnés avec une grande rudesse. Quand on entend l'orateur qualifier avec si peu de charité les candidats qu'il tient pour suspects d'ambition, d'intrigue, d'hypocrisie, on est enclin à supposer que le sien avait toutes les vertus. Mais n'est-il pas habituel aux hommes de parti de croire ou de dire parfaits les prétendants qui se sont offerts pour les représenter et les servir ?

Fol. 115. *Visitabis fratres tuos...* — *Hæc verba dicit Isai David, filio suo. David gerit typum et figuram visitatoris.* Autre exemplaire anonyme : n° 15953 (fol. 56).

Ce sermon, intitulé, dans les deux manuscrits, *In visitationibus*, paraît être aussi d'un clerc séculier.

La fin du volume est occupée par un manuel de théologie morale, mal intitulé *Liber de pœnitentia*, que nous avons dans le n° 3124 (2057 de Colbert) sous le nom d'un frère Vincent. Ce frère Vincent est, suivant Échard et M. Daunou (1), Vincent de Beauvais. On n'en peut guère douter, le livre entier n'étant qu'un recueil d'extraits bien ordonnés. C'est ainsi que Vincent de Beauvais composait tous ses livres.

314

Ce volume nous offre d'abord, sous ce titre commun, *De viris illustribus*, les trois nomenclatures bien connues de saint Jérome, de Gennadius et de Sigebert. A la suite, un *Liber cujusdam*, sous le même titre, sur lequel nous avons plus à dire.

Un laborieux philologue, d'une érudition variée, Suffride Petri, publiait ce livre, pour la première fois,

____

(1) *Hist. littér. de la Fr.*, t. XVIII, p. 462.

en l'année 1580, sous le nom de Henri de Gand. Cette attribution aurait dû paraître au moins singulière. Cependant on ne s'avisa pas de la suspecter, et quand elle eut été confirmée par deux publications nouvelles du même opuscule, celle d'Aubert Lemire en 1639 et celle de Jacques-Albert Fabricius en 1718, elle eut dès lors acquis l'autorité de ces traditions dont on ne songe plus à rechercher ni l'origine ni le vrai sens. Un seul Henri de Gand était alors connu : c'était ce libre philosophe qui avait fait si grande figure, au xiiie siècle, même à côté d'Albert le Grand, de saint Thomas et Duns Scot. Nul autre que lui n'avait donc pu composer le petit manuel d'histoire littéraire qui portait son nom. Tel fut le sentiment de tous les bibliographes; ou du moins, dès que l'un d'eux eut porté cet écrit au catalogue des œuvres laissées par le philosophe, tous ceux qui vinrent ensuite firent de même. C'est pourquoi M. François Huet disait à bon droit, en l'année 1838, que pas un critique n'avait encore exprimé le moindre doute ni sur le nom ni sur la personne de l'auteur; que c'était pour tout le monde le célèbre et très justement célèbre Henri de Gand (1).

Mais de quoi ne doute-t-on pas aujourd'hui? Après avoir reconnu que plusieurs des notices insérées dans l'opuscule se rapportent à des écrivains morts après Henri, nous avons d'abord, en signalant ce fait, timidement troublé l'accord général qu'avait constaté M. Huet. L'attribution, si longtemps admise

(1) *Recherches hist. et crit. sur la vie et les ouvrages de Henri de Gand*, p. 75.

sans aucune méfiance, devait être, disions-nous, dis-
.cutée (1). Ayant donc ainsi posé la question, nous
avons ensuite formé le dessein de la résoudre.

Le premier éditeur du *Liber de viris illustribus* ne
s'est pas expliqué sur les raisons qui l'ont conduit à
nommer l'auteur de Henri de Gand. Ce nom peu vraisemblable, l'a-t-il trouvé quelque part ou l'a-t-il supposé? Voilà ce qu'il nous laisse ignorer; il n'y a pas
d'avertissement en tête de son volume. Mais, pour
Aubert Lemire et Fabricius, il s'agit indubitablement
du philosophe. Il est donc permis de les prendre à
partie et de leur demander s'ils ont quelque argument
à produire en faveur de leur opinion. Aubert Lemire
allègue le témoignage de Sanders, mais, comme Sanders n'en allègue pas un autre que celui de Suffride
Petri,ces deux témoignages se confondent en un seul,
dont l'insuffisance est reconnue. Ainsi nous avons à
faire l'enquête que Lemire et Sanders n'ont pas
faite.

Jean Capgrave mentionne Henri de Gand (il n'y
pouvait manquer) dans son *Liber de illustribus Henricis;* mais, s'il le signale comme un philosophe de
grande renommée, il laisse clairement voir qu'il ne le
connaît pas du tout comme historien (2). Après Jean
Capgrave , Philippe de Bergame paraît être le plus
ancien des chroniqueurs qui nous ont transmis quelques informations sur le même personnage, et celles
que nous tenons de lui sont particulièrement dignes
de confiance. Admirateur de son mérite et, comme il

(1) *Hist. litt. de la Fr.,*t. XXVII,.p. 105.
(2) *Liber de illustrib. Henricis,* cap. xi.

semble, partisan de sa doctrine, il cite et cite exactement presque tous ses ouvrages, sa *Somme de théologie*, ses *Quodlibeta*, ses commentaires sur les *Sentences*,
sur la *Physique* et la *Métaphysique* d'Aristote, etc. ;
mais, quant au traité diversement intitulé : *Liber de
viris illustribus* ou *de scriptoribus ecclesiasticis*, il n'en
dit rien (1). C'est en l'année 1483 que Philippe de
Bergame publiait sa Chronique. Dix ans après, Jean
de Trittenheim mettait la dernière main à son *Catalogue des écrivains ecclésiastiques*, manuel spécial et
précieux d'histoire littéraire, où nous trouvons aujourd'hui, soigneusement enregistrées, toutes les
notions alors acquises ou conservées sur les écrivains
des siècles précédents. Eh bien, quand ce bibliographe scrupuleux a successivement mentionné tous
les ouvrages à lui connus du célèbre Gantois, il a de
même gardé le silence sur le *Liber de viris illustribus* ;
ce titre manque dans sa notice comme dans celles de
Philippe de Bergame et de Jean Capgrave. Devons-
nous supposer, avec M. Lajard, que, si Jean de Trittenheim n'a pas cité ce livre, c'est qu'il en ignorait
l'existence (2) ? Nous avons, au contraire, à montrer
que la supposition de M. Lajard n'est aucunement
acceptable ; en effet, quatre petits articles de ce
livre, ceux qui concernent Odon de Cambrai, Aelred,
Gauthier de Lille, évêque de Maguelone, et le frère
Prêcheur Gérard de Liège (3), se retrouvent littéra-

(1) Philipp. Bergam. *Supplem. chronic.* ; ad annum 1301.
(2) *Hist. litt. de la Fr..*, t, XX, p. 201.
(3) Ces quatre articles sont sous les numéros 4, 13, 19 et 53 du
Liber de viris illustribus.

lement reproduits dans les articles plus étendus
que Jean de Trittenheim a consacrés aux mêmes
écrivains. Ainsi, l'on n'en peut douter, il a connu
le *Liber de viris illustribus;* mais il ne l'a pas
connu sous le nom du philosophe Henri de Gand.
Nous avons enfin, parmi les anciens bibliographes,
Jean van der Meulen (*Joannes Molanus*), qui composait, vers l'année 1575, une *Bibliothèque sacrée*
dont Aubert Lemire nous a communiqué, sans y
prendre assez garde, un fragment relatif aux écrits de
ce philosophe. Or le *Liber de viris illustribus* n'est pas
non plus cité dans ce fragment. Ainsi, notre enquête
achevée chez les anciens bibliographes, nous en pouvons sûrement conclure qu'avant l'année 1580, c'est-
à-dire avant la première édition du livre, aucun
d'eux n'en avait nommé l'auteur Henri de Gand.

Le premier éditeur avait-il rencontré par hasard
quelque manuscrit où se lisait le nom qu'il a simplement et naïvement transcrit? Cela n'est certes pas
impossible ; on sait, en effet, avec quelle liberté les
copistes du moyen âge assignaient un livre anonyme
à tel ou tel écrivain en renom. Cependant nous avons
vainement recherché ce manuscrit ou un semblable.
L'ouvrage a-t-il été souvent copié? Nous n'avons pas
lieu de le croire. En tout cas, les copies en sont rares
aujourd'hui ; nous n'en avons pu découvrir qu'une
seule, à la Bibliothèque nationale, dans ce n° 314
des Nouvelles acquisitions. Ce volume paraît être
des premières années du xiv° siècle. Mais le nom
de l'auteur ne s'y trouve pas. Il y a plus : le copiste
sincère à qui nous devons ce volume déclare expres-

sément que cet auteur est inconnu, puisqu'il intitule son livre, au feuillet 74 : *Liber cujusdam de viris illustribus*. A ce mot *cujusdam* est jointe, il est vrai, l'annotation suivante : *Est Henrici Gandavensis; quod attestor ego Aubertus Miræus*, 28 octobris 1639. Mais cette attestation est sans aucune valeur. En l'année 1639, venant de publier son édition, Aubert Lemire voit notre manuscrit, y trouve le livre attribué sans contestation, depuis plus d'un demi-siècle, à maître Henri de Gand, et, d'une main sûre, il atteste aussitôt la conformité du manuscrit et de l'édition donnée par Suffride Petri, par lui-même reproduite. Voilà tout ce que la note signifie et rien de plus.

Ainsi nous n'avons obtenu d'aucun éditeur, d'aucun bibliographe et d'aucun manuscrit un commencement de preuve relativement à l'auteur de cet opuscule quelquefois instructif, le plus souvent banal et sans intérêt. Voyons maintenant si l'opuscule lui-même ne nous offre pas certains indices qui pourraient suppléer aux témoignages absents.

Dans la notice sur Albert le Grand, on lit que ce docteur, ayant déjà fait beaucoup de livres, en fait encore. C'est pourquoi, suivant Échard, on doit tenir pour certain que le *Liber de viris illustribus* fut composé vers l'année 1274, Albert n'ayant rien écrit de notable après ce temps-là (1). Cette conclusion est peut-être trop rigoureuse. L'auteur nous semble avoir voulu dire, avec moins de précision, que, lorsqu'il

____

(1) Quétif et Échard, *Script. ord. Præd.*, t, I, p. 218.

faisait son livre, Albert le Grand était encore au nombre des vivants ; or on sait qu'il mourut le 5 novembre 1280. Quoi qu'il en soit, antérieur soit à l'année 1274, soit à l'année 1281, le *Liber de viris illustribus* contient certainement trois notices interpolées, celles qui, sous les n°s 56, 57 et 58, se rapportent aux trois moines d'Afflighem, Simon, Guillaume de Malines et Henri de Bruxelles. Sixte de Sienne nous assure, en effet, que Simon survécut à l'année 1300, et nous savons que Guillaume de Malines mourut en l'année 1297 (1), Henri de Bruxelles en l'année 1313 (2). Ces trois notices étant donc retranchées, interrogeons le reste.

Henri de Gand, à tort appelé, pendant longtemps, Henri de Goethals, fils d'un artisan, non d'un noble Gantois, s'étant pris de passion, dès sa plus tendre jeunesse, autant pour les lettres profanes que pour les lettres sacrées, fut, d'abord, dit-on, à Cologne, puis, plus sûrement, à Paris, un des auditeurs d'Albert le Grand. Il n'adhéra pas, ce qu'on lui reproche, à sa doctrine ; il se fit même un devoir, dès qu'il eut le droit d'enseigner, de la combattre ; mais il la combattit après l'avoir beaucoup étudiée, s'éloignant d'Albert pour s'éloigner d'Aristote et se rapprocher de Platon. Or voici comment s'exprime sur Albert le Grand l'auteur du *Liber de viris illustribus*, au n° 43 : « Albert, de l'ordre des frères Prêcheurs, lecteur du « couvent de cet ordre à Cologne, homme très « savant, a, dit-on, beaucoup écrit et écrit encore,

____

(1) *Hist. littér. de la Fr.*, t. XXI, p. 56.
(2) *Ibid.*, t. XXVII, p. 106.

« *multa et scripsisse fertur et scribere* ; mais je n'ai lu
« de lui, je l'avoue, que la première partie de ses
« postilles sur saint Luc ; et qu'il me soit permis de
« répéter sans l'offenser qu'au rapport de certaines
« personnes il obscurcit quelque peu le pur éclat de
« la théologie quand il vise trop à la subtilité de la
« philosophie profane. » Voilà donc comment Henri
de Gand aurait parlé de son propre maître ! « Il a,
dit-on, beaucoup écrit : » Henri ne sait cela que par
ouï dire ; il n'a « lu que la première partie de ses
postilles sur saint Luc. » Quoi ! pas un de ses commentaires sur la logique, la physique et la métaphysique d'Aristote ! Ces commentaires fameux que, sans
doute à regret, toujours, du moins, avec respect,
Henri de Gand a fréquemment censurés et qu'il a
même quelquefois cités, contre l'usage, sous le nom
de l'auteur encore vivant (1), il ne les a jamais lus, et
il l'avoue. Enfin il demande la permission de répéter,
sur le « rapport de certaines personnes, » qu'il y a
dans ces écrits trop de subtilités, trop de vieilleries
profanes. Et c'est là ce que répète, c'est là tout ce
que nous apprend sur le théologien le plus cir-
conspect, le plus réservé, qui pratiqua le moins l'art
des sophistes, un philosophe qui fut peut-être le plus
profane de son temps, qui fut certainement le plus
subtil avant Duns Scot !

Mais poursuivons. A l'école d'Albert, Henri de
Gand connut saint Thomas, et, saint Thomas étant
resté constamment fidèle à la doctrine d'Albert, Henri

____

(1) Le commentaire d'Albert le Grand sur le *Traité de l'âme* est
cité dans les *Quodlibeta* de Henri (quodlib. I, quæst. xii).

s'est déclaré contre le disciple aussi résolument, aussi franchement que contre le maître. Il y a plus : après avoir siégé dans cette assemblée de l'année 1277 où furent condamnées plusieurs propositions attribuées à saint Thomas (1), il a verbeusement commenté les termes de la sentence, et le soin qu'il a pris de la justifier fait soupçonner qu'il l'a dictée (2). Nul ne connaît mieux que lui saint Thomas, comme théologien et comme philosophe. Or quelle mention fait de saint Thomas l'auteur du *Liber de viris illustribus*? C'est incidemment qu'il parle de cet éminent docteur, à propos d'un autre, et voici tout ce qu'il dit de lui : « Thomas, de l'ordre des frères Prêcheurs, appelé « Thomas d'Aquin, écrivit contre le violent libelle de « Guillaume de Saint-Amour un écrit très subtil, où « sont démontrées et réfutées les erreurs dudit Guil- « laume (3). » Oui, c'est là tout. On a plusieurs fois remarqué l'étrange brièveté de cette notice, et l'on a joint à cette remarque des explications diverses, nous pouvons même dire tout à fait discordantes. Suivant les uns, Henri n'a pu traiter saint Thomas de cette façon que par envie; suivant d'autres, ayant à parler d'un tel adversaire au moment où sa mort venait de mettre en deuil un ordre tout entier, il s'est en quelque sorte contenté de le nommer, par convenance,

(1) Sa présence dans cette assemblée nous est connue par sa propre déclaration : «... In hoc concordabant omnes magistri theo- « logiæ congregati super hoc, quorum eram unus. » *Quodlibeta,* quodl. II, quæst. ix.)

(2) *Quodlibeta*; quodlib. II, quæst. viii. — *Hist. littér. de la Fr.*, t, XX, p. 147.

(3) Nº 45.

par charité, en bon chrétien (1). Entre une vertu rare
et un vice vulgaire l'option est assurément embar-
rassante ; mais, après tout, c'est pour le vice qu'il faut
opter, puisque l'auteur supposé du petit livre a traité
de même Albert et saint Thomas, le vivant et le mort.
On doit donc, en définitive, le tenir pour un historien infidèle, qui, n'ayant pas voulu faire connaître à
la postérité les écrits de ses glorieux rivaux, a feint de
ne pas les avoir connus lui-même.

Mais s'est-il montré, du moins, plus favorable aux
théologiens, aux philosophes du parti contraire ; nous
voulons dire aux théologiens, aux philosophes de
son propre parti ? Henri de Gand invoque souvent,
dans ses *Quodlibeta*, le témoignage de Guillaume
d'Auxerre (2) ; c'est un des maîtres contemporains
qu'il paraît avoir le plus estimés, et à bon droit. Eh
bien, ce théologien de grand mérite n'est pas même
nommé dans le *Liber de viris illustribus*. Il était, suivant le philosophe, une des lumières du siècle ; mais,
pour l'historien, il n'a pas vécu. Et le célèbre dicta-
teur de l'école franciscaine, Alexandre de Halès, à qui
tout réaliste platonisant devait en ce temps-là son
premier hommage, quelle opinion notre historien
professe-t-il sur ses écrits ? « Que le lecteur , dit-il,
« me pardonne si je ne lui fais pas connaître ce que
« contiennent les livres de ce docteur, car je n'en
« parle que pour en avoir entendu parler ; moi-même
« je ne les ai pas lus. »

Enfin le philosophe Henri de Gand était en 1278

(1) *Hist. litt. de la Fr.*, t. XX, p. 202.
(2) Notamment dans le *Quodlib.* IX, quæst. VIII et IX.

archidiacre de Tournai et mourut dans cette charge en
1293. Or comment l'historien parle-t-il de Guibert,
lui-même archidiacre de cette église en 1270, qui fut
un des écrivains les plus féconds et les plus estimés
de son temps ? Voici toute sa notice : *Wibertus Tornacensis dicitur scripsisse Hodœporicon primæ profectionis
piæ memoriæ domini Ludovici, regis Francorum, ad
transmarinas partes.*

Il nous semble que la démonstration est faite.
Évidemment ce contemporain d'Alexandre de Halès,
de Guillaume d'Auxerre, d'Albert le Grand, de saint
Thomas, de Guibert de Tournai, est demeuré tout à fait
étranger aux études, aux débats de l'école. Il est venu
jusqu'à lui que certains maîtres, appartenant aux ordres
nouveaux, se sont distingués ou compromis en usant de
méthodes dont l'abus peut avoir des suites fâcheuses ;
mais il n'a de cela qu'une vague notion, et le peu
qu'il en sait ne l'intéresse guère. Si donc il s'appelait
Henri et s'il était de Gand, ce que nous ne refusons
pas d'admettre (1), ce devait être quelque moine
cloîtré, noir ou blanc, ou quelque chanoine soumis à
la règle sévère de saint Augustin ; mais que désor-
mais on ne le confonde plus avec son homonyme,
le théologien abondant, le philosophe savant, ingénieux et profond, quoique, selon nous, dévoyé,
que l'Université de Paris a surnommé le Docteur
Solennel.

Notre volume contient aussi l'appendice imprimé

(1) Voir *Dernières découvertes* sur Henri de Gand, par M. de
Pauw ; *Compte rendu des séances de la Commission d'hist.* (Bruxelles) ; 1889, p. 46.

par Aubert Lemire sous ce titre : *Appendix Henrico Gandavensi subnecti solita.* Il a peu d'intérêt.

Au fol. 67, la traduction de quelques homélies de saint Jean Chrysostome par le diacre Anien, avec l'épitre à l'évêque Evangelus. Anien expose très clairement dans cette épitre pour quel motif il a traduit ces homélies. On l'accuse d'être pélagien ; il entend prouver que, s'il l'est, saint Jean Chrysostome l'est comme lui. L'épitre et la traduction ont été publiées dans le sixième tome des *OEuvres* de Bède, p. 823 et suiv.

Au fol. 104, *Hugo de S. Victore, De medicina animæ.* Une note du xvᵉ siècle nous invite à nous défier de ce titre. *In quibusdam antiquis libris,* dit la note, *scribitur auctor hujus operis mag. Hugo, prior S. Laurentii.* L'attribution de ces anciens copistes est la bonne ; l'auteur est en effet Hugues de Fouilloi, prieur de Saint-Laurent. Nous l'avons dit sous les nᵒˢ 3218, 12321, 14512 (1).

333

Ce recueil a, croit-on, été formé par un religieux cluniste du xvᵉ siècle. C'est une conjecture de M. Delisle à laquelle nous adhérons. Le temps où vécut ce religieux est attesté par son goût pour les écrits mystiques et par son ignorance en fait d'histoire littéraire. Ses attributions sont, en effet, le plus souvent erronées, et l'objet principal de cette notice sera de les rectifier.

(2) Tome I, pᵣ 205: t. II, p. 67; t. III, p. 15.

La feuille de garde nous offre d'abord quelques prières : à la vierge Marie, à sainte Apolline, etc.,etc. Elles ne paraissent pas avoir d'intérêt.

Nous avons ensuite, sous le nom de Hugues de Rome, le traité du cardinal Hugues de Saint-Cher, intitulé *Speculum ecclesiæ*, que d'assez nombreux manuscrits donnent faussement à Hugues de Saint-Victor. Nous l'avons déjà plusieurs fois rencontré (1).

Au fol. 17, *De duodecim fructibus sancti sacramenti altaris* commençant par : *Primus fructus est sanatio et mundatio animarum*. Le style de cette pièce prouve assez qu'elle est du xvᵉ siècle. C'est le style que nous appelons macaronique. *Domine*, s'écrie le pieux auteur, *omnia bona gratiæ tuæ sæpius perdidi ad hasardum peccati*. Tel était alors le latin des plus graves docteurs, même celui du chancelier Jehan de Gerson. Du Cange ne cite pas le mot *hasardum* ; mais il cite, sous le nom du chancelier, le mot *sentimentum*, qui n'est pas moins barbare. Quel besoin avaient-ils de fabriquer ces affreux mots-là ?

Au fol. 21, *Versus de Jesu glorioso nomine*. C'est le *Jubilus* attribué souvent à saint Bernard. Nous sommes las de répéter que c'est une attribution calomnieuse (2). La pièce n'est pas ici complète.

Au fol. 22, *Contemplatio passionis Jesu Christi quam composuit beatus Augustinus*, commençant par : *Septies in die laudem... — Rogasti me ut aliquem...* C'est ici que, pour la première fois, nous voyons cet

(1) Ci-dessus, p. 2 et p. 91.
(3) *Des poèmes lat. attrib. à S. Bernard*, p. 63. Voir tome V, p. 66.

opuscule mystique sous le nom de saint Augustin. Il
est anonyme dans les nᵒˢ 251, 259 de Cambrai, 3726
de Vienne, et dans deux volumes de Saint-Marc dé-
crits par M. Valentinelli (1); mais l'habitude des copistes est de l'attribuer à saint Bernard. Il est sous
son nom dans les nᵒᵒ 2499 (fol. 131) de notre ancien
fonds, 1168 de la Mazarine, 974 de Grenoble, 201,
551 de Cambrai, 493 des *Cod. Laud. miscell.*, à la
Bodléienne et dans un autre volume de Saint-Marc
indiqué par M. Valentinelli (2). Mabillon ne l'a pourtant pas admis dans les *OEuvres* de l'illustre abbé. Il
a jugé sans doute que cette emphatique déclamation
ne pouvait lui faire honneur. Il ne convient pas mieux
assurément de l'attribuer à saint Augustin, qui n'a
jamais si longtemps parlé pour ne rien dire. On l'a
publiée sous le nom de Bède; *Patrologie*, t. XCXIV,
col, 561. Sans plus de raison à notre avis. La dévotion
était, du temps de Bède, plus calme et moins bavarde.
Les anciens n'ont pas connu cette sorte de rhétorique; elle est moderne.

Au fol. 44, *Planctus beati Augustini de beata et
gloriosa semper Virgine Maria super passione Domini
nostri Jesu Christi;* commençant par: *Quis dabit capi-
ti meo aquam?...* — *O vos, filiæ Jerusalem...* C'est
là encore une attribution purement imaginaire. Nous
avons dit, sous le nᵒ 16499 (3), que cette pièce souvent copiée, quoique, selon notre goût, assez peu digne d'estime, a le plus souvent été donnée par les

(1) *Cod. Man. S. Marci*, t. II, p. 56, 187.
(2) *Ibid.*, t. II, p. 59.
(3) Tome V, p. 145.

copistes à saint Anselme et à saint Bernard. Elle est peut-être encore ailleurs sous quelque autre nom. On ne sait, en fait, quel en est l'auteur, et saint Augustin est le moins vraisemblable.

Aux feuillets 52, 54, 64, sous le nom de saint Anselme, trois oraisons qui ne lui peuvent être, croyons-nous, contestées. La première, commençant par *Terret me vita mea*, a été citée sous le n° 13576 (1). La deuxième, *Anima mea, anima ærumnosa*, paraît avoir été moins goûtée, car les copies en sont moins nombreuses. Quant à la troisième, *Anima christiana*, on n'a pas encore eu non plus l'occasion de la mentionner. Ces trois pièces figurent dans les *Œuvres* de saint Anselme, au tome CLVIII de la *Patrologie*, col. 722, 725, 762. Nous n'avons pas ici la fin de la troisième.

Au fol. 65, la dernière partie d'un traité dont le titre est, au fol. 68, *Speculum peccatoris beati Gregorii*. Ce traité n'est pas de saint Grégoire et n'a jamais été publié sous son nom.

Au fol. 68, sous le nom de saint Bernard, un autre *Speculum*, le *Speculum monachorum* qui commence par *Si quis emendatioris vitæ desiderio tactus*. Nous l'avons précédemment cité sous le n° 3218 et nous avons dit que, si plus d'un autre copiste le donne à saint Bernard, il semble être plutôt, comme le prétend dom Tissier, d'Arnoul, religieux de Bohéries (2).

Au fol. 70, sans nom d'auteur, un assez long frag-

(1) Tome II, p. 248. (2) Tome I, p. 205.

ment sur les devoirs des clèrcs officiants, intitulé *Ad hoc quod sacerdos digne celebret*, et dont voici les premiers mots : *Primo, ex parte conficientis, ad hoc quod aliquis digne conficiat*. Nous ignorons où le copiste a pris ce fragment. Les conseils qu'on y donne sont précis ; il n'y a pas là de paraphrases littéraires. Cependant quelques vers y sont cités ; ceux-ci par exemple :

> Tangere qui gaudes meretricem qualiter audes
> Palmis pollutis regem tractare salutis ?

Ce sont là des vers que nous ne lisons pas ici pour la première fois ; Jean de Vignai les a connus et transcrits dans sa *Margarita philosophiarum* ; n° 1038 de l'Arsenal, fol. 40, col. 2.

Après une page de plus courts extraits, les uns en prose, les autres en vers, des vers du XIIe siècle, nous avons, au fol. 76 : *Tractatus de honestate vitæ a beato Bernardo editus*. C'est l'écrit donné tantôt à saint Bernard, tantôt à Bernard *Silvestris*, dont il a été parlé sous le n° 13602 (1). On n'en a jamais connu l'auteur, qui n'est certainement ni l'un ni l'autre de ces Bernard.

Au fol. 85, une courte prière, que suivent d'autres extraits, des dits moraux, cités sous les noms des anciens Pères, de saint Bernard, de Sénèque.

Au fol. 88, des vers rythmiques à l'adresse des jeunes moines :

> Tu qui juste,
> Vel injuste,
> Hic fueris proclamatus...

(1) Tome II, p. 344.

Ces vers se lisent sous le nom de saint Bernard dans les n°s 641 de Munich et 933 de Saint-Gall. Ils sont anonymes, comme ils le sont ici, dans notre n° 15163 (1) et dans le n° 741 de Cambrai. Nous les croyons postérieurs de plus d'un siècle à saint Bernard (2).

Après une oraison et un extrait de saint Augustin, d'autres vers anonymes :

> Amor sponte cor afficit
> Et spontaneum efficit ;
>   Nulla cupit præmia.
> Amori non est angulus,
> Amori simplex oculus,
>   Nulla habet propria...

D'autres copies anonymes de ce petit poème nous sont signalées dans les n°s 77 de Charleville et 417 de la Palatine. Les deux premières strophes ont été publiées dans le catalogue de Charleville. Ce sont des vers pieux : Dieu seul est l'objet de l'amour ici chanté. Quant à l'auteur ignoré, c'est, à n'en pas douter, un contemporain de notre copiste.

Du fol. 91 au fol. 94, un extrait et des prières qui sont toutes modernes. Au fol. 94, sous le nom de saint Augustin, une longue oraison, qui commence par : *Dominator Domine, omnipotens rex cæli et terræ, da mihi peccatori confessionem quæ tibi sit placita.* C'est un moine qui fait cette prière; ce n'est donc pas saint Augustin. Ajoutons que ce moine s'accuse d'être ivrogne, gourmand et de venir tardivement

(1) Tome IV, p.326.
(2) *Des poèm. lat. attr. à S. Bern.* p. 52.

aux offices. Cela semble prouver qu'il vivait dans un temps où les anciennes règles étaient, comme on dit, tombées en désuétude.

Au fol. 79, l'hymne à la Vierge, commençant par :

> Ecce ad te confugio,
> Virgo, nostra salvatio...

Nous l'avons aussi dans les n°s 3639 (fol. 126) et 16295 (fol. 6). Elle encore dans les n°s 410 de l'Arsenal, 348 de Tours, 30 de la Palatine et 11325 de Munich. Elle n'est pas d'ailleurs inédite; M. Mone l'a publiée dans ses *Hymni latini,* t. II, p. 361. Le manuscrit de Munich est, dit-on, du XIIe siècle. Qu'on nous permette d'en douter.

Du fol. 100 au fol. 169, une longue série, rarement interrompue, d'oraisons en prose et en vers, que nous n'avons pas toutes ailleurs rencontrées. La plupart réclament une mention particulière.

Voici d'abord, sous le nom du pape Innocent, une prière à la Vierge, commençant par : *Obsecro te, domina sancta Maria, mater Dei, pietate plenissima.* Ce pape est-il le troisième ou le quatrième du nom ? Nous ne sommes pas, à la vérité, très curieux de savoir auquel des deux le copiste attribue cette pièce indigne de l'un de l'autre.

Au fol. 103 :

> O sancta Virgo virginum,
> Quæ genuisti Dominum...

Cette prose est pareillement anonyme dans notre n° 3639 (fol. 125). Pourquoi Beaugendre l'a-t-il publiée

sous le nom de Marbode (1)? C'est là ce qu'il a né-
gligé de nous apprendre. Peut-être n'avait-il pour le
faire aucune raison, bonne ou mauvaise. Plus d'une
attribution de Beaugendre est, nous l'avons constaté, de pure fantaisie.

Au fol. 104 et au fol. 106, encore sous le nom de
saint Augustin, deux prières, qui, ni l'une ni l'autre,
ne sont de lui. A la fin de la première, le pécheur
contrit supplie saint Martin d'intercéder en sa faveur
et d'obtenir son pardon. Or, on peut douter que saint
Augustin ait jamais entendu parler de saint Martin.

Au fol. 106 :

> Summe summi tu patris unice,
> Mundi faber et rector fabricæ...

Sur cette piéce, plus d'une fois imprimée sous le
nom de saint Bernard, nous avons donné, sous le
n° 15163, de courtes, mais suffisantes explications (2).
Assurément elle n'est ni de saint Bernard ni de son
temps.

Fol. 108, *Oratio ardentis desiderii ad Deum quam
beatus Anselmus composuit ;* commençant par : *Domine
Jesu Christe, redemptio mea.* Cette prière est, en effet,
imprimée sous le nom de saint Anselme dans le tome
CLVII de la *Patrologie,* col. 902. Mais elle l'est aussi
dans les *OEuvres* de saint Augustin; c'est le chapitre XLI des *Méditations* qui lui ont été, pendant
longtemps, attribuées. Il est aujourd'hui généralement admis que saint Augustin n'a pas tant médité, et

(1) *Hildeb. et Marb. Opera,* col. 1559.
(2) Tome IV, p. 322.

plus ou moins de manuscrits rapportent à saint Anselme la plupart des pièces que les anciens éditeurs de saint Augustin ont assez mal ordonnées sous ce titre commun de *Méditations*. Il nous semble que les derniers éditeurs de saint Anselme ont commis la même faute, associant à leur tour, sous le nom de saint Anselme, un nombre considérable de *Méditatations* et d'*Oraisons* qui ne sont pas toutes de la même plume. Nous lui laissons toutefois celle dont il s'agit ici, mais sans prendre l'engagement de ne pas la réclamer un jour pour quelque autre.

Au fol. 110, deux épigrammes anonymes. La première,

Est certum quod quinque modis gula damnat edacem...,

a déjà été citée sous le n° 17293 (1). Beaugendre, avons-nous dit, l'a crue d'Hildebert. La seconde,

Largus, amans, hilaris, constans (2) rubeique coloris...,

a été publiée sous le n° 14923 (3), comme étant encore inédite.

A la suite, sans indication d'auteur, la prose,

> Salve, mater Salvatoris,
> Vas electum, vas honoris,

qui, souvent imprimée, l'a toujours été sous le nom d'Adam de Saint-Victor (4). Aux copies indiquées par

---

(1) Tome V, p. 259.
(2) On lit ailleurs, au lieu de *constans*, *ridens*.
(3) Tome II, p. 307.
(4) L. Gautier, *OEuvres poétiques d'Adam de Saint-Victor*, p. 167.

le dernier éditeur ajoutons celles qui se trouvent
dans les n°s 3573 (fol. 218), 3639 (fol, 76) de notre
bibliothèque, 776 de l'Arsenal, 735 de Grenoble, 190
de Charleville, 150 des *Cod. Laud. misc.*, à la Bodléienne.

Au fol. 111, sans nom d'auteur, l'oraison *Maria,
tu illa magna Maria, tu illa major beatarum Mariarum.*
Elle est encore anonyme dans notre n° 15694 (fol.
167); mais le n° 103 de la Mazarine la donne à saint
Anselme, et elle a été publiée sous son nom dans le
tome CLVIII de la *Patrologie,* col. 952.

Au fol. 118, *Horæ de passione Christi.* Sbaraglia
prétend que ces heures ont été composées par saint
Bonaventure, et telle est aussi l'opinion du P. Bonelli.
Ajoutons qu'elles sont imprimées dans le recueil de
ses œuvres. Mais Oudin et d'autres critiques se déclarent contre cette attribution, qui ne paraît pas, en
effet, bien justifiée.

Au fol. 121, *Oratio quam composuit beatus Ambro-
sius;* commençant par : *Summe sacerdos et vere ponti-
fex.* Cette prière est-elle de saint Ambroise? Les Bénédictins ne l'ont publiée que dans l'appendice de ses
Œuvres, p. 489. Elle est, suivant Gerberon, de saint
Anselme, et sous son nom elle figure dans le tome
cité de la *Patrologie,* col. 921. Nous la voyons anonyme dans les n°s 172 de Laon, 1748 de Troyes et
dans un manuscrit de la Laurentienne décrit par
Bandini (1).

Au fol. 124, sans nom d'auteur, l'oraison *Cons-*

____

(1) Bandini, t. IV, col. 525.

cientia culpabilis, vitæ (lisez *vita) trepidus et anxius.*
Elle paraît être aussi de saint Anselme et a été publiée
dans ses *Œuvres,* au tome cité de la *Patrologie,*
col. 926.

Au fol. 125, *Oratio quam composuit beatus Thomas
de Aquino,* commençant par : *O pius et misericors
Deus, ecce accedo.* On ajoute : *Et dicitur ante missam
a sacerdote.* Saint Thomas avait dès le xvᵉ siècle, on
ne s'en étonne pas, sa légende. On disait donc qu'il
avait coutume de réciter cette prière avant de revêtir les habits sacerdotaux, et l'on croyait en conséquence qu'il l'avait lui-même composée. C'est là,
du moins, ce que raconte Jean de Valladolid. Mais
Échard répète cela sans trop y croire. Il ne connaît
pas, dit-il, de copies anciennes de cette prière ni des
autres qu'on s'est cru le droit d'imprimer sous le nom
de saint Thomas (1). Il ajoute qu'elles sont pieuses
sans doute, mais qu'elles manquent d'élégance. Il
aurait pu faire remarquer que celle-ci débute par un
grossier solécisme. Comme il nous serait pénible de
l'attribuer à saint Thomas, nous tenons pour une
simple fable la légende recueillie par Jean de Valladolid.

Au même feuillet, sans nom d'auteur, deux autres
prières. La première, commençant par *Si tantum,
Domine, reatum delinquentiæ...* a été publiée sous
le nom de saint Anselme, au tome cité de la *Patrologie,* col. 926. La seconde, *Conscientia quidem trepida ,*
est sous le même nom dans le même tome, col. 925.

____

(1) Quétif et Échard, *Script. ord. Præd.*, t. I, p. 344.

Au fol. 129, pareillement anonyme, l'hymne dont
tels sont les premiers vers :

> Ave, mundi spes, Maria,
> Ave mitis, ave pia ;
> Ave Virgo, mater Christi...

C'est une hymne célèbre, qu'on a donnée tantôt à
Célestin V, tantôt à Innocent III. On la peut lire dans
les *OEuvres* d'Innocent, *Patrologie*, t. CCXVII, col. 917·
Elle a été aussi publiée par M. Mone, *Hymni*, t. II,
p. 303, par M. Milchsack, *Hymni*, p. 211, et par
d'autres.

Au même feuillet :

> Ave, tu es paradisus in quo Deus graditur...

M. l'abbé Chevalier n'a rencontré qu'une copie de
cette oraison. C'est celle que nous avons ici (1). Nous
croyons donc que cette pièce, d'ailleurs peu louable,
est inédite.

Au fol. 131 :

> Ave, Dei genitrix, pia consolatrix,
> Desolatum refove, gemma confortatrix...

Cette copie est aussi la seule que mentionne
M. l'abbé Chevalier (2).

Au même feuillet :

> Ave, lumen gratiæ,
> Fons misericordiæ,
> Virgo fœcundata,
> Radix innocentiæ...

(1) Chevalier, *Repertor. hymn.*, p. 127.
(2) *Ibid.*, p. 105.

Un autre exemplaire de cette prose est dans le n° 805 de Grenoble.

Au fol. 132, sous le nom de Joseph d'Arimathie :

> Salve, mater misericordiæ,
> Mater Dei et mater gratiæ...

Le bon moine à qui l'on avait dit que l'auteur de cette prose était Joseph d'Arimathie, et qui le croyait, pouvait tout croire. Mais, quoique venue, dit-on, de si loin et sous un tel patronage, la prière ne paraît pas avoir eu beaucoup de succès. On ne nous en indique pas, en effet, une autre copie. Cela doit surprendre.

Au fol. 136, *Oratio quam composuit beatus Anselmus;* commençant par : *O beatissima et sanctissima semper virgo Maria.* Cette oraison est, en effet, sous le nom de saint Anselme dans le tome CLVIII de la *Patrologie,* col. 942. Mais on a douté qu'elle soit de lui (1). C'est un doute dont nous louons la prudence.

Au fol. 138, sans nom d'auteur, *Sancta et inter sanctos post Deum singulariter sancta Maria.* Nous avons d'autres copies anonymes de cette oraison dans les n°ˢ 2476 (fol. 100) et 15694 (fol. 166). Mais elle paraît être de saint Anselme, et a été publiée sous son nom au même tome de la *Patrologie,* col. 948. Est encore, dit-on, de saint Anselme la prière suivante, fol. 141, qui débute par *Virgo mundo venerabilis;* elle est imprimée dans le même tome, col. 950.

Au fol. 148, une prose anonyme :

> Salve, sancta facies
> Nostri redemptoris...

(1) *Hist. lit. de la Fr.,* t. IX, p. 430.

Cette prose, dont les copies abondent, quoiqu'elle soit sans mérite, a été publiée par M. Mone, *Hymni*, t. I, p. 155.

Au fol. 149, *Recordatio verborum B. Anselmi, Cantuariensis archiepiscopi ;* commençant par : *Licentia multos decipit.* Ce fragment est, sous le même titre, dans le n° 1037 de la Mazarine, fol. 9. Il est tiré de la *Vie* de saint Anselme par Eadmer, livre II, ch. xv.

Au fol. 150 : *Epistola B. Anselmi de orationibus ad sanctam Mariam.* C'est la lettre d'Anselme à Gundulf, qu'on peut lire dans le tome CLVIII de la *Patrologie*, col. 1086.

Voici, du fol. 150 au fol. 157, d'autres oraisons ou méditations attribuées à saint Anselme, et que précède le prologue imprimé dans la *Patrologie*, col. 709. Mais les pièces qui suivent ce prologue ne se succèdent pas en même ordre dans notre manuscrit et dans l'édition. Il nous faudrait donc désigner particulièrement chacune de ces pièces, quand nous n'aurions pas à faire d'autres remarques sur les unes et les autres.

La première, *Omnipotens et pie Domine*, est dans le volume cité de la *Patrologie*, col. 908. — La deuxième, *Domine, Deus omnipotens, da cordi meo...*, est à la col. 877. Mais cette oraison est bien plus longue dans notre manuscrit que dans l'édition ; elle est dans l'édition, divisée, et notre seconde partie, commençant par *Invoco te, Deus meus*, est, dans l'édition, la première de l'oraison II, col. 858. On se dit certain que ces deux parties, unies ou séparées, appartiennent à saint Anselme. Elles ont été néanmoins publiées dans les *OEuvres* de saint Augustin : ce sont les six premiers chapitres de ses prétendues *Méditations* et une partie du septième. — La troisième des prières que nous avons ici sous le nom de saint Anselme commençant par *Quo, nate Dei*, est, dans l'édition, la suite de l'oraison II, col. 861, 862. Dans les *Méditations* de saint Augustin, c'est la fin du chapitre VII.

A la suite, plusieurs autres prières, que notre manuscrit semble attribuer à saint Anselme, mais que nous ne trouvons pas dans l'édition de ses *OEuvres*. Les deux premières sont adressées à Marie Madeleine, et l'une d'elles, la seconde, est une prose rimée, qui commence par :

> O piissima peccatrix,
> Pedum Christi lavatrix...

Nous n'apprenons pas qu'elle ait été publiée. Mais elle ne nous paraît pas mériter de l'être. Il est vrai qu'aujourd'hui l'on publie toutes celles qu'on rencontre, leur trouvant sans doute des beautés qui nous échappent.

L'oraison suivante est au Saint-Esprit : *Adsis mihi Christe, sancte Spiritus. Oro, supplico, genua cordis et corporis flecto.* Cette langue ne nous semble pas être celle de saint Anselme.

Fol. 159, à Dieu le Père : *Domine, Deus omnipotens, qui sedes super cherubin.* Nous ne connaissons pas une autre copie de cette prière. Ni de cette autre qui est au même feuillet : *Domine, Deus omnipotens, magne et metuende.* Ni de la suivante : *Domine, Deus omnipo-*

tens, trinus et unus Deus... Mais nous constatons que celle-ci commence par plusieurs phrases presque littéralement empruntées à une pièce publiée sous les noms de saint Augustin et de saint Anselme.

Au fol. 161, *Oratio super septem psalmos pœnitentiales*, commençant par : *Suscipe, Domine sancte, pater omnipotens æterne, per unigenitum filium...* Nous n'en connaissons pas l'auteur. Ni celui de la pièce suivante, qu'un moine quelconque a plus tard barrée, et dont tels sont les premiers mots : *Domine sancte, æterne Deus, in illa sancta custodia in qua commendasti spiritum...*

Ensuite, deux autres oraisons de saint Anselme, sous son nom. La première, adressée à saint Jean-Baptiste, est imprimée dans le volume souvent cité de la *Patrologie*, col. 969. La seconde, à la croix, se lit à la col. 935 du même volume.

Au fol. 165, sous le nom du pape Grégoire, l'hymne *Stabat mater dolorosa*, si souvent publiée. L'opinion des nouveaux critiques est que cette oraison célèbre est du Mineur italien Jacopone de Todi, qui mourut en 1306. Il est, du moins, certain qu'on n'en connaît pas de copies antérieures au xiiie siècle.

Au fol. 166, une prose en l'honneur de saint Jean-Baptiste :

> O Joannes gloriose,
> O Baptista generose,
> O martyr beatissime...

Nous n'avons pas rencontré d'autres copies de cette prose.

Au même feuillet une oraison anonyme, commençant par : *Ad te, Domine, lacrymabiliter ingemisco.* Au feuillet suivant, une autre, commençant par : *Domine, Jesu Christe, inæstimabilis misericordiæ.* Le début de celle-ci est la reproduction presque sans changements de l'oraison huitième de saint Anselme (*Patrol.* col. 876). Au fol. 168, sans nom d'auteur, son oraison neuvième (*Patrol., ibid.*) dont nous croyons devoir signaler une autre copie anonyme dans le n° 863 de Grenoble.

Au fol. 168, sous le nom d'un pape Boniface, une courte prière qui commence par : *Deus, qui voluisti pro redemptione mundi a Judæis reprobari...* Nous ne savons quel est ce pape Boniface, et l'attribution nous est très suspecte.

Au fol. 169, sous le nom de saint Thomas d'Aquin, une autre oraison dont voici les premiers mots : *Concede mihi, misericors Deus, quæ tibi placita sunt ardenter concupiscere.* Elle se trouve, dit Échard, dans quelques missels, et communément, sur la foi d'une vague tradition, on la donne à saint Thomas ; mais il n'est pas du tout certain qu'il en soit l'auteur (1).

Au même feuillet, *Tabula fidei christianæ.* C'est une simple nomenclature des vertus cardinales, des péchés mortels, des préceptes de la loi, des joies du paradis, des supplices de l'enfer, des articles de la foi, etc, etc.

Au fol. 172 : *Liber Supputationum seu Supplica-*

____

(1) *Script. ord. Præd.* t. I, p. 344.

tionum beati Augustini, de divinis scripturis collectus.
Ce livre est composé de six parties que nous devons
successivement décrire. La première, commençant
par *Te Deum patrem ingenitum,* nous offre les chapitres XI-XVII des *Méditations* publiées sous le nom de
saint Augustin. Ces chapitres n'ont pas été réclamés
par les éditeurs de saint Anselme. Ils lui sont pourtant attribués par plusieurs manuscrits, notamment
par les nᵒˢ 839 de Grenoble et 245 de Metz, et, si cette
attribution n'est pas bien fondée, celle de notre
volume ne paraît pas l'être mieux. — La seconde
partie, que composent les chapitres XVIII-XXV des
Méditations de saint Augustin, est aussi, dans le nᵒ 839
de Grenoble, sous le nom de saint Anselme. Mais le
rédacteur du catalogue des manuscrits de Grenoble
suppose à tort que cette méditation est celle qui,
dans les *OEuvres* imprimées de saint Anselme, figure
sous le nᵒ XVIII. Si la dix-huitième méditation de
saint Anselme commence, en effet, comme la dix-
huitième de saint Augustin, elle ne continue pas
de même. Il y a un plagiaire ; mais nous ne saurions le nommer. Ce n'est pas certainement saint
Augustin : mais ce n'est peut-être pas non plus saint
Anselme. — La troisième partie contient les chapitres XXVII-XXXIII des *Méditations* de saint Augustin.
Nous n'en connaissons pas de copie sous le nom de
saint Anselme. — Au contraire, la quatrième partie,
qui est le chapitre XXXV des *Méditations* de saint
Augustin, se lit tout entière parmi les *Oraisons* de saint
Anselme ; c'est la dix-septième ; *Patrol.,* col. 894. —
De même la cinquième partie, qui répond au chapi-

tre xxxvi de saint Augustin, est l'oraison seizième de saint Anselme. — Enfin la sixième partie est, chez saint Augustin, le chapitre xxxvii des *Méditations,* et, chez saint Anselme, ce chapitre divisé se retrouve, mais avec de notables différences, dans les *Oraisons* xviii et xix. Ces différences sont quelques phrases en moins et beaucoup en plus.

Du fol. 194 au fol. 198, des extraits de saint Isidore. Ce sont des préceptes, des conseils, des maximes. L'auteur est indiqué.

Au fol. 198, *Liber Soliloquiorum animæ ad Deum, doctoris eximii beatissimi Augustini.* Il est depuis longtemps reconnu que ces *Soliloques* ne sont pas de saint Augustin. Après avoir admis les *Méditations* parmi ses œuvres authentiques, les éditeurs de Louvain, ont expressément déclaré qu'ils ne pouvaient faire le même honneur aux *Soliloques.*

Au fol. 226, encore sous le nom de saint Augustin et sous ce titre, *Liber de salute animæ,* le *Manuale* que divers manuscrits attribuent à saint Augustin, à saint Bernard, à saint Anselme et qu'on a maintes fois publié sous les noms de saint Augustin, de saint Anselme, de Hugues de Saint-Victor (1). Mais il n'est ni des uns ni des autres : c'est un pot-pourri, composé de phrases empruntées aux divers auteurs à qui les copistes l'ont tour à tour attribué. Il est intitulé, dans le n° 63 de Charleville, *Elegantiora dicta sanctorum.* De tous les titres c'est le plus exact.

A la suite, du fol. 234 au fol. 238, plusieurs orai-

____

(1) *Les OEuvres de Hugues de Saint-Victor,* p. 183.

sons, pour la plupart en vers rythmiques. De
celles-ci la première commence par :

> Jesu, summa benignitas,
> Mira cordis jocunditas...

Ce début appartient au poème *Jesu, dulcis memoria,*
souvent publié sous le nom de saint Bernard. Le
reste est peut-être pris ailleurs. La seconde,

> Jesu, decus angelicum,
> In ore dulce canticum...,

est dans un grand nombre de bréviaires, soit inédits,
soit imprimés. On en cite, en outre, plusieurs éditions
séparées (2).
La troisième,

> Jesu, cum digne nesciam
> Loqui de te, non sileam...,

et la quatrième,

> Jesu, lucis in solio,
> Solis amictus radio,

nous étaient jusqu'à ce jour inconnues. Elles appartiennent, pensons-nous, à quelque rimeur du xve siècle. Mais nous connaissions la quatrième,

> Ave, Jesu conditor, veritas et vita,
> Via, virtus, gratia, salus infinita... ;

et, l'ayant rencontrée sous le nom de saint Bernard,
nous avons protesté contre cette attribution inconve-

____

(2) Chevalier, *Thes. hymn.*, p. 573.

nante (1). M. Mone l'a publiée d'après un manuscrit anonyme : *Hymni*, t. I, p. 337.

Au fol. 233, *Liber beati Bernardi de Conscientia;* commençant par : *Domus hæc in qua habitamus.* C'est, en effet, à saint Bernard que la plupart des manuscrits rapportent cet écrit. Mais d'autres le donnent à saint Anselme, à Hugues et à Richard de Saint-Victor. On ne saura probablement jamais quel en est l'auteur véritable (2).

335

Ce volume, venu de Cluny, commence par l'*Ars prædicandi* d'Alain de Lille. Les copies conservées de cet ouvrage célèbre sont très nombreuses ; mais elles sont loin d'être toutes bonnes. Ne négligeons donc pas de signaler celle-ci, qui paraît avoir été faite par un scribe lettré.

Cependant elle n'est pas, il s'en faut bien, ce que nous avons ici de plus intéressant. La seconde partie du volume, du fol. 78 au fol. 119, nous offre en effet, vingt-quatre sermons d'Alain de Lille, qui tous, à l'exception d'un seul, sont partiellement ou totalement inédits. Le sermon qui seul est imprimé l'a été par nos soins dans un *Mémoire sur la vie et quelques œuvres d'Alain de Lille* (3). Ajoutons que nous avons donné dans ce *Mémoire*, sur chacun des vingt-quatre sermons ici réunis, des explications qu'on nous dispense sans doute de reproduire.

(1) *Des poèmes lat. attr. à Saint Bernard*, p. 77.
(2) *Les OEuvres de Hugues de Saint-Victor*, p. 181.
(3) *Mém. de l'Acad. des Inscriptions*, t. XXXII, 1re partie.

Certainement on nous saura meilleur gré de tirer des ténèbres un autre sermon de ce théologien disert, qui fut en même temps un poète inventif et un orateur de très noble tenue. Voici ce sermon :

Cum natus esset Jesus, Hierosolymis, in diebus Herodis regis, ecce magi ab oriente venerunt, dicentes : « Ubi est qui natus est rex Judæorum (1)? » In civitate Judeæ minima, inter omnes civitates magis dejecta, nascitur Christus, ut ex loci humilitate significaret infirmitatem humilitatis propriæ ; et qui in mundi diversorium venerat nascitur in diversorio, et qui nos pascere venerat nascitur in præsepio, et sic frumentum angelorum factum est fœnum hominum. Fœno involvitur, nascitur in diebus Herodis alienigenæ, tempore proselyti, quodam modo factus proselytus, quia de lege poli transiit in legem soli. In diebus crudelitatis nascitur pietas, in tempore tyranni nascitur caritas. Dum rex superbit terrestris in sericis, rex cælestis humiliatur in vilibus pannis ; rex terrestris sedet in palatio, rex cælestis humiliatur in diversorio. O res stupenda, o res præ omnibus admiranda ! Filius Herodis jacet in purpura, filius Dei in sola terra ; a regibus contemnitur... (2) ; filius pauperis virginis jacens in penula a regibus honoratur. Unde sequitur : Venerunt tres magi ab oriente Hierosolymam, dicentes : « Ubi est qui natus est et cet. ? » Isti dicti sunt magi non a magica arte, sed a magnitudine scientiæ, natura philosophiam edocti, divina inspiratione muniti ; stella duce, quærunt solem justitiæ. Ecce Lucifer nuntians solis ortum ; ecce novus Lucifer prædicat novum diem ; ecce, recedente nocte ignorantiæ, apparet Lucifer nuntius cælestis auroræ ; ecce præco novæ lucis excitat dormientes a somno corporis. Reges ab oriente veniunt ut verum orientem inveniant ; a natalibus locis peregrinant ut illum qui de cælis peregrinavit accipiant ; reges regem, peregrini peregrinum, terrestres magi cælestem magum, orientales orientem postulant. De hoc ordine dicitur : « Visitavit nos oriens ex alto (3) » ; et

(1) *Evang*. Matthæi, II, 1.
(2) Nous supposons qu'il manque ici quelque chose.
(3) *Evang*. Lucæ, I, 78.

alibi : « Oriens nomen illi (1) ». Erubescat ergo Judæa; angelus prædicat Christum, stella prædicat solis ortum, gentilis adorat, propheta præconatur et clamat. Tres illi reges tria munera offerentes significant tres animæ potentiales vires, quæ eleganter dicuntur reges quia animam regunt et ad viam regalem dirigunt : hæ sunt ratio et intellectus et intelligentia ; hæ ab oriente peregrinant, quia a cælesti oriente, id est a Deo, in animæ dotes transmigrant. Per myrrham, quæ cadaveribus mortuorum apponitur, historia figuratur, quia ipsa circa res caducas et transitorias vertitur ; et sicut myrrha in se nullam habet dulcedinem, sic historia animæ nullam affert delectationem; hanc offert ratio, quia circa historialia ejus versatur consideratio. Per thus, quod miram parit fragrantiam, figuratur tropologia, sive moralitas, quæ circa mores et hominum informationes vertitur. Hæc mirabilem animæ offert suavitatis odorem. Hanc offert intellectus, quia circa formas ejus versatur intuitus. Per aurum significatur anagoge, id est cælestium consideratio, quæ, sicut aurum inter metalla prærogativam retinet, sic anagoge inter intelligentias monarchiam retinet. Unde anagoge quasi sursum doctrina. Hanc offert superior animæ potentia, id est intelligentia, quæ sola contemplatur divina. Hæc munera Christo offerunt, stella duce, quia mediante divina inspiratione prædictæ animæ potentiæ tres prædictas intelligentias offerunt Christo, id est ipsius intelligentiæ, ut de ipso habeatur cognitio. Nec vacat a mysterii ratione quod supra domum apparuit stella, quia mentem humanam in qua nascitur Christus per gratiam illuminat propitiatio divina. Unde quantum ad mysterium eleganter in Bethleem nascitur, quæ domus panis interpretatur, per quam mens humana figuratur, quæ domus panis efficitur cum panis qui de cælo descendit in ea per gratiam oritur ; ille, inquam, qui cum esset panis angelorum, factus est lac parvulorum ; cum esset solidus cibus in patria, factus est liquidus in via. Dies autem iste solemnitate donatur quia tali die stella magos adduxit ad Christum, Christus venit ad baptismum, aquam commutavit in vinum. Hac die gentilis adorat, Pater Filium prædicat, Christus nuptias

(1) Zachar. VI, 12.

miraculo honorat. Unde et primum miraculum epiphania
dicitur, quia stella de sursum supra domum apparuit. Secundum, theophania quasi Dei apparitio, quia Deus Pater
voce intonuit, Spiritus sanctus in specie columbæ apparuit,
Christus a Joanne baptismum suscepit. Per quod figuratur
quod ille qui baptismo pœnitentiæ baptizatur filius Dei efficitur; hunc Pater filium suum profitetur; in hunc descendit
Spiritus sanctus, in columbæ specie, quia ei confert virtutem simplicitatis et innocentiæ. Tertium vero miraculum
bethphania, quasi apparitio in domo, quando in domo mutata est aqua in vinum. Per hoc autem quod in nuptiis mutavit aquam in vinum figuratur quod in illis nuptiis quas
celebravit Christus in thalamo uteri virginalis, uniendo
humanam naturam divinæ, mutavit insipiditatem antiquæ
in saporem legis novæ. In hac domo virginalis uteri quasi
triclinium erat ordo trium virtutum, humilitatis, virgini-
tatis et caritatis. Architriclinus Christus, quasi princeps
triclinii. Ibi triplex aqua in triplex vinum mutata : pœna
in pœnitentiam, austeritas in gratiam, miseria in misericordiam (Fol. 93).

Ce n'est pas là certainement un sermon banal. On
peut même dire qu'il est très original, car il y a, sans
contredit, un étrange abus de l'esprit. Mais on n'abuse
que de ce qu'on a. Rien ne nous prouve, d'ailleurs,
que ce sermon ait été prononcé ; c'est peut-être une
œuvre littéraire. Quoi qu'il en soit, nous l'avons mis
en lumière pour montrer, ce dont nous avons beaucoup d'autres preuves, qu'Alain de Lille fut un des
écrivains les plus ingénieux de son temps.

338

Un recueil de sermons occupe tout ce volume,
venu de Cluny. Ce recueil a-t-il été formé par un
moine ? On peut le croire, car. parmi tous les ser-

mons qui le composent, il n'y en a pas un peut-être
où ne se trouve quelque censure plus ou moins vive
du clergé séculier. Ce sont, d'ailleurs, des sermons
graves, sans mélange de latin et de français, presque
sans indécentes facéties, où ne se trouve rien qui
puisse choquer un moine du XIIIe siècle.

C'est à Paris, croyons-nous, que furent prononcés
tous ces sermons et, comme on le verra, vers l'année 1230.

N'ayant rencontré d'autres copies que du plus petit
nombre, nous regrettons beaucoup que le texte de notre manuscrit soit si défectueux. Le copiste avait une
belle main ; mais il n'était pas assez lettré pour bien
comprendre ce qu'il avait été chargé d'écrire. C'est pourquoi nous avons à lui reprocher tant d'incorrections.

Ainsi que nous l'avons fait en décrivant d'autres
recueils semblables, nous rapprocherons sous les
noms des auteurs leurs sermons dispersés dans le
volume. Nous finirons par la mention des sermons
dont les auteurs nous sont restés inconnus.

ÉTIENNE, archidiacre. Il s'agit, croyons-nous,
d'Étienne, archidiacre de Paris, de l'année 1224 à
l'année 1238. Il est souvent cité dans le *Cartulaire*
de cette église ; mais il ne paraît pas l'être dans
l'*Histoire littéraire*. Nous n'avons de lui, dans ce
recueil, qu'un seul sermon :

Fol. 16. *Sermo archidiaconi Stephani, dominica
ante festum beati Dionysii, apud S. Jacobum, —
Magister, quod est maximum mandatum ?... —
In Proverbiis : « Cor sapientis erudit os ejus... » In
verbo isto confidentes...*

Les religieux dominicains, nouvellement établis rue Saint-Jacques, ont prié l'archidiacre de Paris de vouloir bien venir prêcher devant eux. C'est un désir auquel celui-ci n'a pu, dit-il, refuser de satisfaire. Il se considère pourtant, puisqu'il est séculier, comme peu digne de parler à des réguliers. Tel est son exorde. Le reste est banal.

ÉTIENNE BÉROUT. — Étienne Bérout, chanoine régulier de Sainte-Geneviève, qui fut plus tard doyen de Laon, n'est mentionné dans l'*Histoire littéraire* (1) que comme auteur d'un fragment de sermon conservé dans le nº 16502 (fol. 38). De lui nous avons deux sermons entiers dans notre volume.

Fol. 130. *Sermo mag. Berordi, dominica qua cantatur Reminiscere. — Hæc est voluntas Dei sanctificatio... Isaias : « Populus meus lex... » — Per populum Domini minores, scilicet laici, designantur.*

Voici tout entière la première phrase de ce discours :

Per populum Domini minores, scilicet laici, designantur, qui legem Domini scriptam in corde habent ; clerici autem legem habent scriptam in quaternis et ob hoc gratiam bene operandi amiserunt.

Ainsi la vie des clercs (il s'agit, bien entendu, des clercs séculiers) est moins conforme à la loi de Dieu que celle des laïques. Les savants ne valent pas, quant aux mœurs, les ignorants. Mais cela n'empêche pas l'orateur de tenir à paraître très savant. En effet, combien de textes il cite, et sacrés et profanes ! Mais

(1) Tome XXVI, p. 401.

il les cite sans doute d'après les manuels. Il a donc
pu vouloir paraître ce qu'il n'était pas.

Fol. 188. *Sermo mag. Stephani Berordi, in festo
beati Marci, evangelistæ. — Leo, fortissimus bestia-
rum... — Si verbum istud diligenter attendimus, re-
periemus quæ continent felicitatem nostram et quæ
miseriam.*

Ces deux sermons d'Étienne Bérout sont l'un et
l'autre dépourvus de tout intérêt. Puisqu'on nous
les a transmis, on a dû les trouver ingénieux. Mais
pourquoi? Sans doute parce qu'il n'y a rien de
simple, rien de clair, et qu'on prise volontiers les
énigmes qu'on se félicite d'avoir laborieusement de-
vinées.

EUDES DE CHALONS. — L'auteur est nommé dans
le manuscrit *Od. Cathal.* Nous lisons, avec M. Delisle,
Odonis Cathalaunensis ; mais nous confessons ne pas
connaître d'ailleurs cet Eudes de Châlons. Il n'est ici
représenté que par un sermon :

Fol. 126. *Sermo mag. Od. Cathal., prima dominica
Quadragesimæ, factus apud sanctum Jacobum. — Dominum Deum tuum adorabis... Amos IV : « Ecce ego
prohibui a vobis imbrem... » — Mensis dicitur a mene.*

Appelé « maître » et non « frère », Eudes de Châlons
était donc un clerc séculier. Encore un séculier prêchant devant les religieux de la maison de Saint-Jacques. Son sermon dépasse un peu la mesure ordinaire; mais il n'offre rien qui soit à remarquer, si ce
n'est une phrase contre les curés qui mettent leurs
blés en réserve pour les vendre plus cher quand le
marché sera moins fourni, et une autre contre les

cupides possesseurs de doubles bénéfices. Ces deux phrases l'ont sans doute fait copier.

EUDES DE CHATEAUROUX. L'œuvre parénétique de cet illustre cardinal est très considérable ; ayant formé lui-même plusieurs collections de ses sermons, il en a fait faire sous ses yeux des copies très soignées, qu'il a données à des amis ou léguées par testament à divers établissements religieux.

Ceux que contient notre volume ont un caractère particulier. Au nom de l'auteur n'est joint aucun titre. Cela semble prouver qu'il les a prononcés avant l'année 1238, n'étant pas encore chancelier de l'église et de l'université de Paris. On pourra remarquer que plusieurs de ces sermons ressemblent beaucoup à certains autres, composés sur les mêmes thèmes, qu'on lit dans les collections qu'il a plus tard lui-même ordonnées, habitant alors Pérouse, Viterbe, Orvieto. Il nous paraît évident que le cardinal a dans sa vieillesse, par souci de la postérité, mis une dernière main à d'anciens écrits par lui conservés, dont il n'était pas mécontent, mais qu'il croyait pouvoir améliorer encore par quelques changements.

Fol. 1. *Sermo mag. Odonis de Castro Radulfi, in nativitate beatæ Mariæ Virginis. — Dominus in cælo paravit sedem suam... — Verba ista duobus modis consideranda sunt.* Nous n'avons pas à citer une autre rédaction de ce sermon.

Fol. 6. *Sermo mag. Odonis de Castro Radulfi, in octabis Nativitatis beatæ Mariæ. — Fac tibi archam de lignis... — Verba sunt Domini ad Noe, quando debuit venire diluvium.*

L'orateur a, dit-il, en spectacle un nouveau déluge : *diluvium peccati*. L'inondation a tout envahi :

Clerici, qui religiose deberent vivere (et propter hoc licet eis appropinquare altari, et non laicis), jam vitam corruperunt, sæcularibus negotiis cohærentes. Item milites, qui ad defendendam Ecclesiam constituti sunt, jam fiunt Ecclesiæ destructores. Item burgenses, qui ex redditibus suis aut legitimis negotiationibus deberent vivere, jam fiunt usurarii et raptores. Item mulieres, quæ in castitate vivere aut in legitimo matrimonio perseverare deberent, unicum thorum spernunt, contactus illicitos appetentes. Item minutus populus infidelitate plenus est. Omnis caro corrumpit viam suam.

Les prédicateurs ont été, dans tous les temps, pessimistes. Mais, s'il est invraisemblable que les mœurs aient été pires au xiii⁰ siècle qu'au siècle précédent, il est constant que l'autorité de l'Eglise s'était, dans l'espace d'un siècle, comme l'atteste l'orateur, beaucoup amoindrie. Pas d'autre copie de ce sermon.

Fol. 11. *Sermo mag. Odonis de Castro Radulfi, in festo beati Michaelis. — Angelus autem Domini descendebat... — In verbo isto duo consideranda sunt.* Pas d'autre copie.

Fol. 18. *Sermo mag. Odonis de Castro Radulfi, apud S. Antonium, in festo B. Dionysii.*

Nous avons plusieurs textes de ce sermon, assez différents les uns des autres, dans les nᵒˢ 15951 (fol. 307), 16507 (fol. 184) de la Bibliothèque nationale et 356 (fol. 99) de la Mazarine. Nous allons citer deux textes de l'exorde. Ainsi nous ferons apprécier comment Eudes s'est châtié lui-même, dans l'intérêt de sa gloire littéraire :

Lat. 338 des Nouv. acq.

Irruperunt tres fortes castra Philistinorum et hauserunt aquam de cisterna Bethleem (1)...Verbum istud tribus modis considerandum est : primo litteraliter, secundo quomodo pertineat ad festum hodiernum, tertio moraliter. Litteraliter sic. Dixerat ibidem David : *Si quis mihi daret potum de cisterna* (2)*;* et tunc irruperunt. In littera ista Spiritus sanctus tria nobis ostendit. Primum est fidelitas sive obedientia. Sicut enim tres viri prædicti se pro domino suo morti exposuerunt, sic et nos pro dominis nostris nos debemus morti exponere. Hoc idem etiam ostendit nobis corpus nostrum, quia omnia membra nostra ad defendendum caput periculo se exponunt, sic et serpens solummodo caput suum nititur custodire. Propter hoc clerici maxime et religiosi deberent capita sua, scilicet prælatos suos custodire, eis in omnibus quæ ad fidem pertinent obediendo et etiam in omnibus illis quæ non sunt fidei contraria; et propter hoc dicit in fine prædicta historia: *Hoc fecerunt tres robustissimi.* Maxima enim probitas est,

(1) *Paralip.* xi, 18,

licet contrarium sit voluntati hominum, dominis obedire.

Lat. 15951, f. 307

Irruperunt tres fortes... Hæc verba tribus modis considerari possunt : ad litteram, allegorice et moraliter. Secundum litteram in his verbis instruimur in tribus : primo in fidelitate subditorum. Proponitur enim ibi : *Desideravit David aquam de lacu;* et ait : *Si quis mihi daret potum aquæ de cisterna quæ est in Bethleem juxta portam;* et tunc irruperunt isti tres et exposuerunt se periculo pro eo. In hoc datur forma subditis ut se exponant pro domino suo; sicut manus pro capite se exponit, sicut serpens totum corpus pro tuitione capitis. Unde perversio naturæ est quod manus vel cetera membra caput impugnent. Hæc fidelitas non tantum debet esse inter laicos, imo et inter clericos et religiosos, ut prælatos suos non impugnent, sed pro eis se exponant, dummodo hoc non sit contra Deum. Unde hi tres fortissimi dicuntur. Unde ibi subjungitur : *Hoc fecerunt tres robustissimi.*

(2) *Ibid.* 17,

Eudes ne pouvait manquer d'introduire quelques mots sur l'université de Paris dans un sermon en l'honneur de saint Denys :

Titubante ex aliqua parte Ecclesia, semper solent vocari Gallici in ejus auxilium et semper ad reædificationem Ecclesiæ laborant. Unde Isaias : « Vocaberis ædificator sepium. » Recte itaque per Bethel gallica regio... designatur. Bethel est Parisius, et, sicut in cisterna purgantur aquæ et refrigerantur, sic debent clerici purgari Parisius et refrigescere a fervore peccatorum.

Debent; mais Eudes vient de nous dire que ces clercs étaient loin de faire ce qu'ils devaient. Et nous l'entendrons tout à l'heure leur adresser encore le même reproche.

Fol. 23. *Sermo mag. Odonis de Castro Radulfi, die mercurii factus, in synodo, ante festum beati Lucæ. — Isti sunt filii Sadoch... — In his verbis nobis Spiritus sanctus insinuat quales esse...*

Comme nous avons eu plus d'une fois l'occasion de le faire remarquer, les sermons prononcés en synode ont habituellement pour matière les devoirs des clercs, et, pour la plupart, ils contiennent de plus ou moins vives réprimandes. Eudes se montre, dans celui-ci, un assez dur censeur :

Olim oves Domini ad aspectum virgarum concipiebant varios fetus et uniformes; in Gen. xxx; sed hodie non tantum virga magorum, id est laicorum, degenerat in abusum, sed etiam virga Moysi, id est sacerdotum, convertitur in serpentem. Hodie virga Aaron, quæ solebat frondere et florere et parire amygdala, facta est sterilis et arida... Debent sacerdotes justitiam diligere et justos fovere et honorare; sed hodie non considerant merita subditorum, sed solum munera... Justitia... incipere debet a domo Dei,

id est a propria familia clericorum et sacerdotum ; sed hodie
Levi, id est sacerdotes, non facta de se justitia, nec de suis,
nolunt gladium justitiæ in alios exercere... Quis est hodie
Eleazarus qui gladio audeat transverberare mœchantes, id
est fornicatores et adulteros arguere et excommunicare ?
Quis est hodie Nathan qui de adulterio, homicidio, dolo vel
proditione audeat David, id est aliquem magnum et poten-
tem, increpare... Et quid dicam ? Hodie Christus venditur,
nec repudiatur pretium sanguinis, sed a prælatis gratis-
sime accipitur... Non est hodie qui vendentes et ementes
de templo ejiciat; sed domus negotiationis facta est ecclesia,
et, quod pejus est, spelunca latronum.

Voilà donc comment les clercs se traitaient en ce
temps là. Évidemment sans indulgence ; mais l'indulgence est fade, et plus vives sont les remontrances
plus elles motivent d'effets oratoires. On vient de
voir qu'Eudes de Châteauroux ne dédaignait pas de
rechercher ces effets. Il déclame sur le haut ton ;
c'est un rhéteur grave, et, si l'on peut ainsi parler,
de bonne compagnie ; mais c'est un rhéteur.

Il faut, toutefois, reconnaître qu'il ne s'indignait
pas à tort contre la vente des dignités ecclèsiastiques.
Hodie Christus venditur. Oui, à la lettre. Et où se
tenait le marché principal ? A Rome. Pourquoi ne pas
le dire, quand tout le monde le sait ? Eudes supplie
donc le pape de le fermer. Citons les termes de cette
supplique vraiment éloquente :

O Domine Jesu, quomodo permittis ementes et vendentes
residere in templo tuo, et nummularios qui non mutuant
pecuniam ad emendum quæ necessaria sunt divinis sacrifi-
ciis, sed ad emendum beneficia ecclesiastica, dignitates et
episcopatus ? Hodie non videntur habere locum in templo
tuo nisi sint vendentes et ementes. O vicarie Jesu Christi,
exsurge et ostende quod zelum Christi habes, quod zelus

domus ejus te commendat, et, facto flagello de funiculis, id est diversis sententiis quas promulgasti contra tales consolidatis et collectis in unum ut non rumpantur favore, seu prece, seu pretio, ejice prædictos et maxime vendentes de ecclesia tibi commissa, et mensas nummulariorum et mercatorum curiæ tuæ, imo verius fæneratorum, everte et destrue, eis litteras apostolicas denegando, vel alias puniendo (1) !

Mais, si vive qu'elle soit, cette prière sera vaine ; le commerce des banquiers lombards sera longtemps encore autorisé, protégé. La réforme qu'Eudes sollicitait en aurait rendu tant d'autres nécessaires !

Fol. 33. *Sermo mag. Odonis de Castro Radulfi in festo Omnium sanctorum. — Clamavit voce magna... — In verbo isto insinuat nobis duo Spiritus sanctus.*

Eudes s'élève fréquemment contre le népotisme. Le passage suivant est à citer :

Leæna rapit ut det leunculis suis; sic et prælati nostri ut dent nepotibus et cognatis. Unde in quadam fabula dicit leo, dum cervum captum vellent animalia inter se dividere :

> Jure sodalicii pars prima datur mihi cervi;
> Ut regi dabitur altera jure mihi.
> Et quia plus valeo pars est mihi tertia cervi,
> Quartam qui tanget hic meus hostis erit.

Sic rapiunt modo prælati nostri bona Ecclesiæ ut parentibus suis ea largiantur. Similiter est in religione, ubi majores omnia rapiunt et expendunt.

Les vers qu'on vient de lire appartiennent au *Novus Æsopus* d'Alexandre Neckam (2). Plus lettré qu'on ne

(1) Man. lat. 16507, fol. 330, col. 1.
(2) Hervieux, *Les fabulistes latins*, t. II, p. 792.

l'était en général de son temps, Eudes de Châteauroux citait avec la même aisance les poètes anciens
et les modernes. Cependant on ne peut lui reprocher
d'avoir abusé des citations. Il était plus jaloux de se
montrer éloquent que savant.

Fol. 40. *Sermo mag. Odonis de Castro Radulfi, in
festo beati Martini. — In veste poderis quam habebat...
— Verbum illud ad litteram dictum fuit de Aaron.*
Pas d'autre copie.

Fol. 49. *Sermo mag. Odonis de Castro Radulfi, dominica post festum beati Andreæ. — Ecce dies veniunt,
dicit Dominus... — In verbo isto quatuor consideranda
sunt.* Pas d'autre copie.

Fol. 49. *Sermo mag. Guiardi de Castro Radulfi,
dominica post festum beati Nicolai... — Sicut enim in
monte divisionum... — In prima parte hujus verbi
notatur primus adventus Domini.*

C'est *Odonis* qu'il faut lire, au lieu de *Guiardi*. Ce
sermon paraît être, sous le n° 11, dans le premier
volume des sermons d'Eudes de Châteauroux, chez
les Dominicains de Rome : Pitra, *Analecta noviss.* ;
t. II, p. 194. Il est, du reste, tout à fait de son style,
et l'on ne connaît aucun Guiard de Châteauroux.

Fol. 62. *Sermo mag. Odonis, dominica post festum
beatæ Luciæ. — Ecce ego mitto angelum meum... —
Verbum illud sumptum est de Malachia.*

Il n'est pas non plus douteux que cet *Odo* soit Eudes
de Châteauroux. On croit, en lisant ce sermon, lire la
suite de celui qui précède.

Fol. 67. *Sermo Odonis de Castro Radulfi, dominica
ante Nativitatem Domini. — Numquid rhinoceros volet*

*servire tibi? — Hoc animal idem est quod unicornis ;
quod talis est naturæ quod non potest domesticari.*

Une autre rédaction du même sermon se trouve
dans notre n° 16471 (fol. 412). On peut se rendre
compte, en comparant les deux textes, des correc-
tions qu'Eudes a cru devoir faire plus tard à l'œuvre
primitive.

Vous ne devinez certainement pas dans quelle
intention Eudes a choisi pour son thème, le dimanche
avant la fête de Noël, cette phrase du livre de Job :
Numquid rhinoceros, etc. Aucun des fidèles assemblés pour l'entendre ne l'a sans doute deviné mieux
que vous. Et, ne devinant pas, ils ont prêté l'oreille.
C'est donc un ingénieux artifice que de commencer
un sermon en proposant le plus obscur des thèmes,
pour en tirer ensuite les choses les plus inattendues.
Numquid rhinoceros... Que vient faire ici cet intrai-
table rhinocéros ? Eh bien, écoutez, et vous l'allez
apprendre. C'est... Jésus-Christ :

Numquid rhinoceros et cet; id est unicornis, per quem
designatur Christus. Unde Psalmus : *Et dilectus,* id est
Christus, *quemadmodum filius unicornium* (1) *;* et in Nu-
meris dicit Balaam : *Fortitudo* ejus, id est filius Dei, *similis*
unicorni (2). Item in Psalmo : *Exaltabitur sicut unicornis
cornu meum* (3). Item, unicornis diversæ naturæ est; habet
enim, sicut dicitur, corpus equi, caput cervi, pedes elephan-
tis et caudam porci ; ita et Christus diversarum fuit natu-
rarum, divinæ scilicet et humanæ. Item, unicornis buxeum

(1) *Psalm.* xxviii, 6.
(2) La citation n'est pas tout à fait exacte. On lit dans les
Nombres : xxiii, 22 et xxiv, 8 : *Cujus fortitudo similis est rhi-
nocerotis.*
(3) *Psalm.* xcxi, 11.

habet colorem; buxus arbor est quæ crescit in deserto et non fructificat et semper tenet virorem suum; per hoc Christus, qui in hoc deserto plantatus est, et, licet non peccaverit, tamen missus est in similitudinem carnis peccati... Item, unicornis non potest capi violenter, sed virgo ad capiendum mittitur, quam cum videt unicornis vadit ad eam et cubat in gremio ejus et sic capitur; sic et tota natura humana Christum capere non potuit; unde in Cantico : *Quæsivi eum: et non inveni* (1) *;* sed beata Virgo cœpit eum in utero suo. Unde dicitur : *Quem totus non capit orbis* (2), et cet.; et tunc fuit domesticus et mansuetus. Jer. : *Ego quasi agnus mansuetus* (3), et cet... Item, unicornis naturaliter odit elephantem; per quem designatur diabolus, quem naturaliter odit Christus. Elephas iste, id est diabolus, homines devorabat, quia omnes descendebant in infernum. Unde Jer. LI : *Comedit me, de voravit me Nabuchodonosor, rex Babylonis...* Item, quando elephas, pugnans cum unicorni, cadit, non potest surgere, quia juncturas non habet, et propter hoc clamat, et tunc unicornis, qui nobilis est, levat eum; sic illos qui cadunt in peccatum allevat Dominus quando clamant ad eum...

Nous ne voulons pas prolonger cette citation. Ne serait-ce pas inutile? N'avons-nous pas suffisamment prouvé combien la recherche de l'esprit peut faire commettre d'inconvenances même au plus grave des prédicateurs? Gresset a bien dit que

> L'esprit qu'on veut avoir gâte celui qu'on a.

Les dernières phrases de ce sermon sont encore à citer. Nous y voyons qu'en plein moyen âge certaines

(1) *Cantic.* III, 1.
(2) Cela ne paraît pas une citation de l'Écriture.
(3) Jérém. XI, 19.

gens fêtaient la veille de Noël ainsi que beaucoup
d'autres la fêtent de nos jours :

Sicut Judæi de morte Domini tota nocte tractaverunt, sic
et quidam in vigilia Nativitatis Domini tota nocte de morte
ejus tractant ; ludunt enim tota nocte ad talos et hujusmodi, et comedunt et bibunt, et, quod pejus est, Deum mem-
bratim jurando dilacerant...

Fol. 101. *Sermo mag. Odonis, dominica ante festum
beatæ Agnetis.* — *Convertam solemnitates vestras in
luctum...* — *Et loquitur de luctu quem incipit hodie
Ecclesia.* Pas d'autre copie.

Fol. 106. *Sermo mag. Od. in festo beati Vincentii.* —
Ephraim quasi scopulus durissimus.— *In verbo isto duo
nobis notabilia occurrunt. Primum est quomodo conveniat verbum istud beato Vincentio.*

Eudes condamne très fermement la pluralité des
bénéfices. Il déclare aussi ne pas admettre les
excuses des clercs pourvus de prébendes qui font
administrer leurs églises par des vicaires, résidant
eux-mêmes à Paris, où, disent-ils, ils s'appliquent,
en continuant leurs études, à devenir meilleurs théologiens.

Robert de Sorbon et Gautier de Château-Thierry
n'ont pas mieux accueilli leurs excuses. Mais ils les
ont rejetées, les uns et les autres, sur un ton bien
différent, suivant la diversité de leurs caractères.
Eudes, toujours grave et sententieux, feint de croire
sincères les raisons alléguées par ces tardifs écoliers,
les discute et démontre qu'elles sont peu valables.
Robert écoute ces raisons en souriant et les écarte
ensuite en se moquant, pour bien faire voir que, s'il

est indulgent, il n'est pas crédule. Quant au fougueux
Gautier, entendons-le :

Clericis commorantibus Parisius, qui nec addiscunt nec
in ecclesiis Deo serviunt potest dici : Quid hic, id est Parisius, maxime statis tota die otiosi ? Saltem in parte diei
possent addiscere et in alia ludis honestis ad recreationem
se transferre, vel quiescere. Et competenter dicitur « Statis »
quia statuæ sunt inutiles; gallice *gaste bien*. Nec possunt
respondere : Quia nemo nos conduxit; quia multi ex denario Parisius convenerunt, et hoc vel ex denario parentum
vel ex denario ecclesiarum. Et quare ? Ut laborent in vinea
Domini, id est sacra Scriptura, et reportent in patriam suam,
ad ecclesias suas, vinum doctrinæ; quod si non faciunt,
fures sunt et latrones et defraudatores parentum et ecclesiarum...

Nota : multi convenerunt non ex denario, sed ex denariis,
imo ex marchis auri et argenti quas secum afferunt et secum
perdunt, id est se et pecuniam. Item, non ex denario diurno,
id est recte acquisito, multi conveniunt..., sed ex denario
nocturno, id est per peccatum acquisito, sicut filii usurario-
rum raptorum, qui comedunt et bibunt lacrymas et sanguinem viduarum, et nepotali prælatorum qui de bonis ecclesiæ, quæ sunt bona pauperum et pretium sanguinis et
patrimonium crucifixi... Item, ex denario nocturno ad litteram, id est de nocte turpiter per luxuriam acquisito, sicut
illi qui accipiunt bursas suas a mulieribus quas tenent, et
illi quibus data sunt beneficia ecclesiastica a prælatis quibus sorores vel cognatas suas exposuerunt, vel alias procu-
raverunt, vel aliter, quod abominabile est dicere, qui seipsos
eisdem turpiter subjecerunt... (1)

Trop de témoins attestent que les mœurs étaient,
en ce temps-là, très mauvaises pour qu'on puisse en
douter. Cependant nous n'admettons pas volontiers
que tout ce qu'on vient de lire doive être pris, comme
dit l'orateur, à la lettre, et que la corruption fût si

(1) Man. lat. n° 15959, fol. 434 v°.

générale et si profonde. Quand les mœurs sont mauvaises, le langage est vulgaire ; et vulgaire équivaut à violent, violent à calomnieux. Nous pensons donc qu'en accusant ainsi tout le monde, Gautier a manqué de mesure. A la vérité, c'est un reproche qu'on peut faire à bien d'autres. Mais n'a-t-on pas lieu d'être étonné que de telles choses aient été dites dans une chaire, en un jour solennel, devant tout un peuple de clercs plus ou moins gradués ?

Fol. 116. *Sermo mag. Odonis de Castro Radulfi, factus in vigilia Purificationis beatæ Mariæ, apud Sanctum Victorem. — Et ipse accepit eum in ulnas suas... — Dominus ad litteram acceptus est a Simone.*

Eudes se plaint ici de ce que l'orgueil gagne et pervertit tous les parvenus :

Claustrales, quandiu sunt in claustro, bene et honeste custodiunt et servant observantiam regularum ; sed, facti priores vel aliquam ministrationem habentes, statim incipiunt advolare et sic mutantur quod etiam nullum vestigium suæ prioris conversationis honestæ potest in eis reperiri.

Sequitur de scolaribus. Quandiu pauperes sunt et in scolis morantur, tunc honeste se habent ; quam cito autem promoventur, ita mutantur quod nullum pristinæ conversationis suæ vestigium potest in eis reperiri.

Et ita maxime est de nobis theologis, qui sumus sicut eruca quæ folia, quandiu tenerrima sunt, libenter comedit ; quando autem indurantur, tunc involvit se in illis et nutrit, et sic mutatur in papelionem, et advolat, et ita quod de ea de cetero cognosci non potest quod fuerit eruca. Similiter est de nobis theologis, ut dictum est, quia quandiu folia, id est verba sacræ Scripturæ, nobis tenerrima sunt, tunc libenter comedimus ea ; hoc autem est quando recenter venimus ad theologiam; sed quando audiendo theologiam indurantur nobis folia, tunc involvimur in eis, volentes nos per auctoritates sacræ Scripturæ defendere : quando autem promovemur, tunc incipimus advolare et ita mutamur quod de cetero cognosci non possumus.

Ici, du moins, il est dit du bien des jeunes écoliers : *honeste se habent;* mais c'est pour rendre plus vif le contraste entre les jeunes et les vieux. Combien, en effet, les parvenus diffèrent des aspirants ! Si pourtant l'orateur constate partout les funestes effets de l'orgueil, on remarque qu'il le fait en des termes modérés, on peut même dire en des termes presque aimables pour les maîtres en théologie, ses collègues, changés de chenilles en papillons. Peut-être craint-il de ne pas un jour résister mieux qu'un autre à l'envahissement de la contagion.

Fol. 122. *Sermo mag. Od., in festo beati Vincentii. — Ephraim quasi scopulus durissimus... — Per Ephraim, qui interpretatur crescens, significatur...*

Ce sermon est tout entier à l'adresse des religieux qui ne sont pas assez respectueusement dociles aux ordres de leurs supérieurs.

Fol. 166. *Sermo mag. Odonis de Castro Rad., in octabis Paschæ. — Hæc est victoria quæ vincit mundum... — Mundus per tria solet homines vincere, scilicet per astuciam, per blanda, per aspera.*

L'objet de ce sermon est de réfuter plusieurs propositions hérétiques. Eudes argumente ainsi contre les manichéens :

Astutia mundi dicit quod Deus contraria nunquam poneret in eodem, et sic non fecit corpus et animam, ut videtur hæreticis, quod contraria sunt, quia caro concupiscit adversus spiritum ; et propter hoc dicunt hæretici quod Deus fecit animam, diabolus autem corpus. Sed, si hæc est causa, ignis et aqua cum simul stare non possunt, videtur quod Deus ignem et aquam non fecerat. Unde astutia mundi non animadvertit quod idem carpentarius unam rotam fecit inferius et aliam superius trahere. Item non animadvertit quod Deus in principio corpus et animam contraria non fecit, sed, post peccatum, sibi ad invicem contrariantur.

L'opinion ici condamnée, mais assez mal réfutée. ne paraît pas avoir eu de partisans au xiiie siècle. Elle ne figure pas, du moins, parmi les 205 erreurs dénoncées en 1277 au concile de Paris.

Fol. 176. *Sermo mag. Odonis de Castro Rad., quarta feria post quindenam Paschæ. — Cum Moyses Aaron spoliasset...— In istis paucis verbis quasi sub velamine et figura ostendit Dominus...*

Une note marginale nous apprend que ce sermon fut prononcé, non pas dans une chaire paroissiale, mais en synode. Il n'y est, en effet, question que des prêtres, de leurs devoirs, qu'ils remplissent mal, et de leurs mœurs qui font scandale, surtout à Paris, où affluent, délaissant leurs cures, les curés libertins : *Quid erit,* dit leur véhément censeur, *de illis sacerdotibus qui cursistant Parisius per vicos et plateas, et, quod deterius est, per prostibula, per quorum absentiam multi periclitantur?* Presque tout le sermon est sur ce ton. Et les prélats ne sont pas plus ménagés que les simples prêtres. Ce qu'Eudes reproche particulièrement aux prélats, c'est de courtiser les grands du siècle, quand ils devraient n'avoir à cœur que de protéger les pauvres gens contre leurs exactions, leurs violences. *Nullos principes, aut nobiles, aut aliquos timere deberent;* et la terreur, quand ils devraient parler, étouffe leur voix. Sage remontrance, mais vaine en l'état des choses. Oui certes les prélats d'autrefois parlaient plus, faisaient plus dans l'intérêt des pauvres gens : mais en cherchant à les imiter leurs successeurs perdraient leur peine. On répondrait à ces opulents seigneurs : pour suffire à l'entretien de vos palais, de vos familles, de vos somptueux équipages, vos archidiacres ne pressurent pas moins vos sujets que nos baillis les nôtres. Évidemment leurs remontrances auraient été sans autorité. Ce n'est plus maintenant à l'Église, c'est à la justice du roi qu'il appartient de réprimer la brutalité féodale.

Fol. 180. *Sermo mag. Odonis, dominica qua cantatur : Jubilate Deo. — Plorabitis et flebitis vos... — Duobus modis potest verbum istud intelligi.*

Ce sermon est aussi contre le relâchement des mœurs. La religion est, dit l'orateur, communément méprisée. Elle l'est à ce point qu'on se cache, par respect humain, en allant remplir les devoirs qu'elle impose, tant on redoute d'être compris dans la catégorie des « papelards. »

De nouveau Eudes s'élève contre la pluralité des bénéfices et les vicariats, et de nouveau signale Paris comme l'asile choisi par les prébendés insoucieux d'administrer leurs églises.

Fol. 184. *Sermo mag. Odonis de Castro Rad., dominica ante festum beati Bartholomæi. — Voluntarie enim genuit nos... — In hoc verbo tria consideranda sunt. Primo cujus sumus filii.* Anonyme, lat. 15955 (fol. 375).

Ce sermon doit avoir été prononcé dans une église
de Paris, car on y lit :

Cum homines Parisius semper audiant verbum Dei, etiam
ab infantia, magis quam ceteri homines damnabuntur nisi
bona opera fecerint... Mirum est hodie quod terra seminata,
scilicet Parisius, non fructificat.

D'autres prédicateurs du même temps nous attestent ce dédain sceptique des Parisiens à l'égard de
l'enseignement religieux et de tout autre. Ils tiraient
des écoles un profit pécuniaire, mais ils ne les fréquen-
taient pas. Nous avons cité, sous le nº 12420 une très
vive apostrophe à l'adresse de ces logeurs, de ces
taverniers illettrés (1). Nous en pourrions citer
d'autres. Elevé à l'école du blasphême et du vice,
l'enfant de Paris n'avait pas, dit un prédicateur anonyme, d'autre souci que d'apprendre le jargon éroti-
que ; et ce sont les pères qui l'enseignaient à leurs
fils, à leurs filles (2).

Les écoliers eux-mêmes ne donnent pas, à Paris,
l'exemple de la dévotion. Pourquoi ? Parce qu'ils n'y
ont d'oreilles que pour les enseignements d'une
philosophie vaine et menteuse :

Ad hoc sunt scolares Parisius ut ibi veritate nutriantur.
Econtra autem, filii dæmonum, falsitate et verbo vanitatis
nutriuntur.

Eudes de Châteauroux s'est montré plus d'une fois
hostile aux théologiens philosophes. Nous lisons dans
un autre de ses sermons :

Reprehensibile est quod facultas theologiæ, quæ est et
vocatur civitas solis veritatis et intelligentiæ, nititur loqui

(1) Tome II, p. 105.   (2) *Ibid.*, p. 107.

lingua philosophorum, id est illi qui in facultate theologiæ
student et docent conantur ei præbere auctoritatem e dictis
philosophorum, ac si non fuerit tradita a summa sapientia,
a qua est omnis alia sapientia...

Multi, verba theologica et verba sanctorum quasi nihil
habentes, verba philosophica, verba ethnicorum optima
arbitrantur, et seipsos vendunt filiis Græcorum, id est phi-
losophis (1).

Si les théologiens ennemis des philosophes étaient
encore nombreux, ils étaient de jour en jour moins
écoutés; l'attrait puissant de la nouveauté faisait
croire qu'ils s'exagéraient le péril de la science profane.

Fol. 198. *Sermo mag. Odonis, dominica post Ascensionem Domini. — Cum venerit paraclitus... — In
hoc verbo duo nobis insinuat Dominus. Primum est
quare ascenderit.*

L'exorde annonce un sermon purement théologique ; mais à la théologie Eudes mêle toujours la
morale :

Sicut mos est hominum duas vestes habere, scilicet quo-
tidianam et solemnem, quotidiana vestis nostra est peccatum veniale, solemnis est mortale peccatum, ut homicidia
et hujusmodi, quæ non quotidie, sed aliquando perpetrantur, et, sicut fila vestis numerari non possunt, sic nec peccata nostra.

Est-ce dit sérieusement? C'est bien dur. Plaisam-
ment! C'est, dans un sermon, peu convenable.
Encore un mot, vers la fin, sur le cumul des bénéfices:

Irascimur quando nobis ostenditur via; maxime clerici,
quando fit mentio contra pluralitatem præbendarum.

(1) Man. de la Mazarine, n° 356, fol. 214, r° et v°.

Fol. 212. *Sermo mag. Odonis de Castro Rad.*, *dominica septima post Pentecosten, in festo Petri et Pauli.* — *Misit Josue, filius Nun de Setim...* — *Verba ista tribus modis possunt intelligi, scilicet ad litteram, et allegorice secundum quod congruunt festo hodierno, et moraliter.* Pas d'autre copie.

Fol. 221. *Sermo mag. Odonis de Castro Rad.*, *dominica ante festum beatæ Mariæ Magdalenæ.* — *Nisi granum frumenti cadens in terra...* — *Hæc de Christo exponuntur.*

La matière de ce sermon est l'éloge de saint Victor. L'auteur en a reproduit plusieurs phrases dans un autre sermon sur le même saint dont un fragment a été publié par M. le cardinal Pitra : *Anal. noviss.*, t. II, p. 340.

Eudes constate, avec regret, qu'il existe, dans les monastères, des privilèges aristocratiques, et que moines, prieurs, abbés ne sont pas, quand ils manquent à la discipline, traités de la même façon :

Hodie minores religiosi optime verberantur; majores autem, scilicet priores et hujusmodi, licet multa commiserint, relinquuntur impuniti.

Ainsi les simples moines, même pour une légère faute, étaient encore battus bel et bien. Eudes n'approuve pas non plus les abbés, les prieurs, à qui ne suffit pas la nourriture frugale des simples religieux et qui, pour s'en excuser, allèguent des raisons dérisoires : *Communia deberent habere cibaria claustrales et prælati.* Il en était ainsi dans le vieux temps, quand les monastères étaient pauvres. Mais se pouvait-il faire que la richesse ne changeât pas les mœurs ? Et le relâchement des mœurs ne devait-il pas avoir ensuite pour effet d'appauvrir, de ruiner les monastères ? C'est là ce qu'atteste, avec bien d'autres, Philippe de Grève :

Nonne videtis quomodo dissipatæ sunt apothecæ nigrorum monachorum? Domus in qua solebant esse octoginta vel centum non sumit nisi viginti, vel decem, quia consumpta est domus substantia vivendo prodige et luxuriose (1).

Fol. 224. *Sermo mag.' Odonis de Castro Rad., in festo beatæ Mariæ Magdalenæ, apud S. Antonium. — Attulit alabastrum ungenti... — In isto verbo quatuor nobis consideranda occurrunt. Primum est quæ sit hæc mulier.*

Dans un sermon sur le même thème, que contient notre n° 15947 (fol. 252), nous retrouvons aussi beaucoup de phrases qu'on lit de celui-ci.

Fol. 244. *Sermo mag. Odonis de Castro Rad., Assumptionis in vigilia, apud Sanctam Genovefam. — Eo tempore mortua est Debora... — Verba ista duobus modis possunt considerari, scilicet allegorice secundum quod festo Assumptionis beatæ Virginis conveniunt.*

On suit quelquefois l'exemple de ceux qu'on blâme. C'est là ce qu'Eudes ne paraît pas avoir fait. Ayant réprimandé les clercs timides qui n'osaient pas dire aux grands de dures vérités, il ose, lui, dans une chaire monastique, à Sainte-Geneviève, s'exprimer ainsi sur le compte des abbés oisifs et luxueux :

Apis quæ otiosa est statim ab illis (2) ejicitur; sic debent facere religiosi. Dicit enim apostolus : *Qui non laborat*

______

(1) Man. lat. 3544, fol. 25.   (2) Lisez *aliis.*

non manducet... (1) Apium quædam est discolor quæ parum operatur; item quædam est velut adusta, et hæc multum operatur et mellificat. Sic est in religione, quod illi qui sibi mutatoriam faciunt et qui magnos habent palefredos parum operantur et parum prosunt in religione; sed illi qui sunt velut adusti, scilicet claustrales minores, multum laborant et fructum plurimum faciunt, et propter hoc Dominus magnos noluit eligere, sed minores, scilicet apostolos.

La première des phrases que nous venons de citer est manifestement une excitation à la révolte. Et les révoltes étaient alors fréquentes dans les monastères; plus souvent, à la vérité, contre des abbés rigides, que contre des abbés oisifs et dissipateurs.

Fol. 253. *Sermo mag. Odonis de Castro Rad., dominica post Assumptionem beatæ Virginis. — Erat enim formosa valde... — Verba ista magno plena sunt mysterio.*

Et l'orateur s'efforce d'expliquer ce grand mystère. De ce long sermon nous n'avons à citer que cette courte phrase :

Palma solebant coronari victores. Unde adhuc victoriæ palmas afferunt peregrini de transmarinis partibus.

Ici finissent, dans notre volume, les sermons d'Eudes de Châteauroux. S'ils sont nombreux, c'est qu'il eut comme prédicateur, dès sa jeunesse, un renom grand et mérité.

Gr. ministre des Mineurs. Ce prédicateur est ainsi deux fois désigné dans ce volume. Mais nous ne savons pas comment nous expliquer cette désigna-

______

(1) L'apôtre a dit : « Si quis non vult operari nec manducet. » *Epist. II ad Thessal,* III, 10.

tion, l'ordre des Mineurs n'ayant eu, durant tout le
xiiie siècle, aucun ministre général, *minister ordinis*,
dont le nom commence par ces deux lettres *Gr.* Encore
ici le copiste a commis quelque erreur. Quel qu'il soit,
ministre ou non, ce Mineur n'avait pas le ton doux
quand il faisait des réprimandes, et il ne ménageait
pas plus les réguliers que les séculiers.

Fol. 148. *Sermo mag. Gr., de ordine Minorum,
ministri ordinis, factus in die Cenæ. — Vade lavare
septies in Jordane. — In hoc verbo tria consideranda
sunt. Primum est quo eundum est.*

Beaucoup de mots durs et plus d'une comparaison
d'une grossièreté choquante ; mais pas un renseignement instructif. Nous comprenons bien que l'orateur
s'est proposé de porter en chaire, au lieu du sermon
attendu, un véhément réquisitoire contre toute la
famille chrétienne ; mais il ne convient pas, dans
un réquisitoire, de remplacer les faits par des invec-
tives.

Fol. 159. *Sermo fr, Gr., ministri Minorum, factus
in vigilia Paschæ. — Apprehendet messium tritura...
— Ista verba pertinent ad Christum secundum præsens
tempus.*

La modération du langage est ici recommandée,
dans une courte phrase, à tous les prédicateurs. Il
faut croire que celui-ci ne s'est pas entendu prêcher le
jour de la Cène, ou qu'il regrette d'avoir prêché
comme il l'a fait ce jour-là.

Guiard de Laon. Guiard de Laon fut, dans son
temps, un prédicateur très applaudi. C'est pourquoi
beaucoup de ses sermons nous ont été conservés. On

s'étonne de voir M. Daunou n'en citer qu'un petit
nombre sur la foi de Colvener et de Casimir Oudin (1).
Notre volume en contient sept. Il faut aussi remarquer que son nom seul figure en tête de ces sept sermons ; ce qui fait supposer qu'il les a prononcés
n'étant encore pourvu d'aucune dignité.

Il était, dit Albéric de Trois-Fontaines, chancelier
de l'église de Paris quand, en l'année 1238, il fut
appelé sur le siège épiscopal de Cambrai. Les auteurs
de la nouvelle *Gaule chrétienne* ont douté qu'il eût
été chancelier, Philippe de Grève étant mort dans
cette charge le jour de Noël de l'année 1236. Pour
notre part, nous avons ensuite plus fermement contesté l'assertion d'Albéric, et donné pour successeur
à Philippe de Grève le futur cardinal Eudes de Châteauroux (2). Albéric avait pourtant dit la vérité ;
l'erreur, c'est nous qui l'avons commise. Cela vient
de nous être prouvé par la découverte d'un chant
funèbre que nous allons ici donner d'après le n° 11337
(fol. 71) de la Bibliothèque nationale. Guiard vient de
mourir ; on célèbre ses vertus, ses services, on rappelle ses titres et très expressément on dit qu'il fut
chancelier de Paris. Voici la pièce :

> Cleri florem a morte comperi.
> Lamententur senes et pueri ;
> Guido præsul dum datur funeri
> Renovatur Rachel tristitia.
> Tantum virum decent suspiria.

(1) *Hist. litt. de la Fr.*, t. XVIII, p. 355.
(2) *Not. et extr. des man.*, t. XXIV, deuxième partie, p. 206

Dies illa dies miseriæ,
In qua verus doctor justitiæ
Atque doctor totius gratiæ
Est egressus a Sion filia,
Tantum virum decent suspiria.

Urbs nobilis Parisiensium,
Tuum vere fidelem filium
Fle doctorem et cancellarium
Quem oppressit mortis angustia.
Tantum virum decent suspiria.

Corde magnus et parvus corpore,
Suo phœnix reluxit tempore,
Gemebundo detestans pectore
Viventium perverse vitia.
Tantum virum decent suspiria.

Umbræ mortis oppressus tenebris
Diu vixit in mundo celebris,
De Scripturis et legis latebris
Enucleans invisibilia.
Tantum virum decent suspiria.

Vir eloquens est Esdras alius,
Prædicator nemini tertius,
Fide novus erat Heraclius,
Deum timens de pueritia.
Tantum virum decent suspiria.

Adhærentes tanto pontifici,
Verbo Dei prolis famelici,
Cupiebant nutantes refici
Prædicantis a sapientia.
Tantum virum decent suspiria.

La piéce a cinq strophes encore ; mais elles ne
contiennent que des redites et le style n'en est pas
meilleur que celui des premières. Tout ce que nous

avons à tirer de cette pièce, c'est que Guiard fut, en
effet, chancelier de Paris. Cela, d'ailleurs, vient de
nous être confirmé par les savants éditeurs du *Cartulaire de l'Université*. Nommé chancelier en 1237,
Guiard, disent-ils, occupait encore cette charge dans
les premiers mois de l'année 1238 (1).

Du chancelier Philippe de Grève nous avons, tracés
par ses contemporains, des portraits peu flatteurs. Ils
ne contestent pas son savoir, son mérite ; c'était un
théologien instruit, un prédicateur chaleureux, et,
même en français, un poète galant ; mais il avait, dit-
on, comme chancelier, trop de passion pour ses droits
et les faisait valoir avec trop de violence ; on lui re-
prochait aussi de donner aux jeunes clercs un très
mauvais exemple, en jouissant de plusieurs bénéfices
dont les fruits accumulés lui permettaient de mener
un grand train.

On a lieu de croire que Guiard lui fut désigné
comme successeur par la voix publique, ayant un
esprit plus calme, des mœurs meilleures et n'étant
pas moins bon théologien. Les papes, qui nommaient
les chanceliers de Paris, pouvaient librement les
choisir ; personne n'avait qualité pour leur demander
de justifier leurs préférences. Cependant on les vit
plus d'une fois, par égard pour l'opinion manifestée
par le plus grand nombre des maîtres, appeler à la
chancellerie même des hommes de parti, des radi-
caux de ce temps-là, dont le programme était de tout
réformer. Grégoire IX fit un choix plus heureux en

(1) *Chartul. Univ. Paris*, t. I, p. 162.

nommant Guiard de Laon. Il le nomma pourtant cô:mme s'étant signalé, si modéré qu'il fût, parmi les censeurs des mœurs ecclésiastiques. C'est là ce que nous apprennent plusieurs des sermons que nous avons ici.

Fol. 3. *Sermo mag. Guiardi de Laud., in Exaltatione sanctæ crucis. — Ego exaltavi lignum humile. — Verbum istud pertinet ad octobas festi beatæ Mariæ.*

Il y a, dans ce sermon, plusieurs allusions aux usages liturgiques des abbayes cisterciennes. On y célébrait, paraît-il, autrement qu'ailleurs la fête de l'Exaltation de la Croix.

Fol. 14. *Sermo mag. Guiardi, in festo sancti Francisci. — Pro Christo legatione fungimur... — Ibi dicit Gregorius : « Nos inter et Dominum... »*

C'est l'éloge de saint François et des Franciscains, qui déjà, dit Guiard, formaient une populeuse confrairie. Il les loue surtout de leur pauvreté. Ces mots du titre, *Sancti Francisci,* font voir que le sermon est postérieur à l'année 1229, date de la canonisation de saint François d'Assise.

Fol. 45. *Sermo mag. Emardi de Lauduno, dominica ante festum beati Andreæ. — Qui posuit fines tuos pacem... — Duo naturaliter appetuntur ab hoc quod secundum statum suum...*

On ne doute pas qu'*Emardi* soit pour *Guiardi.* Le copiste a commis plus d'une faute semblable. S'étant fait un devoir de parler librement sur le compte des uns et des autres, Guiard méprise les flatteurs et c'est contre eux qu'il a composé tout ce sermon, où plus d'une fois il les compare à des boulangers qui

trompent les chalands sur la qualité du pain qu'ils
leur vendent. Ce sont les boulangers du diable :

Diabolus suos habet pistores qui habent panem paratum;
et, sicut fieri solet quando est caristia, quod mali pistores
panem faciunt de siligine et spargunt illum triticea farina ut
triticeus videatur, sic faciunt pistores diaboli, scilicet adula-
tores, qui habent verba polita quæ vera videntur et sunt
plena omnimoda deceptione.

Ce que Guiard reproche surtout à ces flatteurs, c'est
de conseiller, en les excusant, toutes les infractions à
l'ancienne discipline ; de dire, par exemple, aux clercs
séculiers qu'ils peuvent innocemment convoiter plusieurs bénéfices, aux réguliers qu'ils ont le droit de
faire le commerce.

Fol. 87. *Sermo mag. Guiardi, in octabis Nativitatis
Domini, apud Sanctum Antonium. — Benedices
coronæ anni... — Verbum istud pertinet ad annum
novum.*

Ce sermon est tout entier une série de paraphrases
morales sur les travaux ou les divertissements qui
sont propres à chacun des douze mois de l'année.
Mais nous n'en citons rien, car il y manque ce que
l'auteur s'est efforcé d'y mettre, le condiment de telles
paraphrases, l'esprit.

Fol. 97. *Sermo mag. Guiardi, in vigilia Epiphaniæ.
— Videntes stellam magi gavisi sunt... — In hoc
verbo tria consideranda sunt. Primum est qui sunt illi.*
Autre exemplaire, avec le nom de l'auteur : lat. 12418
(fol. 107).

Mais plusieurs passages de ce sermon sont à citer.
En voici d'abord un assez dur contre les décrétistes,

que les évêques appellent auprès d'eux et favorisent
plus que les théologiens, les jugeant plus utiles :

Manasses interpretatur obliviosus, et significat prælatos.
Magi et incantatores illius sunt sapientes sapientia hujus
mundi, ut decretistæ, detractores et hujusmodi et etiam
sodales episcoporum qui tales faciunt promoveri ut sic et ipsi
promoveantur.

L'étude du décret étant devenue la voie la plus
sûre pour parvenir aux dignités, à la fortune, on ne
s'étonne pas que cette voie fût la plus fréquentée.
Maître Guiard le déplore :

Per quintum angelum (le cinquième ange de l'Apocalypse)
possunt intelligi amici carnales, qui canunt tuba dicentes
clericis qui sunt amici eorum : Noli audire tam cito theologiam : tu adhuc es juvenis, » et cet. ; et inde contingit aliquando quod qui audivit per duos annos relinquit theologiam et vadit ad scientias lucrativas, et tunc datur ei clavis
putei quia fit archidiaconus vel hujusmodi.

C'est ce que déplore aussi, presque dans les mêmes
termes, Gautier de Château-Thierry :

Rhetorica diaboli est adultatio et consilium malignantium
est scientia legum, maxime hoc modo quo addiscunt aliqui.
Hanc autem scientiam plures addiscunt quam scientiam
Dei et plus adhærent consilio hominum quam Dei ; cujus
signum est quod magis honorantur et promoventur decretistæ
in abbatiis et aliis ecclesiis quam theologi et boni confessores, quia plus diliguntur stercora quam animæ (1).

Selon Thomas de Cantimpré, la pluralité des bénéfices n'eut pas un adversaire plus résolu que Guiard
de Laon. Nous l'avons déjà vu protester contre cet
abus, consacré par les mœurs nouvelles et qui ne

(1) Man. lat. n° 15955, fol. 430.

pouvait plus être réprimé. Quelques phrases du présent sermon reproduisent cette inutile censure. Le cumul des bénéfices est, dit l'orateur, sans excuse. On entend, à la vérité des clercs qui prétendent n'avoir sollicité la jouissance de deux prébendes que pour avoir le moyen d'acheter des livres de théologie. Mais, s'écrie maître Guiard, que ces clercs regardent au fond de leur conscience ; ils y verront qu'ils mentent en alléguant cette raison. Il paraît bien, en effet, que ces clercs-là manquaient de sincérité.

Sur toute chose Guiard s'exprimait librement, n'étant, comme on dirait aujourd'hui, d'aucun groupe. Nous l'avons déjà vu chaleureusement louer, quoique universitaire, les religieux franciscains. Il se déclare ici très nettement en faveur des ordres nouveaux, reprochant aux anciens de leur porter envie :

Ita invidi sunt claustrales quod etiam novis ordinibus invident et ita parvipendunt alios ordines quod non credunt aliquem posse salvari nisi in suo ordine. Unde dicere non erubescunt, imo dicunt quot tot sunt ordines quod totum in fine adnihilabitur.

C'est donc l'opinion contraire que Guiard professe. Aussi voudrait-il entendre tous les clercs cloîtrés dire en chœur : « Dieu de nos pères, Dieu de saint Benoît, Dieu de saint Augustin, augmente le nombre des ordres de beaucoup d'autres milliers. » Comme on le sait, le chancelier en exercice, Philippe de Grève, était devenu l'ennemi passionné des ordres nouveaux.

Fol. 186. *Sermo mag. Guiardi, apud Sanctum Antonium, in festo beati Georgii. — Antipas testis fidèlis meus... — In (hoc) verbo tria notantur quæ habuit beatus Georgius.*

On rencontre encore dans ce sermon quelques mots contre les décrétistes. Ce sont, dit l'orateur, d'inutiles bavards. Il a certainement tort de les dire inutiles ; ils ne l'étaient pas aux prélats qui les employaient.

Fol. 260. *Sermo mag. Guiardi, factus in festo Decollationis beati Joannis. — Accedentes discipuli ejus tulerunt corpus... — Simile habetur in evangelio hodierno.*

Ce sermon, le dernier de notre manuscrit, est incomplet.

GUILLAUME D'AUVERGNE, évêque de Paris. L'évêque de Paris étant, en 1230, Guillaume d'Auvergne, il n'est guère douteux qu'il soit auteur de ce sermon :

Fol. 30. *Sermo episcopi Parisiensis, factus in vigilia Omnium sanctorum.— Numquid ordinem cæli nosti... — Ita loquitur Dominus ad Job. Ordo cæli est ordinatissima curia cælestis Jerusalem.*

Après avoir fait le dénombrement de tous les dignitaires qui composent la hiérarchie céleste, l'évêque met en regard ceux de l'Église terrestre :

Sed hodie e contrario ordinata sunt omnia. Nam, loco seraphin, sunt antiseraphin, qui ardent ira vel odio. Item anticherubin, qui animos infatuant. Item antithroni, scilicet falsi judices vel detractores... Item, loco apostolorum, qui fuerunt missi sicut agni in medio luporum, habemus in Ecclesia lupos rapaces, missos in medio ovium, scilicet prælatos. Hodie non habet Ecclesia apostolos qui dicant : *Ecce nos reliquimus omnia et secuti sumus te* (1); sed potius pos-

(1) Matthæi *Evangel.*, xix, 27.

sunt dicere : « Ecce non assumpsimus omnia et reliquimus te. » Non habet Ecclesia hodie apostolos portantes pacem et illuminantes patriam, sed potius portantes bella et insidias et malo exemplo suo alios obtenebrantes. Unde non sunt ignei vel igniti, sed sunt carbones exusti igne vitiorum. Item, loco martyrum, hodie habemus delicatissimos in Ecclesia, quorum tota vita in luxuria et ceteris vitiis consistit.., Item loco confessorum, qui armaria ecclesiarum impleverunt, habemus detractores qui ponunt laqueos et pedicas ad capiendum viros..., Christum negant et seipsos confitentur... Item, loco virginum, habemus lecatores et impudicos, et, cum multi virgines casti in una parochia invenirentur, utinam in uno cœnobio unus virgo et castus inveniatur. Item, loco monachorum et claustralium, habemus irregulares et inobedientes etc., etc.

Il est admis qu'un prédicateur peut, en accusant, manquer de mesure. Nous aimons à penser que cet évêque en a manqué lorsqu'il a représenté les clercs de sa dépendance sous des traits si peu flatteurs. A l'en croire, quelle cohue de vauriens ! Mais, nous le répétons, si mal réglées que fussent alors, comme tout nous l'atteste, les mœurs des clercs parisiens, on est persuadé qu'ils étaient moins pervers que ne le dit ici leur évêque.

Guillaume d'Auvergne nous a laissé beaucoup d'autres sermons ; mais ce ne sont pas ceux qu'on a publiés sous son nom.

Jean, de l'ordre des Prêcheurs. Ce Jean n'est-il pas Jean de Saint-Gilles, de qui nous aurons à mentionner tout à l'heure plusieurs sermons ? On peut le supposer ; mais on peut en douter, le nom de Jean étant alors très commun. Sous ce simple nom nous avons le sermon suivant :

Fol. 207. *Sermo may. Joannis, de ordine Prædica-*

torum, dominica quinta post Pentecosten. — Estote misericordes sicut et pater... — Post tangit Dominus quatuor contraria misericordiæ. Rien n'est à citer.

JEAN DE BLOIS. Ce Jean de Blois, de l'ordre des Mineurs, n'est connu que par le sermon ici conservé :

Fol. 109. *Sermo cujusdam fratris Minoris, fr. Joannis Blesensis, in conversione sancti Pauli.— Vas admirabile, opus excelsi. — Quod minus complete de beato Paulo in verbo isto dicitur.*

A le juger par ce sermon, le Mineur Jean de Blois ne se défendait pas d'être libre en ses propos sur le compte d'autrui. Nous l'y voyons, en effet, qualifier tour à tour, en des termes non moins méprisants, les décrétistes, les régents de philosophie, les prébendés qui font gérer leurs prébendes pour vivre à Paris en écoliers et les prédicateurs superbes qui ne consentent à prêcher que devant des lettrés, devant des clercs, dédaignant un auditoire laïque.

JEAN DE SAINT-GILLES. L'*Histoire littéraire* a confondu Jean de Saint-Gilles et Jean de Barastre, doyen de Saint-Quentin. Nous avons distingué l'un de l'autre et donné sur Jean de Barastre quelques renseignements nouveaux (1). Jean de Saint-Gilles, Anglais de naissance, était médecin du roi Philippe-Auguste quand, renonçant à la médecine, il s'appliqua tout entier à l'étude de la théologie, et, reçu docteur en cette faculté (2), devint bientôt un des bons théo-

____

(1) *Not. et extr. des man.*, t. XXI, deuxième partie, p. 17 et suivantes.

(2) H. Denifle, *Quellen zur Gelehrteng. des Predig.*, p. 40.

logiens de Paris, ainsi qu'un des prédicateurs les plus goûtés. Échard raconte qu'ayant été prié, dans une circonstance solennelle, de venir prêcher devant les Dominicains du couvent de Saint-Jacques, il s'interrompit au milieu de son sermon, descendit de la chaire, demanda l'habit de l'ordre, le reçut, puis reparut en chaire et finit son sermon (1). Cette mise en scène ne paraît pas improvisée; il est donc possible que Jean de Saint-Gilles ait été quelque peu charlatan. Quoi qu'il en soit, le nouveau frère fut aussitôt chargé d'enseigner la théologie au couvent de Paris, plus tard au couvent de Toulouse. Il quitta la France en 1235, retournant en Angleterre. Les lettres, nouvellement publiées, de Robert Grossetête, évêque de Lincoln, nous montrent en quelle estime l'avait ce savant évêque. Ne pouvant, disait-il, remplir, à cause de son grand âge, tous ses devoirs épiscopaux, il priait, il suppliait frère Alard, prieur de la province d'Angleterre, d'envoyer près de lui, pour l'aider, le suppléer, cet érudit, cet éloquent docteur Jean de Saint-Gilles. Mais il paraît qu'on avait ailleurs besoin de lui, car nous voyons que Robert le demanda longtemps sans l'obtenir (2).

Eh bien, si grande qu'ait été la renommée de ce prédicateur, tous ses sermons paraissent perdus, hormis ceux que renferme notre volume. Quelques autres sont conservés peut-être en Angleterre; mais les catalogues ne nous apprennent pas où ils se trouvent. Échard n'en a fait mention que d'après Pits; et

(1) *Script. ord. Præd.*, t. I, p. 100.
(2) Roberti Grossetête *Epistolæ*; edid. Luard; p. 60, 62, 131.

Pits n'est pas toujours, on le sait, digne foi. Voici les nôtres.

Fol. 9. *Sermo mag. Joannis de Sancto Ægidio, fratris sancti Jacobi, dominica in festo beati Mauricii et sociorum ejus.* — *Numquid est numerus militum ejus...* — *Unde Dominus discipulis suis in Evangelio :* « *Ponite vos...* »

Jean de Saint-Gilles voudrait voir tous les clercs suivre son exemple, quitter le siècle et prendre l'habit d'un ordre religieux. A la vérité, beaucoup se demandent s'ils ne doivent pas le faire ; mais le diable les en dissuade. Il s'agit donc, pour les entrainer, de réfuter les arguments du diable. C'est à cela que s'applique l'orateur.

Fol. 43. *Sermo fr. Jord. de S. Ægidio, dominica post festum beati Martini.* — *Vita operarii sufficientis...* — *Ad Coloss. :* « *Non cessamus orantes et postulantes.* »

Nous ne doutons pas que le copiste ait écrit *Jord.* pour *Johan.* Aucun prédicateur de ce temps là ne s'est appelé Jourdan de Saint-Gilles. Ce sermon répond, du reste, au précédent : raconter la vie édifiante de saint Martin, c'est exhorter les clercs mondains à se faire, comme lui, religieux.

Fol. 84. *Sermo fr. Joannis de Sancto Ægidio, in festo beati Thomæ.* — *Si occiditur in sanctuario Dei sacerdos... Esdras :* « *Misit verbum suum et sanavit cos.* »

Ce bienheureux Thomas est Thomas Becket ; mais il ne s'agit guère de lui dans le sermon. Des paraphrases banales y tiennent la place des allusions historiques qu'on y voudrait trouver.

Fol. 98. *Sermo mag. Joannis de Sancto Ægidio,*

dominica post Epiphaniam. — Et factum est post tri-
duum, invenerunt eum in templo... — Jerem. : « Fac-
tum est verbum tuum in gaudium. »

Ce sermon est plus intéressant que ceux dont nous venons de rendre un compte sommaire. L'orateur fait d'abord la leçon aux curés qui, prolongeant leur séjour aux écoles, ne s'acquittent pas de leurs devoirs envers leurs églises :

Christus scolaris fuit, matrem suam dimittens propter scolas; et non uxorem, id est Ecclesiam, pro scolis dimittere voluit; imo in tantum eam dilexit quod, licet lacrymas matris suæ et Joannis videret, tamen propter sponsam passus est, in hoc dans exemplum illis qui habent curam animarum quod ecclesiam non debent dimittere propter scolas. Sed tales objiciunt quod in hoc licentiati sunt a suis prælatis. Sic et multi licentiam habent eundi in infernum.

Voici maintenant un passage sur le cumul des bénéfices où Jean de Saint-Gilles paraît prendre à partie le chancelier Philippe de Grève :

Libenter audiunt non esse peccatum mortale fornicari aut habere plures præbendas. Sed hoc est erigere altare contra altare, quia est aliud evangelium. Nostrum enim evangelium prædicat contemptum mundi; multiplicatio autem præbendarum prædicat contrarium. Sed dicet quis : « Ego bene prædico contemptum mundi. » Contra quod potest dici : « Amice, tu prædicas verbo, sed non facto, cum plures habeas præbendas. »

... Beneficium ecclesiæ statutum fuit a principio ad serviendum in ecclesia, et tamen... diversas volunt habere præbendas ut sic possint tenere magnam familiam et multos equos et canes et talia.. Contra quos apostolus : « Nolite conformari sæculo (1) ». Item ad Philemonem : « Imitatores mei estote sicut et ego Christi et observate eos qui ita ambu-

(1) Paulus *Ad Romanos*, XII, 2.

lant (1) ; » et constat quod apostolus multos non habebat
equos aut canes aut hujusmodi.

L'orateur revient, avant de terminer à cette question des écoles qui paraît l'avoir beaucoup préoccupé,
et c'est encore l'exemple de Jésus qu'il allègue pour
dissuader les clercs de vouloir être trop savants :

Notandum est quod mater Domini non permisit eum in
scolis nisi per tres dies, et non fuit magister nisi per tres
annos et dimidium; et in hoc reprehenduntur illi qui semper
morantur in scolis et nullum fructum faciunt... Oportet
facere brevia studia, quia brevis est vita.

Enfin, après avoir gourmandé les jeunes clercs qui
se vouent aux sciences lucratives, oubliant qu'il était
naguère médecin, ou contrit de l'avoir été, il s'en
prend aux écoliers à qui plait trop l'étude des livres
philosophiques :

Quando tales veniunt ad theologiam, vix possunt separari
a scientia sua, sicut patet in quibusdam qui ab Aristotele
non possunt in theologia separari, ponentes ibi auricalcum
pro auro, scilicet philosophicas quæstiones et opiniones.

Notons bien que cela fut dit longtemps avant la
venue de saint Thomas dans la maison de Saint-
Jacques. Ce n'est donc pas à lui que le reproche
s'adresse. Mais n'est-on pas étonné d'entendre si mal
parler d'Aristote dans le lieu même où, plus tard, il
doit être en si grand honneur ? Si Jean de Saint-Gilles
avait prévu cela !

Ces courts extraits feront, pensons-nous, regretter
les sermons perdus de Jean de Saint-Gilles. Il avait,

(1) L'orateur se trompe. Saint Paul n'écrit pas cela à Philémon,
mais aux Corinthiens : *Epist. prima*, iv, 16.

comme on le voit, la parole libre et claire : double mérite, dont le second n'était pas commun de son temps.

Martin, Lombard, frère Mineur. Encore un prédicateur dont l'existence nous est révélée par notre précieux volume.

Fol. 74. *Sermo fr. Martini Lombardi, de ordine fratrum Minorum, in festo beati Stephani.— Certamen forte dedit illi... — Verba ista ad litteram dicuntur de Jacob, quæ congrue festivitati hodiernæ adaptantur.*

Ce sermon est d'une longueur inusitée ; mais on n'y rencontre que des citations banales, glosées sans esprit. Il était facile de faire de tels sermons avec le manuel de frère Maurice.

Philippe, prieur de Saint-Jacques. Matthieu, prieur de Saint-Jacques, étant mort en l'année 1227, son successeur fut, dit Échard, Pierre de Reims, que remplaça, vers l'année 1230, Hugues de Saint-Cher (1). Les assertions d'Échard étant habituellement exactes, on est enclin à supposer que le copiste a nommé Philippe ce Pierre de Reims qui fut dans la suite évêque d'Agen, dont nous avons précédemment cité d'autres sermons conservés en divers manuscrits de Paris, de Troyes, de Douai (2). Cependant il ne faut peut-être pas s'arrêter à cette conjecture. On peut en effet remarquer que, dans la maison de Saint-Jacques, on n'exerçait pas longtemps la fonction enviée de

(1) *Script. ord Præd.*, t. I, p. 194. — *Hist. litt. de la Fr.*, t. XIX, p. 39.

(2) Ci-dessus, p. 61.

prieur. Mais, qu'il s'agisse d'un Philippe ou d'un
Pierre, voici les sermons :

Fol. 65. *Sermo prioris Sancti Jacobi, dominica ante
Nativitatem Domini. — Ego vox clamantis in deserto...
— Secundum litteram ita fuit quod, cum prius pro-
phetatum esset...*

Le prieur n'est pas ici nommé ; mais il l'est plus
loin. Quelques phrases de ce sermon doivent être
citées. Nous venons de voir Jean de Blois reprocher à
certains clercs de ne vouloir pas s'abaisser jusqu'à
prêcher devant les laïques. Cela n'était pas, comme il
paraît, un cas particulier. Le français était la seule
langue qu'entendaient les laïques, et les grands
clercs, soucieux avant tout de leur dignité, jugeaient
convenable de ne parler que leur propre langue, le
latin. Notre prieur blâme ce dédain aristocratique à
l'égard d'une si nombreuse classe de fidèles :

In voce tria consideranda sunt. Primum est quod est communis omnibus. Sic deberent esse clerici et ministri Ecclesiæ,
scilicet ut communiter prædicarent minoribus et majoribus,
et non, sicut quidam magni clerici, qui solummodo clericis
volunt prædicare et de laicis non curant.

L'orateur, ayant ensuite comparé les clercs parvenus à des vipères, explique ainsi cette comparaison,
qui veut être, en effet, expliquée.

Non pungit in hieme, sed pungit in æstate. Per hoc
pauperes clerici significantur, qui quandiu sunt in hieme,
scilicet in paupertate, abstinent se a peccatis et non pungunt, sed adveniente æstate, id est quando dantur eis honores, tunc peccatorum sordibus maculantur.

Fol. 112. *Sermo fr. Philippi, prioris S. Jacobi, do-*

minica post Conversionem sancti Pauli. — Exiit qui seminat seminare... — Circa verbum istud tria notanda sunt ; scilicet qualis debeat esse vita clericorum.

Nous avons ici le nom douteux du prieur, et le sermon, dont le ton est celui du précédent, n'offre pas moins d'allusions aux mœurs du temps.

On nomme des évêques indignes. Il ne faut pas s'en étonner. Jérémie dit : « Ta plaie est inguérissable. » Mais pourquoi l'est-elle ? Parce qu'elle est circulaire :

Insanabilis plaga quia est circularis. Pessimus enim prælatus pessimum vocat canonicum, et mali canonici malum eligunt episcopum; et sic est plaga circularis.

Le trait est assez plaisant. En voici maintenant un autre à l'adresse des clercs prébendés qui vivent loin de leurs églises :

Dicit Habacuc : « Super custodiam meam stabo (1). » Non dicit « custodias; » et dicit « stabo. » Non dicit : Ibo Parisius ad scolas. Quod est contra sacerdotes qui curam habent animarum, qui deberent morari in ecclesia sua, speculantes adventum hostium et solliciti esse de subditis ut possint eos ab hostium insidiis liberare, sed ipsi, omnem sollicitudinem abjicientes, malunt morari in scolis, dicentes illud Amos, IV : « Afferte et bibemus! »

Qu'on ne s'étonne pas d'entendre si souvent réprimander les curés qui dépensaient à Paris les revenus de leurs cures, sous prétexte d'achever aux écoles leurs études imparfaites. Il leur était prescrit de résider là où ils avaient charge d'âmes, et c'est une prescription qu'on leur a souvent rappelée. Mais un

(1) Habacuc II, 1.

très grand nombre n'en tenait pas compte, les évêques permettant ce qu'ils auraient difficilement empêché. Paris avait tant d'attrait pour de jeunes clercs, le Paris des écoles et du reste !

Fol. 210. *Sermo fr. Philippi, de ordine Prædicatorum, dominica sexta post Pentecosten,* — *Subductis ad terram manibus...* — *Ad litteram, propter tria ; audierant enim doctrinam ejus in prædicatione.*

Quoique le titre de prieur ne soit pas ici joint au nom de Philippe, on n'hésite pas à considérer ce sermon comme appartenant à l'auteur de ceux que l'on vient de citer. Il y a d'ailleurs la même critique des mêmes abus.

Fol. 242. *Sermo fr. Philippi, prioris Sancti Jacobi, dominica in festo sancti Laurentii.* — *Tanquam aurum in fornace...* — *Verba ista de martyribus exponuntur, sed tamen beato Laurentio quodam modo conveniunt.*

Le passage suivant est une satire assez gaie de certaines communautés monastiques :

Diabolus quamdam religionem invenit, videlicet quosdam papalardos, qui, quando volunt converti ad religionem et bonam vitam aggredi, abundant deliciis, epulantur splendide et duplicibus induuntur. Hæc est religio muris, quæ societatem murium carnes ad suum libitum edentium pro religione elegit.

Comme on le voit, ce prieur avait de l'esprit. D'autres ont dit les mêmes choses sur un autre ton, avec de gros mots. Le ton dépend du caractère. Notre prieur devait être jovial, comme son contemporain Robert de Sorbon. Il y a plus d'un trait semblable dans les sermons de l'un et de l'autre.

Philippe de Grève. Notre manuscrit renferme deux sermons d'un chancelier de Paris qui n'est pas nommé. Mais il est certain que c'est Philippe de Grève, associé par le copiste à ses contemporains, Guiard de Laon, Eudes de Châteauroux, Guillaume d'Auvergne. Le chancelier ayant souvent prêché, nous avons de copieux recueils de ses sermons. Le style en est vif, les apostrophes y sont fréquentes ; on y reconnait un supérieur qui tance des subalternes, et qui, de plus, use de son droit sans indulgence, n'ayant pas, lui, l'humeur commode. Les deux sermons que nous avons ici ne sont pas les meilleurs qu'il nous ait laissés ; nous en citerons néanmoins plusieurs fragments que les historiens ne jugeront pas dépourvus d'intérêt.

Fol. 152. *Sermo cancellarii, die Cenæ post prandium.* — *Surgit a cena et ponit vestimenta...* — *Dominus noster Jesus Christus, de hoc mundo transiturus...* Pas d'autre copie.

C'est pourtant une pièce très curieuse. L'ayant ici rencontrée pour la première fois, nous avons mis quelque empressement à la signaler, et nous allons reproduire une partie de ce que nous en avons dit. « Ce sermon ayant été fait pour le jour de la Cène, l'orateur a choisi le pain comme matière de sa paraphrase théologique et morale. Il y a, dit-il, trois fours où se fabriquent diverses sortes de bon pain, et dont les fourniers sont les Pères de l'Église, les confesseurs, enfin les prêtres dont le noble mandat est d'offrir aux fidèles le pain vivant, l'hostie consacrée. Mais à l'opposite sont, en nombre égal, les fours

du diable d'où sortent les pains corrupteurs des
âmes (1). » Voici la description des uns et des autres :

Primi panis furnus est studium sive gymnasium sacræ
Scripturæ; hujus furni furnarii sunt doctores sacræ Scripturæ. Secundi panis est furnus pœnitentiæ; hujus furni furnarii sunt confessores. Tertii panis furnus est sacrosanctum
altare; hujus furni furnarii sunt sacerdotes.

Sed væ nobis hodie, quia contra hos furnos ædificavit
diabolus suos furnos in Albigensi, in Romanis, in Medulanis
et in partibus istis. Primus furnus diaboli est latibulum
suspectæ doctrinæ; hujus furni furnarii sunt pseudo-prædi-
catores; panis hujus furni est falsa doctrina abscondita ;
Prov. : « Aquæ furtivæ dulces sunt, panis absconditus sua-
vior (2) » De istis furnariis erat Hyechardus furnarius, in
Remensi synodo condemnatus. Hujus imitatores sunt illi qui
in abscondito prædicant, sicut prædixerat Dominus in
Matth., 24 : « Multi pseudo-prophetæ surgent ; » et seducent
multos; et cet.: « Si quis vobis dixerit : « Ecce hic est Christus aut illic, » nolite credere; » et cet. usque ibi : « Si ergo
dixerit vobis : « Ecce in deserto est, » nolite exire; « Ecce in
penetralibus, nolite credere; sicut enim fulgur », et cet...
Suspecti sunt qui quærunt solitudines; et propter hoc dicit
Dominus in Evangelio : « Attendite vos a fermento phariseo-
rum (3), quod est hypocrisis. » Hos docet reprehendere beatus
Bernardus, dicens : « Rusticales homines sunt idiotæ; non
tamen negligendi sunt, neque cum eis negligenter agendum
est; sermo enim eorum serpit ut cancer; » et cet. Propter hoc
præceptum est in Remensi concilio ne transferantur sicut
hactenus libri sacræ Scripturæ in gallicum idioma...

Secundus furnus est furnus confessionis seductoriæ. Hujus
furni sunt furnarii clavium Ecclesiæ contemptores, quorum
quidam ex toto confessionem destruunt... Item alii sunt qui
confessionis virtutem diminuunt, dicentes quod nihil valent
indulgentiæ crucesignatis... Item alii sunt qui confessionem
non diminuunt, sed confessionis potestatem extendunt, di-

(1) *Journal des Savants*, 1889, p. 506.
(2) *Prov.* ix, 17.
(3) *Evang.* Lucæ, xii, 1.

centes quod licet unicuique cuilibet confiteri... Horum imitatores sunt quidam sacerdotes qui nimis potestatem suam
extendunt, mittentes falcem in messem alienam. Tales sunt
illi qui mulierum quæ sunt de parochia aliena audiunt con-
fessiones ; qui potius quærunt corruptionem earum quam
correptionem... In hoc ergo maximum est periculum illis
qui se ingerunt confessionibus, quod mulieres, proprios sacerdotes relinquentes, quærunt alienos, quia sic proprii sacerdotes non possunt suas mulieres cognoscere, cum tamen
eis dicatur : « Diligenter inquire vultum pecoris tui (1). »

Tertius furnus diaboli est congregatio unitatis perniciosæ.
Hujus furni sunt furnarii schismatum seminatores. Talis
erat Hyechardus, Remensis furnarius, et ejus imitatores
tales. Hæc est congregatio de qua dicitur in Psalmo : « Odivi
ecclesiam malignantium (2). » Iste furnarius Remensis
de triplici furno, scilicet doctrinæ corruptæ, confessionis
seductoriæ et congregationis unitatis perniciosæ, translatus
est ad furnum temporalis pœnæ et deinde ad furnum
gehennæ.

Voilà, nous n'hésitons pas à le dire, un précieux
document. Un hérétique, nommé Wichard ou Guichard, agite, dans les premières années du xiii^e
siècle la ville de Reims, s'efforçant, comme il paraît,
d'attirer les laïques hors de l'Église. Un concile,
assemblé dans cette ville, le condamne et condamne
en même temps les versions des livres saints en langue vulgaire. Enfin, livré par le concile au bras séculier, Guichard est brûlé. Quel autre témoignage a·t·on
sur ce Guichard, sur ce concile ? Nous n'en connaissons aucun. Il est bien extraordinaire que pas un
chroniqueur n'ait fait mention d'un fait aussi grave.

« Cette hérésie de Reims semble avoir eu beaucoup
de ressemblance avec celle que Bertrand, évêque de

(1) *Prov.* XXVII, 23.   (2) *Psalm.* XXV, 5.

Metz, dénonçait comme troublant son diocèse dans
les dernières années du siècle précédent. Les hérétiques de Metz étaient aussi, pour la plupart, des
laïques, qui, dédaignant les enseignements de l'Église
officielle, allaient prêter l'oreille, en des conventicules
illicites, à des prédicateurs sans mandat. Ils avaient,
eux aussi, quelques livres de l'Écriture traduits en
français, les Évangiles, les épitres de saint Paul, le
Psautier et plusieurs autres. Or quelle réponse fit à
cette dénonciation le grand pape Innocent III ? Il ne
faut pas, écrivit-il à l'évêque de Metz, impatiemment
heurter la pieuse simplicité des fidèles et leur donner,
par excès de zèle, l'occasion de se révolter contre
l'Église. Dissuadez-les de se réunir secrètement ;
mais, avant de les condamner pour ce fait, informez-
vous de ce qu'ils vont entendre prêcher dans leurs
assemblées et dans quelle intention ils se sont fait
traduire les livres saints. Le concile de Reims a-t-il
instruit l'affaire de Guichard avec cette charitable
circonspection (1) ? »

Fol 236. *Sermo cancellarii Parisiensis, factus in
festo beati Petri ad vincula. — Misit Herodes rex
manus... — In his verbis octo notantur. Primum est
qualiter diabolus sollicitus sit circa dejectionem prælа-
torum.*

Le chancelier se plaint ici de voir enseigner à la
fois, dans son église, les doctrines les plus divergen-
tes ; mais il n'en expose aucune, même sommairement.

____

(1) *Journal des Savants*, loc. cit.

Pierre de Bar-sur-Aube. Pierre de Bar-sur-Aube est un prédicateur peu connu. Cependant quelques-uns de ses sermons ont été signalés par Montfaucon dans la bibliothèque de Saint-Bénigne, à Dijon, et ceux que contient notre volume au nombre de cinq, sont mentionnés dans l'*Histoire littéraire*, t. XXIX, p. 514.

Voici ces sermons :

Fol. 36. *Sermo mag. Petri de Barro, dominica post festum Omnium sanctorum. — Oro ut probetis poliora... — Potiora sunt dona Spiritus sancti.*

Le style de Pierre de Bar manque de délicatesse. On peut même dire qu'il est quelquefois grossier. C'est ce qu'on va reconnaître en lisant ce passage du présent sermon :

Multi sunt qui brevitatem præsentis excellentiæ non advertunt, sed magis credunt se durare in tali excellentia per totam vitam suam; cum tamen honores suos et excellentias præsentes sæpissime in vita sua amittant. Item in vermibus conscientiæ dulcedinem inveniunt, sicut quidam qui libentius comedunt caseum quando vermes in eo reperiuntur.

Fol. 70. *Sermo mag. Petri de Barro, in vigilia Nativitatis Domini, apud Sanctum Victorem. — Sic dicetis viris qui sunt in Jabes... — Secundum historiam Naas obsedit Jabes.*

Ce sermon très décousu contient une remontrance inattendue à l'adresse des maîtres qui, nouvellement reçus, célébraient leur promotion en donnant un banquet (1), que suivaient des danses et d'autres réjouissances. Tel est ce passage :

Cum novi magistri, in principio suo, magnas faciant solem-

(1) Ch. Thurot, *Organis. de l'enseign.*, p. 63.

nitates et permittant socios suos choreas ducere per vicos et
plateas, eis compatiendum est quia, qui scire debebant (sic)
et alios docere.., ipso die incœptionis suæ insaniunt.

Il y a dans ce sermon, comme dans le précédent,
plus d'une trivialité. Qu'on s'en étonne, mais voilà
sur quel ton un clerc séculier prêchait, vers le milieu
du xiiiᵉ siècle, dans cette chaire de Saint-Victor
qu'avaient tour à tour occupée, dans le siècle précédent, ces orateurs si curieux de l'élégance littéraire,
Hugues, Achard, Absalon !

Fol. 95. *Sermo mag. Petri de Barro, in Epiphania
Domini. — Ecce descripsi eam tibi tripliciter...—
Disponens Dominus hujus diei solemnitatem cam
descripsit tripliciter.*

L'orateur se plaint de voir les théologiens prêcher
dans la chaire de l'école et philosopher dans celle de
l'église. Cette dernière inconvenance ne lui sera certainement pas reprochée : la passion de philosopher
ne l'obsède pas. Il préfère raconter des anecdotes,
comme celle-ci :

Accidit quod quidam philosophus spuit in faciem cujusdam divitis, et, interrogatus cur hoc fecisset, respondit quod
non inveniebat locum viliorem; et hoc erat quia dives ille
ordinem suum non servabat.

Mais il sait mal cette anecdote et la raconte si mal
qu'on ne comprend pas ce qu'il veut dire. La voici
bien mieux narrée par Eudes de Cériton :

Quidam rex, gloriam mundi diligens, fecit pavimentum
aulæ suæ, sedilia et parietes cortinis pretiosis cooperiri,
mensam mappa et aureis vasis et argenteis fecit ornari; et
cum sapiens quidam inter convivas esset invitatus, sedens

ad mensam regis circumpexit undique ubi posset spuere, et cum vidisset omnia loca ornamentis cooperta, conspuit in barbam regis. In quem statim servientes regis manus injecerunt. Rex autem, non sine ratione sapientem hoc fecisse autumans, sævitiam servientium repressit et quæsivit cur philosophus sic fecisset. Qui respondit : « Quod cortinas et vasa pretiosa intuens, non vidi locum viliorem quam barbam regis, pinguedine ciborum perunctam (1) ».

Eudes de Gériton ne fait pas supposer que son philosophe avait trop bu lorsqu'il agissait de la sorte ; mais un lecteur de son sermon l'a soupçonné, et sur la marge du manuscrit auquel nous venons de faire cet emprunt il a mis ces vers léonins :

> Qui bibis argento ditis Lazarique memento,
> Utque bibas parce Loth te monet et patriarchæ.

Mais revenons au sermon de Pierre de Bar pour en citer encore cette phrase :

Scoti novos sotulares suos portant et non audent eos calciare, dicentes quod in pedibus suis bene potest redire nova pellis, in sotularibus nequaquam.

Fol. 141. *Sermo mag. Petri de Barro, dominica qua cantatur : Lætare Jerusalem. — Lætare Jerusalem et conventum facite... — Consuetudo est, sicut dicit apostolus, quod magister de profectu discipulorum...*

Il n'y a rien à tirer de ce sermon.

Fol. 145. *Sermo mag. Petri de Baro, dominica qua cantatur : Judica me, Deus. — Levabit Dominus signum... — Magis per diem istum Pascha, per solem Christus, per lunam Ecclesia designatur.*

Ce sermon est, comme le précédent, sans intérêt.

(1) Bibl. nat., man. lat. 16506, f. 180, c. 2.

Prévostin. Quelques bibliographes font mourir le chancelier Prévostin en l'année 1209 ; d'autres prolongent sa vie jusqu'en l'année 1218 (1). La présence d'un de ses sermons dans notre volume peut faire supposer qu'il a vécu plus longtemps encore.

Fol. 227. *Sermo de beato Germano mag. Præpositi, factus apud Sanctum Germanum. — Venit germanus tuus frudulenter.. — Non memini me legisse aliquem in textu sacræ Scripturæ vocatum Germanum.*

Prononcé dans l'église de Saint-Germain l'Auxerrois, ce sermon contient quelques assertions peu claires sur l'origine de cette église, où furent, est-il dit, ensevelis saint Étienne, saint Vincent, puis saint Germain.

Richard, de l'ordre des Mineurs. De ce prédicateur obscur nous n'avons encore rencontré que le sermon suivant :

Fol. 51. *Sermo fratris Richardi, de ordine fratrum Minorum, in festo beati Nicolai. — Quasi oliva pullulans... — In hoc verbo commendatur vita beati Nicolai.*

Saint Nicolas étant le patron des écoles, ce frère Richard ne pouvait négliger, en cette occasion, d'adresser quelques remontrances tant aux écoliers de son temps qu'à leurs maîtres. Ce sont les maîtres qu'il traite le plus mal :

Magister ex male acquisito vivit, quoniam illud non est lucratus, et sic parentes puerorum decipiuntur; et adhuc, quod deterius est, peccatis puerorum consentiunt et sic in turpitudinem illorum offendunt. Unde melius possint vocari Richaudæ quam magistri, gallice *Richouz.*

(1) *Hist. litt. de la Fr.,* t. XVI, p. 584.

Notons que *La Richaude* est, dans les sermons, le nom commun des entremetteuses, comme Bucéphale est, dans les livres de logique, le nom commun des chevaux et Bruneau celui des ânes. Nous lisons dans un autre sermon anonyme :

Zelotypus omnes jovellos uxoris suæ, ab adultero receptos, dilaniat; Richaudam, si potest, verberat (1);

et dans un sermon d'Eudes de Cériton :

Diabolus aperit septem tabernas inferni : scilicet luxuriæ, gulæ, tristitiæ, iræ, vanæ gloriæ. Taberna luxuriæ est prostibulum meretricis et adulteræ. Clamatrix hujus tabernæ est Rigolda, stupri conciliatrix, quæ clamat dicens : « Quicumque dederit duos denarios aureos, scilicet decem solidos dominæ meæ... (2) »

ANONYMES de l'ordre des Prêcheurs. Il nous reste à faire connaître un assez grand nombre de sermons anonymes, et dont nous n'avons pas découvert les auteurs. En premier lieu ceux qui sont attribués à des religieux dominicains.

Fol. 21. *Sermo cujusdam fratris de S. Jacobo, dominica post festum beati Dionysii. — Renovamini spiritu mentis vestræ. — Ad hanc renovationem necessaria est nobis in via duplex stola.*

Nous avons dans ce sermonaire anonyme un Dominicain qui s'accuse d'avoir eu trop de commerce avec Aristote et les autres philosophes. De cela nous nous empressons de l'absoudre.

Fol. 27. *Sermo cujusdam fratris S. Jacobi, dominica ante festum Omnium Sanctorum. — Erat quidam*

(1) Man. lat. nº 15951, fol. 316, col. 1.
(2) Man. lat. nº 16506, fol. 178, col. 2.

regulus cujus, filius... — Regulus iste primum homi-
nem significat.

Rien n'est à citer.

Fol. 38. *Sermo cujusdam fratris de S. Jacobo, domi-*
nica ante festum beati Martini. — Imitatores mei
estote... — In Matthæo XXII, dixit Jesus illis qui
tentabant eum : « Ostendite mihi numisma... »

Ici non plus nous ne rencontrons rien qu'il nous
semble utile de signaler.

Fol. 120. *Sermo cujusdam fratris de Sancto Jacobo,*
factus in Templo, in festo Purificationis beatæ Virginis.
— Tulerunt Jesum in Jerusalem... — Similiter
oportet ut et Dominus per processionem, id est totam
vitam nostram...

Les nobles doivent être modestes et les riches
charitables. Telle est la matière de ce sermon prononcé devant les Templiers, qui, comme on le sait,
étaient à la fois riches et nobles. L'orateur a donc osé
leur donner une leçon. Mais il y en a si peu dont on
profite !

Fol. 136. *Sermo cujusdam fratris de Sancto Jacobo,*
dominica qua cantatur : Oculi mei. — Ambulate in
dilectione... Luc. IX : « Beati qui audiunt... » —
Dicit enim alibi Dominus : « Si in sermone meo... »

Ce sermon a pour objet principal de recommander
la confession. On y lit l'anecdote suivante :

Cuidam mulieri quæ puerum suum interfecerat apparuit
diabolus, volens eam coram prælato suo accusare de homicidio suo; quæ, audiens crimen sibi a diabolo impositum, et
verum esse cognoscens, timuit, et, contrita veniens ad
sacerdotem, confessa est puerum suum occidisse. Ille autem
injunxit pœnitentiam pro peccato, et tunc mulier, die

sibi assignata, coram prælato suo comparuit, et, ex alia
parte, diabolus volens eam accusare; sed dum contra illam
vellet allegare, confessus est se mulierem illam non novisse
seu nosse.

*Fol. 173. Sermo cujusdam fratris de Sancto Jacobo,
factus in quindena Paschæ, de introitu missæ. — Misericordia Domini plena est terra. In Ecclesiaste : « Funiculus triplex... » — Duo sunt funiculi quorum
quilibet triplex debet esse.*

Il n'y a pas beaucoup de propos libres dans les
sermons que nous avons jusqu'ici rencontrés. D'où
nous avons pu conclure que l'auteur de la collection
ne goûtait pas les facéties et les trivialités dont beaucoup de ses contemporains paraissent avoir fait grand
cas. Les inconvenances littéraires ne manquent pourtant pas dans celui que nous avons maintenant sous
les yeux. Celle-ci, par exemple, sera certainement
jugée répréhensible, même par les plus indulgents
critiques :

Habet Dominus consuetudinem militum qui de die nolunt
esse cum sponsis suis, dommodo illas de nocte secum habeant ; sic et Dominus in die prosperitatis de sponsa, id est
de anima, non curat, sed in nocte adversitatis et tribulationis vult esse cum illa.

Plus d'une fois notre prédicateur condamne les
mœurs des clercs séculiers. Il leur reproche d'abord
de prendre une part quelconque aux expéditions
militaires.

Quidam clerici, quotidie audientes verbum Dei, insistunt
guerris et litigiis; quod est contra regulam vitæ clericalis.
Insistere enim guerris vita militaris est, aut, ut verius
fateatur, vita est diabolica.

Il y a plus ; les clercs séculiers se battent quelquefois entre eux. Et pourquoi ? Pour des chiens, pour des femmes. Voici bien évidemment une allusion à quelque grosse rixe entre les écoliers de Paris :

Pugnant clerici invicem etiam propter unum canem et, ut verius dicam, propter mulierculas, ut sic ad suum libitum fornicentur. Multum siquidem mihi videtur mirabile quod unus stultus, quia compatriota est eorum, tot potest secum sapientes attrahere ad bellandum. Sciunt enim sapientes quod modicum fermenti totam massam corrumpit, et ideo stultos deberent a se repellere. Pro Deo igitur expurgate vetus fermentum ! Ut sic libere addicentes Parisius stultis invitantibus vos ad bella dicatis illud Psalmi : « Declinate a me maligni et scrutabor mandata Dei mei ! »

La possession contestée d'un chien ou d'une femme avait donc mis aux prises, non seulement deux écoliers, mais encore deux nations. Ces batailles entre nations étaient fréquentes, et s'engageaient pour la moindre cause. La date de celle-ci nous est vaguement indiquée. Elle avait eu lieu, nous dit-on, dans le temps où les coups d'état du chancelier Philippe de Grève avaient éloigné de Paris beaucoup de maîtres et d'écoliers :

Removeatis ergo tales bellatores a vobis..., quia, cum jam studium Parisiense in parte dissipetur, sic volunt illud omnino dissipare, et sic per consequens volunt fidem perimere ; nisi enim esset studium, nullus hæreticis resisteret, et sic destruendo fidem possent publice prædicare.

Voici maintenant une anecdote concernant les clercs batailleurs :

De hujusmodi clericis dixit Philippus, bonæ memoriæ, rex Francorum, quod audaciores erant militibus ; milites enim armati invicem pugnare formidant, clerici autem iner-

mes, non galeati, sed rasis coronis et bene tonsurati, se cum
cultellis invadunt, quod est maxima stultitia et maximum
damnum.

Ce roi Philippe est certainemeut Philippe-Auguste.
Ainsi l'on voit que, sous son règne, les clercs tonsurés
avaient déjà pris l'habitude de jouer aux couteaux.

Fol. 200. *Sermo cujusdam fratris de ordine Prædicatorum, dominica tertia post Pentecosten. — Nolite
mirari si odit vos mundus. — Multæ sunt rationes
quare mundus servos Dei, id est sanctos, odit.*

Ce prédicateur blame aussi, quoique Dominicain,
le mélange de la théologie et de la philosophie :

Sunt aliqui qui bene linguam spiritualem didicerunt, id
est theologiam, sed tamen in ea barbarizant, eam per philosophiam corrumpentes; qui enim metaphysicam didicit
semper vult in sacra Scriptura metaphysice procedere.
Similiter qui geometriam didicit semper loquitur de punctis
et lineis in theologia. Tales induunt regem vestibus sordidis
et laceratis; item spargunt pulverem in lucem et inde nascuntur cyniphes; Exod. VIII.

Mais ces Dominicains de Paris, qui traitent si mal
la philosophie, n'ont pas encore entendu saint Thomas.
Ceux qui l'auront eu pour maître en parleront avec plus
de respect, et la gloire de la maison de Saint-Jacques
sera d'avoir particulièrement honoré l'étude qu'elle
méprise aujourd'hui. Ajoutons que ce prédicateur est
un des plus animés contre les possesseurs de multi-
ples prébendes. Il connaît sans doute toutes les raisons
qu'ils allèguent pour s'excuser; mais il n'en accepte
aucune.

Fol. 203. *Sermo cujusdam fratris de ordine Prædicatorum, dominica quarta post Pentecosten. — Erant*

*appropinquantes publicani... Unde Dominus dicit :
« Ego in hoc natus sum... » — Attendite, fratres,
quanta sit virtus dominici sermonis.*

L'orateur invite les jeunes clercs à prendre l'habit
religieux. Ils espèrent, ils attendent les faveurs du
siècle; mais hélas! qu'ils le sachent bien, pour
gagner ces faveurs ils compromettent leur salut.

Fol. 216. *Sermo cujusdam fratris de S. Jacobo,
dominica octava post Pentecosten, de Petro et Paulo.
— Viri misericordiæ colliguntur... In Ecclesiastico,
XLIV : « Laudemus viros gloriosos... » — Videlicet
Petrum et Paulum, de quibus dicitur...*

Rien n'est à citer.

Fol. 219. *Sermo cujusdam fratris Prædicatoris,
dominica nona post Pentecosten. — Qui facit volun-
tatem patris mei... — Fratres, proposita est nobis
introitus cælestis invisibilis conditio.*

L'orateur qualifie d'histrions les prédicateurs qui ne
font pas ce qu'ils enseignent. Il dit des légistes qu'ils
troublent et souillent l'Église : *pungunt, inquietant,
inficiunt, immaculant ecclesiam.* Le tort, le crime des
légistes était de trop souvent rappeler qu'il y avait
des lois à des gens qui préféraient l'ignorer. Les
religieux particulièrement ne connaissaient pas
d'autre code que leur règle.

Fol. 257. *Sermo cujusdam fratris de Sancto Jacobo,
factus dominica in festo beati Bartholomæi. — Non
vos me elegistis... — In his verbis duo nobis consideranda occurrunt. Primum est abundantia gratiæ Dei.*

Tout est banal dans ce pieux sermon.

Anonymes de l'ordre des Mineurs. Faisons remar-

quer qu'en ce temps-là les religieux des deux ordres
nouveaux parlaient en chaire à peu près la même
langue, n'étant encore divisés par aucun intérêt, par
aucune opinion. C'est dans la seconde moitié du siècle
que doivent éclater leurs dissentiments. Ils sont
présentement dominés par une passion commune :
la haine (oui, l'on peut dire la haine) des clercs
séculiers, qui ne leur sont pas, de leur côté, moins
hostiles.

Fol. 80. *Sermo cujusdam fratris Minoris, in festo
beati Joannis. — Amico fideli nulla est comparatio...
— In verbo isto commendatur beatus Joannes a tribus.*

Notons pourtant que l'éloge de la charité, de l'amitié,
de la bienveillance réciproque, est l'unique objet de
ce court sermon.

Fol· 82. *Sermo cujusdam fratris Minoris, in festo
Innocentium. — Innocentes et recti adhæserunt mihi...
— Attendamus hic, dilectissimi, veritatem Salvatoris.*

Ce n'est certes pas ici que l'on trouvera la bienveillance plus haut recommandée. *Voluptas luxuriæ,*
dit l'orateur, *hodie maxime regnat in clericis;* et
lesdits clercs assurent que la luxure n'est pas péché
mortel, allant jusqu'à prétendre que, pour avoir l'esprit plus net, plus sain, il faut offrir à la nature les
satisfactions qu'elle réclame : *Quidam sunt qui for-
nicantur ut limpidiorem habeant intellectum;* quelques-uns même s'abandonnent, sous ce prétexte, à
des vices que la nature condamne. Le religieux proteste vivement contre cette doctrine hygiénique.

Fol. 103. *Sermo cujusdam fratris Minoris, in festo
beatæ Agnetis. — Tu lætitia Israel... — In verbo isto*

quinque notanda sunt quæ beatæ Agneti congruenter competunt.

Après avoir brièvement parlé de sainte Agnès, le prédicateur change de propos et brusquement, sans transition, commence à déclamer contre tous les représentants de la puissance civile. Que sont les seigneurs terriens ? Ils sont la vermine qui suce le sang du peuple asservi. Et les rois? Ils ont été supérieurs aux prêtres, mais il y a bien longtemps, et ils leur sont aujourd'hui notoirement inférieurs. Nous citons :

Omnibus debent clerici dominari, licet sic non fuerit ante tempus gratiæ, in quo reges digniores erant sacerdotibus. Et propter hoc dixit Moyses : « Vos eritis mihi gens sancta, regnum sacerdotale. (1)» Per hoc patet quod reges digniores erant sacerdotibus; substantivum enim dignius est adjectivo. In tempore autem gratiæ e contrario est, et propter hoc dixit Petrus in canonica sua : « Regale sacerdotium, gens sancta, populus acquisitionis. (2) » Et ecce patet quod sacerdotes digniores sunt regibus et principibus, quia sacerdotium subanteponitur regali, aut adjectivo; substantivum autem, ut dictum est, est dignius adjectivo.

Voilà certes, au profit des prétentions romaines, un argument nouveau, qui vaut bien celui des deux luminaires. La syntaxe intervenant pour mettre l'État dans l'Église ! Il est vraiment inconcevable que son intervention ait eu si peu d'effet. Un autre passage du même sermon est à remarquer. Les ordres mendiants n'eurent pas tout d'abord le succès que devait promptement leur faire obtenir l'éclatant mérite d'Alexandre de Halès, de Jean de La Rochelle, d'Albert

(1) *Exod.* XIX, 6.   (2) *Epist.* Petri *prima*, II, 9.

le Grand, de saint Thomas. S'ils avaient des partisans
dans la jeunesse, ils y avaient aussi des adversaires ;
s'ils parlaient mal et très mal, comme nous en avons
fourni plus d'une preuve, du clergé séculier, celui-ci
ne les épargnait guère. Le passage qu'il nous reste à
citer contient une allusion aux propos qu'on tenait
sur leur compte pour détourner les jeunes clercs de
revêtir leur habit :

Sunt aliqui qui, non solum nolunt fieri pauperes, sed
etiam prohibent aliis ne et ipsi pauperes sint et ne intrent
claustrum ; et propter hoc qui vult intrare religionem caveat
sibi ne consilium accipiat a talibus, quia de mundo sunt et
de mundo loquuntur.

Chacun des deux ordres tirait de son côté la jeunesse indécise. C'est la matière du poème de Guy de
La Marche : *Disputatio mundi et religionis.*

Fol. 133. *Sermo cujusdam fratris Minoris, in Ca-
thedra sancti Petri. — Exaltent eum in ecclesia ple-
bis... — Quasi Christum qui dixit : « Cum exaltatus
fuero. »*

Recueillons encore un témoignage relatif aux obsta-
cles opposés par les séculiers aux progrès des nouveaux réguliers :

Cum a natura sit paritas, liquidum est eos qui in nobilitate
sua, aut scientiis, aut divitiis superbiunt agere contra
naturæ et divinæ justitiæ veritatem. Tales siquidem non
solum paritatem naturæ, quæ in religione est, habere
renuunt, sed etiam socios suos et alios provocant, prohi-
bendo eis ne ad istam accedant paritatem.

Ainsi l'on disait aux jeunes clercs pour les attirer
à soi : la nature a fait les hommes égaux ; la nature

réprouve donc toutes les distinctions qui les rendent inégaux dans l'église séculière. Et l'on ajoutait : *Ubi paritas ibi caritas, in religione vera libertas.* Égalité, fraternité, liberté ! Comme on le voit, la devise est ancienne, et l'invention en appartient à quelque propagandiste Prêcheur ou Mineur.

Fol. 155. *Sermo cujusdam fratris Minoris, sexagesima sexta in Passione Domini. — Fratres, hoc sentite in vobis quod est in Christo Jesu. Quinque sunt sensus per quos sentimus.*

Fuyez le siècle ; entrez, entrez en religion ; aux seuls religieux est garanti le salut. Ainsi nous pouvons résumer tout ce sermon.

Fol. 162. *Sermo cujusdam fratris Minoris, factus in crastino Paschæ. — Duo ex discipulis ibant ipsa die... — In isto verbo quatuor consideranda occurrunt, scilicet quid per castellum, quid per Jerusalem...*

Les clercs séculiers sont encore ici durement gourmandés, mais en de courtes phrases d'où l'historien n'a rien à tirer.

Fol. 170. *Sermo cujusdam fratris Minoris in octabis Annuntiationis dominicæ. — Audita tibi feci nova... — In verbo isto duo nobis consideranda occurrunt. Primo quomodo Annuntiationi dominicæ et incarnationi conveniat.*

Les clercs, bien entendu les clercs séculiers, sont encore très mal traités par ce religieux, qui, prenant pour texte une phrase de saint Luc sur l'enfant prodigue, la commente ainsi :

Similiter faciunt clerici, bona naturalia et gratuita etiam in meretricibus consumentes, et, quod pejus est, in meretricibus expendunt patrimonium crucifixi ; et non solum in meretricibus suam volunt exercere luxuriam, sed, quod abominabile est, masculi in masculos turpitudinem operantur.

Nous avons déjà lu dans un autre sermon le dernier de ces chefs d'accusation. Il fallait que les inimitiés fussent alors bien vives entre les séculiers et les réguliers pour que ceux-ci fissent du haut de la chaire, devant un nombreux auditoire, un tel portrait de ceux-là.

Fol. 192. *Sermo cujusdam fratris Minoris, in Ascensione Domini. — Adduxit David arcam... In Prov.* XVIII : « *Cum obsecratione effabitur pauper...* » — *Ille dives est qui habet thesaurum sapientiæ.*

Rien à citer.

Fol. 195. *Sermo cujusdam fratris Minoris de festo Philippi et Jacobi, factus in crastino Ascensionis. — Ascendens Moyses in montem... — In verbo isto tria nobis consideranda occurrunt. Primum est quomodo Moyses ascensionem Domini repræsentat.*

On dispute trop, dit l'orateur, dans les écoles, et devant un auditoire trop bruyant : *In quæstionibus tantus clamor auditur quod vix aut nunquam potest respondens intelligere opponentem.* Or à quoi tendent ces frivoles disputes ? A rechercher une vaine gloire. Après avoir vivement censuré les écoliers et les régents de l'université de Paris, le religieux ne traite pas mieux les chanoines de la cathédrale :

Dicunt quod bene possunt appetere honores, inducentes pro se illud apostoli : « Qui episcopatum desiderat bonum opus desiderat (1). » Verum est ; sed non dicit bonum hono-

(1) Pauli *ad Timoth. epist. prima,* III, 1.

rem; sed hoc non desiderant ex zelo animarum, sed potius ex ambitione. Quod patet in ecclesiis ; quando enim emolumentum temporale aliquod credunt habere in ecclesia sua, tunc surgunt ad matutinas, dicentes cum Isaia : « Ecce ergo mitto me (1) », etc. ; sed quando nihil putant habere, tunc ad ecclesiam suos mittunt vicarios, dicentes cum Jeremia : « Ah ! ah ! Domine, nescio loqui, quia puer ego sum (2). »

On voit que ce frère Mineur ne manquait pas d'esprit. Il y a d'autres traits plaisants dans son sermon. Il y a même un calembour. Saint Paul avait dit : *Modico utere vino.* Il dit à son tour, parlant, comme il semble, des régents de l'école : *Non solum modico vino, sed etiam modio vini utuntur.*

Fol. 205. *Sermo cujusdam fratris Minoris, in festo beati Barnabæ. — Neptalim quasi cervus... — Neptalim interpretatur dilatans eos, vel dilatatio eorum.*

Encore un censeur des mœurs séculières ; mais toutes ses accusations sont banales.

Fol. 249. *Sermo cujusdam fratris Minoris, in Assumptione beatæ Virginis. — Regina Saba ingressa est... Psalmus : « Dignare me laudare... » — Periculum enim est eam indigne laudantibus.*

Il n'y a rien ici touchant les mœurs des clercs séculiers ; mais ils sont taxés d'une insatiable ambition. Tous ils aspirent à devenir papes.

Anonyme, doyen d'Avranches. Le copiste désigne l'église de ce doyen par le mot *Abrivacensis.* Nous supposons qu'il faut lire *Abrincensis* ou *Abrincatensis ;* mais peut-être notre supposition est-elle mal fondée. Ce doyen était en même temps, dit le copiste, frère

______

(1) Isaïe, vi. 8.   (2) Jérémie i, 6.

Prêcheur. Or nous ne connaissons, au xiiie siècle, aucun doyen d'Avranches vêtu de l'habit d'un ordre quelconque.

Fol. 232. *Sermo decani Abrivacensis, fratris de ordine Prædicatorum, dominica post festum beati Jacobi. — Cum appropinquasset Jesus Jerusalem... — Si annuntiaveris impio et ille non fuerit conversus...*

Ce personnage amphibie ne pouvait, comme doyen, mal parler de l'Église séculière, ni, comme religieux, taxer d'orgueil les apôtres des ordres nouveaux. Il ne s'en prend donc qu'aux laïques. Ce sont, dit-il, des usurpateurs. Suivant la loi de Dieu, les clercs sont au-dessus des princes, des rois. Mais la loi de Dieu n'est pas observée dans ce monde : *Modo regnum sacerdotium præcedit.* C'est pour cela sans doute que tout y va de mal en pis. A Paris surtout. Il est dit : *Videns Jesus civitatem, flevit super eam.* Cette ville, c'est Paris, *in qua est fons scientiæ,* mais où domine la sottise, la folie. C'est pourquoi Jésus pleure sur elle : *Flevit propter nostram stultitiam.* L'orateur, quant à lui, ne pleure pas ; il ne paraît pas avoir eu le don des larmes. Mais il tance rudement ses criminels auditeurs. Voici quelques mots de son exorde :

Cum vobis quotidie annuntietur verbum Dei, nec per prædicationem aliqui corriguntur, timere debetis. Pejores enim lupis estis aut leone qui ad clamorem continuum prædam, licet sibi necessariam, derelinquunt ; vos autem sarcinam peccatorum vestrorum per clamores verbi Dei nolitis relinquere.

Il est vrai que les auditeurs laïques ne comprenaient pas cet injurieux latin.

Anonyme. Aucune qualification ne remplace ici le nom de l'auteur. Cela peut autoriser beaucoup de conjectures. Nous n'en ferons qu'une. L'orateur trouvant que tout va très mal dans l'Église séculière, nous supposons qu'il était régulier.

Fol. 138. (*Dominica qua cantatur : Oculi mei.*) — *Estote imitatores Dei*... — *Dei, non carnis, quæ ducit ad mortem.*

Tous les possesseurs de doubles prébendes, tous les curés absents de leurs cures, etc., etc., tous les clercs opulents ou fainéants, encourent la réprobation divine. Voilà ce que l'orateur dit et répète du commencement à la fin de son sermon. Nous n'en citerons qu'une phrase. Ayant parlé de la pauvreté du Christ, ce fougueux contempteur de toute jouissance mondaine s'écrie :

Si hodie esset Dominus ita pauper ut tunc, oh! quot hodie essent sutores, aut qualiscumque alterius modi, qui nunc sunt scolares et sacerdotes ; sed modo multas habet præbendas et parochias, et ideo multos habet mercenarios in familia sua.

340

Ce manuscrit, que l'on croit du xᵉ siècle, se compose de deux liasses qui ne sont pas de la même main.

La première est un commentaire anonyme sur Martianus Capella. Ce commentaire, dont nous avons mentionné, sous le n° 12960 (1), une copie tronquée,

(1) Tome II, p. 140.

est du célèbre Rémi d'Auxerre. Que savait-on au x° siècle touchant les sept arts dits libéraux ? Qui veut en être informé n'a qu'à lire cet écrit du plus ancien maître qu'ait eu l'école de Paris. Cependant, qu'on en soit prévenu, la glose de Rémi n'est guère originale ; souvent elle reproduit littéralement celle de Jean Scot Erigène sur le même livre. Celle du disciple eut néanmoins plus de lecteurs que celle du maître. Le maître s'étant fait condamner par l'Église pour avoir énoncé quelques propositions plus que téméraires, on devait craindre de se compromettre en commerçant avec lui.

Après une courte digression sur les rapports de l'arithmétique et de la musique, nous avons le prologue d'un écrit quelconque sur le discours de Cicéron *De aruspicum responsis*. Ce prologue paraît ancien puisque le *Gorgias* de Platon y est cité ; mais il est sans intérêt. En voici les premiers mots : *Incipientes quamcumque rem scribere, antequam scribamus eam commendare debemus.*

Le volume finit par un texte incomplet du commentaire de Boëce sur les *Topiques* de Cicéron.

366

L'auteur des sermons pour les dimanches et les fêtes des saints qui sont réunis dans ce manuscrit difficilement lisible est nommé, fol. 218, *Joannes de Castell.* C'est, pensons-nous, le moine bénédictin *Joannes Castellensis*, à qui Jean de Trittenheim donne en effet deux recueils de sermons, *De tempore, De sanctis,* et divers autres écrits connus de son temps, ignorés aujourd'hui. Mais, si notre conjecture est fondée, Fabricius s'est gravement trompé lorsqu'il a fait vivre ce moine lettré dans les dernières années du xiv° siècle ; l'âge de notre manuscrit prouve qu'il a vécu beaucoup plus tôt.

373

La première partie de ce volume nous offre, suivant la description qu'en a faite M. Delisle, les coutumes de l'abbaye de Saint-Jacques, en la ville de Liège (1). La seconde est occupée tout entière par des sermons anonymes. Ils ont pour auteur le Franciscain, déjà souvent cité, Nicolas de Biard, et c'est un des recueils les plus considérables de ses sermons très goûtés. Pas un seul de ces recueils n'est complet; celui-ci même ne l'est pas. Cependant il contient plusieurs sermons que nous n'avons pas encore rencontrés, et que nous allons en conséquence indiquer particu-lièrement :

Fol. 61. *Transeamus usque ad Bethleem... — Nullus enim debet verecundari discere ab alio quamtumcumque simplici.*

Fol. 75. *Libenter gloriabor in infirmitatibus... — Solent homines infirmi de amicitia et familiaritate magnatum gloriari.*

Fol. 107. *Benedicat nos Dominus Deus... — Dicitur :* « Quant fol voit cuir il demande coroies. » *Sic accidit diebus...*

(1) *Man. latins et fr. ajoutés au fonds des Nouv. acq.,* p. 378.

Nous avons fait remarquer plus d'une fois que les proverbes français abondent et même surabondent dans les sermons de ce prédicateur.

Fol. 158. *In diebus suis placuit Deo. — Circa quod nota quod signanter dicit Deo. Sunt enim qui nituntur*...

Ce long sermon est en l'honneur de saint Martin. Nous y trouvons cette maxime : « *Munditia cordis est* « la monnoie de paradis. »

Fol. 198. *Qui vult venire post me... — Consuetum est quod quilibet vult habere familiam secundum se...* Nous avons ici ce proverbe français : « Bele chère waut un mès. » Et cette anecdote :

Quidam peritus in physica, cum urinam et statum cujusdam monachi respexisset, dixit : « Infirmitatem ejus in physica non memini me legisse, sed in theologia reperi eam.» Et cum quæreretur ab eo (quæ) ejus esset infirmitas, dixit quod agripitia vocabatur, id est infirmitas composita ex accidia et pigritia.

Comme on le voit, les médecins, au moyen âge, étaient prompts à fabriquer bien ou mal des mots nouveaux pour désigner magistralement des maladies sous d'autres noms bien connues. Combien cela leur aurait été plus facile s'ils avaient su le grec !

Fol. 199. *Oritur sol et occidit... — Ardua et famosa facta antiquorum solent in scriptis redigi.* Ce sermon est pour le jour de l'Ascension. Les premiers mots de l'exorde se rapportent, ajoute l'orateur, aux *facta Rolandi et Caroli*, célébrés en des poèmes qu'on écrivait pour ceux qui savaient lire et qu'on récitait à ceux qui ne le savaient pas.

420

Nous avons déjà rencontré, dans le n° 3239 A (1),
la somme anonyme que contient ce volume, et nous
avons dit qu'elle est du religieux dont nous venons
de parler, Nicolas de Biard. Indiquons ici quelques-
unes des innombrables copies de cette somme renommée. Elle est encore, à la Bibliothèque nationale, sous
les n°ˢ 2499, 3239 A, 3732, 3747, 15256 des fonds
anciens et 1474 des Nouvelles acquisitions. D'autres
copies sont, en outre, à la Mazarine, n°ˢ 951, 1062, 1073;
à Tours, n°ˢ 460, 469; à Troyes, n°ˢ 827, 1370, 1600,
1775; à Grenoble, n° 312; à Évreux, n° 3; à Toulouse, n° 312; à Metz, n° 567; à Munich, n° 2720; à
Vienne, n° 3697; à Oxford, n°ˢ 144 du collège Merton,
97 du collège Lincoln; enfin à la Bodléienne sous le
n° 530 des *Miscell. Canoniciana.* On voit quel fut le
succès de cette œuvre utile, véritable manuel à
l'usage des prédicateurs. On a fait, au xiii° siècle,
beaucoup de ces manuels; la prédication étant, pour
les clercs, obligatoire, il était bon de les aider à remplir ce devoir, pénible à plus d'un. Tous ces manuels
ne se ressemblent pas, quoique composés sur le
même plan; il nous semble aujourd'hui que ceux-ci
ne sont pas assez graves et que ceux-là le sont trop.
Nous trouvons trop grave, par exemple, celui de frère
Maurice, le confrère et l'ami de Salimbene, où l'on
ne trouve rangés, suivant l'ordre alphabétique, que

(1) Tome I, p. 206.

des phrases empruntées aux deux Testaments. Cela n'inspirait pas un trait d'esprit. Mais chacun faisait emploi, selon son humeur, de tel manuel ou de tel autre. Celui de maître Nicolas doit avoir eu beaucoup de succès parce qu'il n'était, lui, ni trop gourmé ni trop libre.

A la fin de notre manuscrit, avant l'index des chapitres qui se succèdent alphabétiquement dans la somme de Nicolas, est une table de sermons que ne contient plus le volume.

431

Ce petit volume ne renferme que deux pièces, l'une en vers rythmiques, l'autre en vers métriques. La première, intitulée *Quinquaginta bona proverbialia documenta philosophorum et sapientum*, commence par

> Juvenis stans in timore
> Et parentum in honore...

La strophe entière a été publiée par M. Delisle (1). En voici trois autres :

> *Horatius.* Amicum tuum **ne tentes**
> De re de qua non indiges;
> Non diligit legaliter
> Amans pecunialiter.
> *Plato.* Qui vult ne ira se lædat
> Omne quod audit non credat;
> Cujus auris est sagena
> Malis fit mens sæpe plena.

(1) *Catalogue des man. de M. J. Desnoyers*, p. 50.

Aristoteles. Non reputo sapientem
Cujus ira ligat mentem ;
Ira sic cor sensu privat
Quod hic ad opus non juvat.

Comme on le voit, ces philosophes, ces grands
sages parlaient les uns et les autres une très mauvaise langue. Il y a deux copies de cette pièce à
Saint-Gall, dans les n⁰ˢ 630 et 936, qui sont du xive
et du xve siècle. Nous la croyons plutôt d'un clerc
germain que d'un français.

Au feuillet 6, le petit poème sur l'influence chaque
jour croissante de la richesse, aussi bien dans l'Église
que dans l'État :

In terris summus rex est hoc tempore nummus...

Nous avons dit, sous le n⁰ 13576 (1), qu'il a plusieurs fois été publié.

1433

A la marge supérieure de la première page on lit
encore ces mots épargnés par le couteau du relieur :
...*lerniensis super evangelia per annum*. Le titre
aujourd'hui mutilé, devait être : *Postillæ Bertrandi de
Turre, archiepiscopi Salerniensis super evangelia per
annum*. L'auteur de ces postilles ou homélies est,
en effet, Bertrand de La Tour, archevêque de Salerne
en 1319, plus tard cardinal évêque de Frascati. Elles
sont intitulées dans le n⁰ 326 de Toulouse : *Postillæ
super evangelia dominicalia et ferialia totius anni,*

(1) Tome II, p. 251.

compilata per fr. Bertrandum de Turre, ordinis fratrum Minorum, sanctæ theologiæ doctorem. Et d'autres manuscrits en nomment aussi l'auteur (1). Il y a dans ces postilles beaucoup trop de verbiage. C'est de la théologie littéraire, et la littérature en est sans agrément.

Sur le fol. 337 de ce volume, provenant de Cluni, a été transcrite une lettre d'Innocent VI, du 3 octobre 1356, qui recommande l'abbé de cette maison, envoyé par le pape en ambassade vers l'empereur Charles IV. L'intérêt de cette lettre est facilement appréciable. On est au lendemain du désastre de Poitiers, et le pape invite l'empereur à reconcilier, s'il est possible, les rois de France et d'Angleterre.

1453

Ce commentaire sur l'Apocalypse est intitulé *Liber domni Æmonis super Apocalypsin*, et il a été plusieurs fois publié sous le nom d'Haimon, évêque d'Halberstadt ; en dernier lieu dans le tome CXVII de la *Patrologie.* Cependant quelques manuscrits, notamment le n° 301 de Grenoble, l'attribuent à Rémi d'Auxerre, et les auteurs de l'*Histoire littéraire* se sont prononcés en faveur de cette attribution, qu'ils n'avaient pas d'abord admise. Il reste douteux qu'ils aient eu raison de se rétracter (2).

---

(1) *Journal des Savants*; 1888, p. 612.
(2) *Hist. litt. de la Fr.*, t. VI, p. 113.

1472

La première et la plus considérable des pièces qui composent ce volume a pour titre *Instructio pie vivendi et superna meditandi*, et elle commence par : *Hoc opusculum in pluribus capitulis distinxi ut hæc quæ in diversis locis sunt...* Tels sont du moins les premiers mots d'un court prologue. La préface, qui suit, a pour début : *Quoniam in felici captione Domini sum reclusus;* et le livre : *Audi, filia, et vide, inclina aurem tuam... — Ad quod forsitan respondes et dicis...* Le nom de l'auteur manque, et on ne l'a pas ailleurs trouvé. Mais on a lieu de supposer qu'il vivait dans les premières années du xve siècle. C'est un pur mystique, qui ne cite, parmi les docteurs modernes, que saint Bernard, méprisant trop les théologiens philosophes pour leur faire cet honneur.

Au fol. 43, des vers rythmiques et d'autres métriques. Les rythmiques sont le *Torneamentum monachorum*, attribué, par le n° 902 de la Mazarine, à saint Bernard. C'est une attribution qu'on peut qualifier d'injurieuse (1). Nous retrouverons ce poème dans le n° 1544 du même fonds. Aux copies que nous en avons déjà citées ajoutons celle qui vient de nous être signalée dans le n° 250 de Cambrai.

Les vers métriques sont des inscriptions proposées pour diverses parties d'un cloître. Ces vers sont détestables ; les fautes de toute sorte y abondent. M. Delisle a cité les premiers (2).

(1) *Des poèm. lat. attr. à S. Bernard*, p. 52.
(2) *Catal. des man. de Cluni*, p. 133.

Au fol. 44, *Libellus Bernardi, abbatis Clarævallis, de laude eremi*, commençant par : *Quam decora, quam dulcora sit eremicolarum conversatio...* Ce n'est pas non plus à saint Bernard qu'appartient cette apologie de la vie érémitique. Ainsi *dulcora* n'est pas un néologisme de sa fabrique. Nous l'en félicitons. Cette pièce doit être du même temps que la première du volume et que le *Torneamentum*. Le style est celui du xve siècle, le siècle des faussaires, qui se trahissent tous en parlant la langue macaronique à laquelle appartient l'adjectif *dulcora*.

Au fol. 57, *Tractatus de tribulatione*, sans nom d'auteur. Les premiers mots sont : *Da nobis, Domine, auxilium de tribulatione. Tibi animæ tribulatæ, tibi tentatæ...* Nous avons parlé de ce traité dans notre notice sur le n° 14955 (1). Goussainville en a donné, sous le nom de Pierre de Blois, un texte très librement modifié ; mais l'original n'est pas lui-même, répétons-le, de Pierre de Blois, dont le style est beaucoup plus ferme et moins tourmenté.

Au fol. 71, *De septem gradibus contemplationis*. Cet écrit, plusieurs fois imprimé sous le nom de saint Bonaventure, paraît aussi d'un écrivain plus moderne. Nous l'avons dit, après Sbaraglia, sous le n° 15163 (2).

Au fol. 73, *Soliloquium Hugonis de Sancto Victore*. Ce titre est exact. Comparez cet écrit à ceux qui précèdent : en tout il en diffère. Ce sont pourtant les uns et les autres des écrits mystiques. Mais autant le mysticisme du xiie siècle a de séduction, autant celui

____

(1) Tome IV, p. 135.   (2) Tome IV, p. 325.

du xvᵉ inspire de répulsion. Dans celui-ci, les pro-
lixes déclamations d'une tristesse haineuse; dans celu
là, les sincères accents d'une âme tendre. Transporté
dans la région du mystère, Hugues de Saint-Victor
est bien loin de ce monde, et, ne le voyant plus,
il ne fatigue pas ses poumons à le maudire.

Au fol. 84, *Liber qui Stimulus amoris vocatur*. On
a quelquefois attribué ce livre à saint Bonaventure, et
il est sous son nom dans le n° 235 de Metz. Cependant
Casimir Oudin, Sbaraglia et le P. Bonelli, qui sont
rarement d'accord, n'ont qu'une seule voix pour rejeter cette attribution. Elle n'est pas, en effet, acceptable et elle ne paraît, d'ailleurs, devoir être mise à
la charge d'aucun copiste; c'est le fait d'un libraire.
L'auteur que désignent les nᵒˢ 55 d'Évreux et 1397
de Troyes est un Franciscain du xvᵉ siècle, Henri de
Baume; mais Sbaraglia prétend que Henri de Baume
n'a été que le verbeux compilateur d'un de ses confrères. Nous l'avons déjà dit sous le n° 16518 (1).

1474

Encore une copie des *Distinctiones* du Franciscain
Nicolas de Biard. Nous en avons parlé sous les
nᵒˢ 3239 A de l'ancien fonds (2) et 420 des Nouvelles
acquisitions (3), et nous avons dit combien on a,
pendant longtemps, estimé cet utile manuel.

(1) Tome V, p. 174.
(2) Tome I, p. 206.
(3) Ci-dessus, p.

1544

Ce volume, incomplet, de provenance inconnue, est entré récemment à la Bibliothèque nationale. Écrit tout entier par la même màin, il nous offre un recueil de pièces, les unes en vers, les autres en prose, formé dans le xve siècle par un moraliste que ne révoltaient pas les libres badinages. Il ressemblait sous ce rapport à beaucoup de ses contemporains, qui n'en furent pas moins, peut-être, honnêtes gens. On est excusable d'enfreindre les lois qu'on ignore, et celles de la décence n'étaient pas alors généralement connues. Il est même notable que l'usage de ce mot *décence* est assez moderne; on l'a cherché sans le trouver dans la langue du xve siècle.

Les premières pages de notre volume sont occupées par des sentences empruntées aux livres de Salomon. A la suite, du feuillet 14 au feuillet 19, le *Liber de formula honestæ vitæ*, sans le prologue. C'est, on l'a dit, l'écrit que s'est frauduleusement attribué Martin, évêque de Braga, et qu'on a plusieurs fois a tort publié sous le nom de Sénèque, avec un titre différent (1). Après vient une longue suite de maximes tirées de divers écrits et rangées dans l'ordre alphabétique, puis un fragment de saint Augustin, et, sous ce titre : *Notabilia Decretalium,* un recueil des décisions canoniques que tout clerc doit connaître puisqu'elles sont les règles de sa conduite. Au verso du feuillet 54

(1) Tome II, p. 205.

d'autres sentences, intitulées *Proverbia dictaminum* ;
ce qui veut dire qu'elles peuvent être, suivant l'occasion, introduites dans les lettres missives, pour justifier, pour confirmer dogmatiquement les avis, les
remontrances, les requêtes, les refus que ces lettres
contiennent. Enfin, du feuillet 56 au feuillet 68, une
dernière série d'extraits moraux, en tête desquels sont
cités les philosophes et les Pères qui les ont fournis.

Toute cette partie du volume est banale. Mais au
feuillet 68 finit la prose et commencent les vers,
métriques ou rythmiques, pieux ou profanes, qui, les
uns et les autres, ont plus ou moins d'intérêt. Il est
vrai qu'ils ont été, pour la plupart, publiés : mais ils
l'ont été d'après des copies souvent fautives. Aussi
tout nouveau texte de ces vers a-t-il du prix pour les
curieux.

La première pièce, sans titre, au verso du feuillet 68,
est, croyons-nous, inédite et nous n'en connaissons
pas un autre manuscrit. C'est pourquoi nous la transcrivons, quoiqu'il s'y rencontre plus d'une faute
imputable au copiste :

Quid in hac miseria
Miseri moramini ?
A mundana gloria
Quare delectamini ?
Vos qui moriemini,
Relinquentes omnia,
Mors quæ parcit (nemini)
Vestra tollet gaudia.
Sic egrediemini.

Opum affluentia
Parum prodest homini ;

Mundi sapientia,
Sicut bene memini,
Juxta verbum Domini,
Quædam est stultitia.
Illud intuemini ;
Relinquentes vitia,
Virtutes sequemini.

Væ vobis mortalibus
Qui putatis vivere,
Cum mors sit in foribus,
Quæ solet occidere,

De cunctorum genere,
Filios cum patribus !
Homo, reminiscere,
Cum abundas opibus,
Eas te demittere.

Unum prosit omnibus :
Dominum metuere.
Non ipsum timentibus
Verum (1) est acquirere.
Si non solet affluere (2)
Deum diligentibus
Quidquid volunt petere,

Justis tamen precibus
Sic debemus credere.

Quæ te vincit rabies,
Nam tua res agitur
Dum vicini paries
Proximus comburitur ?
Hic vivit, hic moritur.
Dic, homo, quid facies !
Quidquid orbe clauditur,
Et genus et species,
In momento perditur.

Du folio 69 au folio 72, s'étend le poème bien connu de *Philomena* :

Philomena, prævia temporis amœni...

On l'a cru de saint Bonaventure, et il a été publié plus d'une fois dans les recueils de ses *OEuvres*. C'est pourquoi M. Clément nous l'a donné de nouveau sous son nom dans ses *Extraits des poètes chrétiens*, page 530. Cette attribution n'est pourtant pas acceptable, et tous les bons critiques l'ont, sans exception, rejetée. Saint Bonaventure ayant été ce que l'on appelle un mystique, on a pour cela mis à son compte tout un fatras de puérilités anonymes. Ainsi l'on a fait tort à sa vénérable mémoire. Le même poème a été imprimé sous le nom de Louis de Grenade, et, d'autre part, les bibliographes anglais le réclament, les uns pour Jean Hoveden (3), les autres

______

(1) Lisez *Vanum*.
(2) Nous faisons ce vers pour remplir une lacune.
(3) Fabricius, *Bibl. med. et inf. ælat.*, t. IV, p. 85.

VI   18

pour Jean Peckham (1). Louis de Grenade doit être certainement écarté, comme ayant vécu longtemps après les scribes à qui nous devons les copies même les plus récentes de cette œuvre trop admirée; mais il est difficile de se prononcer entre Jean Hoveden et Jean Peckham. En fait, le nom de l'auteur est encore inconnu.

Quel qu'il soit, nous croyons devoir faire remarquer qu'il n'a pas commis toutes les fautes qui déparent les éditions de son poème. En voici les premières strophes d'après notre manuscrit et quelques autres :

> Philomena, prævia temporis amœni
> Quæ recessum nuntias imbris atque cœni,
> Dum demulces animos tuo cantu leni,
> Avis prædulcissima, ad me, quæso, veni.
>
> Veni, veni, mittam te quo non possum ire,
> Ut amicum valeas cantu delinire,
> Tollens ejus tædia vice dulcis lyræ,
> Quem heu ! modo nequeo verbis convenire.
>
> Ergo, precor, suppleas meum imperfectum,
> Salutando dulciter unicum dilectum,
> Eique denunties qualiter affectum
> Sit cor meum jugiter ad ejus profectum.
>
> Quod si quærat aliquis quare te elegi
> Meum esse nuntium, sciat quia legi
> De te quædam propria, quæ, divinæ legi
> Coaptata mystice, placent summo regi...

Si l'on compare ces quatre strophes à celles qu'on lit dans l'édition dernière, dès l'abord on soupçonnera qu'il doit exister de notables différences entre

---

(1) Denis, *Cod. theol. Vindob.*, t. I, col. 2321. — Coxe, *Cod. Laud. miscell.*, n° 368.

toutes les autres. En effet les deux textes diffèrent complètement. Ajoutons que l'imprimé n'est pas complet; il y manque les quatre strophes finales, que voici :

> Jam quiescant oculi, cessent aquæ ductus,
> Nam ex parte recipis spei tuæ fructus,
> Quia per quem sæculi evasisti fluctus
> Tuos inter oscula consolatur luctus.
>
> Dic, dic, dulcis anima, ad quid ultra fleres ?
> Habes cæli gaudium tecum et lugeres!
> Et, si velles, amplius certe non langueres,
> Quia salus omnium est cui adhæres.
>
> Sed jam metrum finio, ne sim tædiosus,
> Nam, si vellem scribere quam deliciosus
> Sit hic status animæ quamque gratiosus,
> A malignis dicerer fallax et mendosus.
>
> Quidquid tamen alii dicant, frater care,
> Istam novam martyrem libens imitare,
> Dumque talis fueris Christum deprecare
> Ut nos cantus martyrum doceat cantare.
>
> Amen !

Il paraîtra sans doute bien extraordinaire qu'une pièce de si grand renom (ce qui ne veut pas dire qu'elle soit d'un grand mérite) ait été tant de fois si mal publiée. Mais les anciens éditeurs s'inquiétaient peu de rechercher les meilleurs textes, et, parmi les nouveaux, beaucoup se bornent à transcrire ceux qu'ils ont reçus des anciens.

Au folio 72, verso : *Excitatio ad psallendum in choro.* C'est le petit poème, ailleurs intitulé : *Torneamentum B. Bernardi,* qui commence par

> Dum in nocte video in choro conventum,

et dont il existe une édition peu correcte dans le
Serapeum : t. XVII, page 285. Cette pièce sans esprit
et sans style n'est aucunement de saint Bernard.
Nous croyons l'avoir prouvé (1). Le texte de notre
manuscrit n'est pas d'ailleurs plus recommandable que
celui de l'édition. Mais il serait facile d'en constituer
un moins défectueux, si l'œuvre en valait la peine.
On en possède en effet de très nombreuses copies.

Au folio 78, verso : *Salutatio B. Mariæ*. Cette pièce,
qui commence par

Ave, Dei genitrix et immaculata,

n'est pas non plus inédite. M. Mone l'a publiée
d'après cinq manuscrits d'Allemagne dont il a recueilli
les variantes : *Hymni latini,* tome II, page 100. C'est
une paraphrase de l'*Ave Maria*. Un des manuscrits
indiqués par M. Mone nomme l'auteur Robert, évêque de Lincoln. Mais c'est un volume du xve siècle,
qui n'a pas d'autorité. Casimir Oudin a reproduit tous
les renseignements fournis par les bibliographes
anglais sur les nombreux écrits de Robert (2), et nous
n'y trouvons aucune mention de ce poème. On n'en
signale pas d'ailleurs d'anciennes copies dans les
bibliothèques de France ou d'Angleterre ; ce qui nous
porte à croire qu'il est d'un Allemand.

Au verso du feuillet 74, sans titre, la pièce dont
voici le début :

Exceptivam actionem
Verbum Patris excipit;

(1) *Journal des Savants,* 1882, p. 290. — *Des Poèmes lat. attrib.*
à S. Bernard, p. 52.

(2) *Comm. de script. eccles.,* t. III, col. 136 et seq.

qui, publiée par Buzelin sous le nom d'Alain de Lille,
se lit aussi parmi les œuvres de cet illustre docteur
dans la *Patrologie* de M. l'abbé Migne, tome CCX,
colonne 579. Mais ces deux éditions sont très fautives.
C'est ce que nous avons pu montrer en les comparant
au texte fourni par le manuscrit que nous décrivons
en ce moment (1). Dans ce manuscrit la pièce est anonyme ; elle l'est aussi dans un manuscrit d'Oxford (2)
et dans un volume de la Laurentienne que nous a
fait connaître notre confrère M. Delisle (3). Cependant
on a lieu de croire qu'elle est, en effet, du docte et
subtil Lillois. Ce que l'on sait de lui ne s'oppose pas
à ce qu'il ait, dans les loisirs du cloître, composé ce
poème bizarre dont on ne saurait tout comprendre
sans être à la fois, au même degré, théologien, gram-
mairien et logicien. Ainsi nous nous excusons de
n'avoir pas atteint le sens de tous les jeux de mots
qui s'y trouvent.

Une note, en prose, sur les trois Marie suit le
poème d'Alain et à cette note succède une pièce
rythmique intitulée *Salutationes B. Virginis.*

Voici les premiers vers :

> Vale sole clarior
> Atque luna pulchrior;
> Vale plusquam lilium
> Candida convallium...

Cette oraison, que ne paraissent avoir connue ni

(1) *Mémoires de l'Acad. des Inscr.*, XXXII, 1re part., p. 24.
(2) *Bibl. de l'Éc. de Chartes*, 1885, p. 583.
(3) Delisle (L.), *Discours à l'assemblée générale de la Société de l'Hist. de Fr.* 1885, p. 58.

M. Mone ni M. Daniel, est courte et sans intérêt. C'est
peut-être un fragment.

Au folio 75, verso : *Phillidis et Floræ Altercatio*.
Cette pièce est, au contraire, longue, plaisante et a
été plusieurs fois publiée ; d'abord dans le tome VII,
page 302, du journal de J. Ch. Freyherrn d'Aretin,
Beyträge zur Geschichte und Literatur, depuis, par
M. Wright, *Poems attributed to Walter Mapes*, page 258,
et par M. Schmeller, page 155 des *Carmina burana*.
Mais de ces éditions la première est incomplète, la
seconde et la troisième sont loin d'être correctes. Nous
avons essayé d'améliorer le texte de ce dialogue vraiment curieux en faisant un choix parmi les variantes
de notre exemplaire, celles des trois éditions et celles
d'une copie contenue dans notre n° 16208, copie de
bonne date, mais malheureusement incomplète
comme la première des éditions :

> Anni parte florida, cælo puriore,
> Picto terræ gremio vario colore,
> Cum fugaret sidera nuntius Auroræ,
> Liquit somnus oculos Phillidis et Floræ.
>
> Placuit virginibus ire spatiatum,
> Nam soporem rejicit pectus sauciatum ;
> Æquis ergo passibus exeunt in pratum,
> Ut et locus faciat ludum esse gratum.
>
> Erant ambæ virgines et ambæ reginæ :
> Philis coma libera, Flora compto crine.
> Non sunt formæ virginum, sed formæ divinæ,
> Et respondent facies luci matutinæ.
>
> Nec stirpe, nec facie, nec ornatu viles,
> Et annos et animos habent juveniles ;
> Sed sunt parum impares et parum hostiles,
> Nam huic placet clericus, illi placet miles.

Non est differentia corporis aut oris,
Omnia communia sunt intus et foris;
Sunt unius habitus et unius moris;
Sola differentia modus est amoris.

Susurrabat modicum ventus tempestivus,
Locus erat viridi gramine festivus,
Et in ipso gramine defluebat rivus,
Vivus atque garrulo murmure lascivus.

Ad augmentum decoris et caloris minus,
Fuit juxta rivulum spatiosa pinus,
Venustata foliis, late pandens sinus;
Nec intrare poterat calor peregrinus.

Consedere virgines; herba sedem dedit.
Phillis prope rivulum, Flora longe sedit;
Et, dum sedet utraque ac in sese redit,
Amor corda vulnerat et utramque lædit.

Amor est interius latens et occultus
Et corde certissimos elicit singultus;
Pallor genas inficit, alterantur vultus,
Sed in verecundia furor est sepultus.

Phillis in suspirio Floram deprehendit,
Et hanc de consimili Flora reprehendit;
Altera sic alteri mutuo rependit,
Tandem morbum detegit et vulnus ostendit.

Ille sermo mutuus multum habet moræ,
Et est quidem series tota de amore;
Amor est in animis, amor est in ore.
Tandem Phillis incipit et arridet Floræ.

« Miles, inquit, inclyte, mea cura, Paris,
Ubi modo militas et ubi moraris?
O vita militiæ, vita singularis,
Sola digna gaudio Dionæi laris! »

Dum puella militem recolit amicum,
Flora ridens oculos jacit in obliquum,
Et in risu loquitur verbum inimicum :
« — Amas, inquit, poteras dicere mendicum ;

« Sed quid Alcibiades facit, mea cura,
Res creata dignior omni creatura,
Quem beavit omnibus gratiis natura ?
O sola felicia clericorum jura ! »

Floram Phillis arguit de sermone duro,
Et sermone loquitur Floram commoturo ;
Nam : « — Ecce virguncula satis corde puro
Cujus pectus nobile servit Epicuro !

« Surge, surge, misera, de furore fœdo !
Nihil elegantiæ clerico concedo ;
Solum esse clericum Epicurum credo,
Cujus implent latera moles et pinguedo.

« A castris Cupidinis cor habet remotum,
Qui somnum desiderat et cibum et potum.
O puella nobilis, omnibus est notum
Quod sit longe militis ab hoc voto votum.

« Solis necessariis miles est contentus,
Somno, cibo, potui non vivit intentus ;
Amor illi prohibet ne sit somnolentus ;
Cibus, potus militis amor et juventus.

« Quis amicos copulet nostros loro pari ?
Lex naturæ prohibet illos copulari ;
Meus novit ludere, tuus epulari ;
Meo semper proprium dare, tuo dari. »

Haurit Flora sanguinem vultu verecundo,
Et apparet pulchrior in risu jocundo ;
Et tandem eloquio reserat facundo
Quod corde conceperat artibus fœcundo.

« — Satis, inquit, libere, Phillis, es locuta;
Multum es eloquio velox et acuta;
Sed non efficaciter verum prosecuta,
Ut per te prævaleat lilio cicuta.

« Dixisti de clerico quod indulget sibi,
Servum somni nominas et potus et cibi;
Sic solet ab invido probitas describi.
Ecce, parum patere, respondebo tibi.

« Tot et tanta, fateor, sunt amici mei
Quod non unquam indiget alienæ rei.
Vasa mellis, olei, Cereris, Lyæi,
Aurum, gemmæ, pocula famulantur ei.

« In tam dulci copia vitæ clericalis
Quod non potest aliqua voce pingi talis,
Volat et duplicibus amor plaudit alis,
Amor indeficiens, amor immortalis.

« Sentit tela Veneris et Amoris ictus,
Non tamen est clericus macer aut afflictus,
Quippe nulla gaudii parte derelictus,
Cui respondet animus dominæ non fictus.

« Macer est et pallidus tuus præelectus,
Pauper et vix pallio sine pelle tectus;
Nec sunt artus validi, nec robustum pectus,
Nam cum causa deficit deest et eflectus.

« Turpis est pauperies imminens amanti.
Quid præstare poterit miles postulanti ?
Sed dat multa clericus et ex abundanti,
Tantæ sunt divitiæ redditusque tanti. »

Floræ Phillis objicit : « — Multum es perita,
In utrisque studiis et utraque vita;
Satis probabiliter es pulchre mentita ;
Sed hæc altercatio non quiescet ita.

« Orbem cum lætificat hora lucis festæ,
Tunc apparet clericus satis inhoneste,
In tonsura capitis et in atra veste,
Portans testimonium voluntatis mœstæ.

« Non est ullus adeo fatuus aut cæcus
Cui non appareat militare decus.
Tuus est in otio quasi brutum pecus;
Meum tegit galea, meum portat equus.

« Meus armis dissipat inimicas sedes,
Et, si forte prœlium inierit pedes,
Dum tenet Bucephalum suus Ganymedes,
Ipse me commemorat inter ipsas cædes.

« Redit fusis hostibus et pugna confecta,
Et me sæpe respicit, galea rejecta.
Ex his et ex aliis, ratione recta,
Est vita militiæ mihi præelecta. »

Movit iram Phillidis et pectus anhelum,
Dum remittit multiplex illi Flora telum.
« — Frustra, dicit, loqueris, os ponens in cælum,
Et per acum niteris figere camelum.

« Mel pro felle deseris et pro falso verum,
Quæ probas militiam reprobando clerum.
Facit amor militem strenuum et ferum ?
Non; imo pauperies et defectus rerum.

« Pulchra Phillis, utinam sapienter ames,
Nec meis sententiis amplius reclames !
Tuum domat militem sitis atque fames,
Quibus mortis petitur et inferni trames.

« Multum est calamitas militis attrita ;
Sors illius dura est et in arcto sita,
Cujus est in pendulo dubioque vita
Ut habere valeat vitæ requisita.

« Non dicas opprobrium, si cognoscas morem,
Vestem nigram clerici, comam breviorem ;
Habet ista clericus ad summum honorem,
Ut sese significet omnibus majorem.

« Universa clerico constat esse prona,
Nam signum imperii portat in corona.
Imperat militibus et largitur dona ;
Famulante major est imperans persona.

« Otiosum clericum semper esse juras.
Viles spernit operas, fateor, et duras ;
Sed cum ejus animus evolat ad curas,
Cœli vias dividit et rerum naturas.

« Meus est in purpura, tuus in lorica ;
Tuus est in prœlio, meus in lectica,
Ubi gesta principum recolit antiqua,
Scribit, quærit, cogitat totum de amica.

« Quid Dyonæ valeat et Amoris deus
Primus novit clericus et instruxit meus.
Factus est per clericum miles cythereus.
His est et ex aliis tuus sermo reus. »

Liquit Flora pariter vocem et certamen,
Et sibi Cupidinis exigit examen.
Phillis primum obstrepit, acquiescit tamen ;
Et, probato judice, redeunt per gramen.

Totum in Cupidine certamen est situm.
Suum dicunt judicem verum et peritum,
Quia juris noverit utriusque ritum ;
Et jam sese præparant ut eant auditùm.

Pari forma virgines et pari còlore,
Pari voto militant et pari pudore ;
Phillis veste candida, Flora bicolore.
Mulus vector Phillidis erat, equus Floræ.

Mulus quidem Phillidis mulus fuit unus
Quem creavit, aluit, domuit Neptunus.
Hunc post apri rabiem, post Adonis funus,
Misit pro solatio Cythereæ munus.

Pulchræ matri Phillidis et probæ reginæ,
Illum tandem præbuit Venus Hiberinæ,
Eo quod indulserat operæ divinæ.
Ecce Phillis possidet istum læto fine.

Congruebat nimium virginis personæ.
Pulcher erat, habilis et staturæ bonæ ;
Qualem esse decuit quem a regione
Tam longinqua miserat Neptunus Dyonæ.

Si qui de suppositis et de fræno quærunt,
Quod totum argenteum dentes muli terunt,
Sciant quod hæc omnia talia fuerunt
Qualia Neptunium munus decuerunt.

Non decore caruit illa Phillis hora,
Sed multum apparuit dives et decora,
Et non minus habuit utriusque Flora,
Nam equi prædivitis fræno domat ora.

Equus ille, domitus pegasæis loris,
Multum pulchritudinis habet et valoris,
Pictus artificio varii coloris,
Nam nuptus nigredini candor est oloris.

Formæ quidem humilis, ætatis primævæ,
Et respexit paululum timide, non sæve.
Cervix fuit ardua, coma sparsa læve,
Auris parva, præminens pectus, caput breve.

Dorso pando jacuit virgini sessuræ
Spina, quæ non senserat aliquid læsuræ.
Pede cavo, tibia recta, longo crure,
Totus fuit sonipes studium naturæ.

Equo superposita respondebat sella;
Ebur enim medium claudit auri cella;
Et, cum essent quatuor sellæ capitella,
Venustavit cingulum gemma quasi stella.

Multa de præteritis rebus et ignotis
Erant mirabilibus ibi sculpta notis.
Nuptiæ Mercurii, superis admotis,
Fœdus matrimonii, plenitudo dotis.

Nullus ibi locus est vacuus aut planus;
Habet plus quam capiat animus humanus;
Solus illa sculpserat aurifex Vulcanus;
Vix hæc suas credidit potuisse manus.

Prætermisso clypeo Mulciber Achillis,
Laboravit phaleras et induxit illis
Ferraturam pedibus et frænum maxillis,
Et habenas addidit de sponsæ capillis.

Sellam tegit purpura, subinsuta bisso,
Quam Minerva, reliquo studio dimisso,
Acantho texuerat et flore narcisso
Et per pennas margine fimbriavit scisso.

Equitabant pariter duæ domicellæ.
Vultus verecundi sunt genæque tenellæ.
Sic emergunt lilia, sic rosæ novellæ,
Sic discurrunt pariter cæli duæ stellæ.

Ad Amoris destinant ire paradisum.
Dulcis ira commovet utriusque visum;
Phillis Floræ, Phillidi Flora movet risum.
Fert Phillis ancipitrem manu, Flora nisum.

Parvo tractu temporis nemus est inventum.
Ad ingressum nemoris murmurat fluentum;
Ventus inde redolet myrrham et pigmentum;
Audiuntur tympana cytharæque centum.

Quidquid potest hominum comprehendi mente,
Totum ibi virgines audiunt repente.
Vocum differentiæ sunc illic inventæ ;
Sonat diatessaron, sonat diapente.

Sonat et mirabili plaudit harmonia
Tympanum, psalterium, lyra, symphonia ;
Sonant ibi phialæ voce valde pia,
Et buxus multiplici sonum edit via.

Sonant omnes avium linguæ, voce plena :
Vox auditur merulæ dulcis et amœna,
Corydalus, graculus, turtur, philomena,
Quæ non cessat conqueri de transacta pœna.

Instrumento musico, vocibus canoris,
Tum diversi specie contemplatæ floris,
Tum odoris gratia redundante foris,
Conjectatur teneri thalamus Amoris.

Virgines introeunt modico timore
Et eundo propius crescunt in amore.
Sonant quæque volucrum proprio rumore ;
Accenduntur animi vario clamore.

Immortalis fieret ibi manens homo.
Arbor ibi quælibet gaudet suo pomo ;
Viæ myrrha, cynnamo fragrant et amomo.
Conjectari poterat dominus ex domo.

Vident choros juvenum et domicellarum,
Splendentesque virgines ut ordo stellarum.
Capiuntur subito corda puellarum
In tanto miraculo rerum novellarum.

Sistunt equos pariter et descendunt, pene
Oblitæ propositi sono cantilenæ.
Sed auditur iterum cantus philomenæ,
Et statim virgineæ recalescunt venæ.

Circa sylvæ medium locus est occultus.
Hic semper ab omnibus est Cupido cultus.
Fauni, nymphæ, satyri, comitatus multus,
Tympanizant, concinunt, ante dei vultus.

Portant thyma manibus et coronas florum.
Bacchus Nymphas instruit et choros faunorum.
Servant pedum ordinem et instrumentorum ;
Sed Silenus titubat nec psallit in chorum.

Omnes urget senior, asino provectus,
Et in risus copiam solvit dei pectus.
Clamat « Io! » Remanet clamor imperfectus ;
Viam vocis impedit vinum et senectus.

Inter hæc aspicitur Cythereæ natus.
Vultus est sidereus, vertex est pennatus,
Arcum læva possidet et sagittas latus.
Satis potest conjici potens et elatus.

Sceptro puer nititur floribus perplexo ;
Stillat odor nectaris de capillo pexo ;
Tres assistunt Gratiæ, digito connexo,
Et Amoris calicem tenent genu flexo.

Appropinquant virgines et adorant tutæ
Deum venerabili cinctum juventute,
Gloriantur numinis in tanta virtute ;
Quas deus considerans, prævenit salute.

Causam viæ postulat ; aperitur causa,
Et laudatur utraque tantum pondus ausa.
Ad utramque loquitur : « Modo parum pausa,
Donec res judicio reseretur clausa. »

Deus erat; virgines norunt deum esse.
Retractandi singula non fuit necesse.
Equos suos deserunt et quiescunt fessæ.
Amor suis imperat judicent expresse.

Amor habet judices, Amor habet jura.
Sunt Amoris judices Usus et Natura;
Illis tota data est curiæ censura,
Quoniam præterita sciunt et futura.

Eunt et justitiæ ventilant vigorem,
Ventilatum retrahunt curiæ rigorem.
Secundum scientiam et secundum morem,
Ad amorem clericum dicunt aptiorem.

Comprobavit curia dictionem juris,
Et teneri voluit etiam futuris.
Parum ergo præcavent rebus nocituris
Quæ sequuntur militem et fatentur pluris.

Cette pièce, bien faite pour charmer les clercs, eut
sans doute beaucoup de succès. Il y a, d'ailleurs, plus
d'un trait ingénieux et vraiment poétique. Cependant
on n'en signale pas un très grand nombre de copies.
Elle a été traduite en anglais (1). Nous avons dit aussi
que Ritson l'attribue sans aucune raison à Walter
Mapes. Elle est d'un clerc inconnu, qui fait, du moins,
soupçonner sa patrie. Il était, pensons-nous, italien.

Le ton de ce poème est assurément très profane;
celui du poème suivant, au folio 80, est tout autre.
C'est encore un dialogue, mais entre un pécheur et la
Vierge Marie : *De peccatore et B. Maria.* Cependant
les deux pièces, dont le rythme est identique, se ressemblent beaucoup par le style; on les supposerait
volontiers du même auteur.

Nous étions tout à l'heure en été; maintenant nous
sommes en automne :

Sol intraverat Virginem culturæque ritus,

(1) *Notices et extraits des manuscrits,* t. XXIX, 2ᵉ partie, p. 409.

et nous assistans au lever, non plus de deux jeunes
reines, mais d'un jeune homme, qui và, comme elles,
en se levant, respirer dans un pré l'air pur du matin:

> Cujus prati medio arbor radicata,
> Condensata frondibus, ramis dilatata,
> Ubi turba volucrum simul glomerata
> Erat in invidiæ necem conspirata.
>
> Fons vivus et frigidus subter emanabat
> Qui fœcundum cespitem magis fœcundabat...
>
> Serviebant auribus aves concinentes
> Et liquido murmure rivi decurrentes...

Or, se dit le jeune homme, ce beau spectacle de la
nature ne peut avoir pour unique objet de me charmer.
Dieu l'a fait certainement pour m'instruire. Et, cette
réflexion l'amenant à se rappeler ses péchés, il ne
voit plus rien, n'entend plus rien du dehors, se re-
cueille et verse des larmes:

> Tunc de fonte memorans fontem pietatis,
> Attendens in arbore ramos caritatis,
> Intuens in floribus florem castitatis,
> Flevi fletu maximo pro meis peccatis.
>
> Humectatis oculis, facie rigata,
> Licet flos candesceret, herbam darent prata,
> Mens, amaris planctibus in se conturbata,
> Nulla videt penitus quæ sint ei grata.

Le jeune pécheur était donc en ce pré fleuri, pleu-
rant, gémissant, quand tout à coup une femme d'une
beauté merveilleuse se présente à lui:

> Pulchra, pulchris pulchrior, nullam pulchriorem
> Meus vidit oculus, sed nec dulciorem.

VI   19

Nihil auro differens, imo magis cara,
Coma sui capitis, coma tam præclara;
In aptandis crinibus ipsa non ignara,
Egit ne cæsaries videretur rara...

Jaspis et carbunculus, gemmæ valde bonæ,
Discolores radios tribuunt coronæ.
Ad laudandam gloriam nobilis personæ
Ego mutus; opus est Marco Cicerone...

Cette belle femme, parée de tant de joyaux, sans une seule pierre fausse, dont les cheveux d'or, c'est-à-dire les cheveux roux, sont arrangés avec tant d'art qu'on n'y peut soupçonner une lacune, n'est-ce pas une de ces Vénitiennes si coquettes et si charmantes dont nous avons les portraits peints par le Giorgion ou Paul Veronèse ? Non, c'est la Vierge Marie. Le jeune homme, qui l'a sur-le-champ reconnue, ne s'étonne pas de sa beauté; mais il s'étonne beaucoup de la voir s'avancer vers lui les yeux fermés, et, tombant à ses genoux, il lui en demande la raison. C'est ici que le dialogue commence. A sa question la Vierge répond :

Quid luci ad tenebras, mundis ad immunda?
Flos a spinis discrepat, a pigmentis unda,
Ab impuris differunt quæque verecunda.

— Ainsi, réplique le jeune homme, tu refuses de me voir parce que tu me méprises, et tu me méprises parce que j'ai péché. Mais ton fils ne s'est-il pas montré plein de miséricorde pour le pécheur ? — Oui sans doute, réplique la Vierge à son tour; cependant il ne faut pas, en parlant de miséricorde, oublier la justice. La justice a ses droits qui ne sauraient être méconnus. Sans les contester, le pécheur s'efforce d'attendrir la Vierge en lui faisant toutes sortes de compliments :

> Fons hortorum, puteus præstans ubertatem,
> Aqua fluens, impetu pellens siccitatem,
> Nullus calor noxius vincit tempestatem,
> His aquis si fervidam temperas æstatem.
>
> Nautæ portus requies, fulgens margarita,
> Via nullis gressibus hominum attrita,
> Ut nobis non noceant mortis aconita,
> Tu mea refectio, tu mea sis vita !
>
> Virgo, sidus aureum, stella mater solis,
> Florem servans integrum cum honore prolis...
>
> Virgo, super superos verbi Dei cella,
> Ne percellat timidum sæculi procella,
> Caritatis balsamum, pietatis mella,
> Dona mater filio, puero puella. ·
>
> Tu fons indeficiens, tu fœcunda vitis,
> Fomes pœnitentiæ, peccatorum sitis,
> Vena fundens veniam cordibus contritis,
> Pia magis omnibus, inter omnes mitis ;
>
> Orientis janua, nesciens patere,
> De qua Christus exiit sine damno seræ,
> Miserere miseri, mei miserere ;
> Miserere citius, ne me cogas flere...

Si flatteurs que soient les termes de cette supplique, ils ne séduisent pas la Vierge, et durement elle déclare au pécheur que toute son éloquence n'est qu'une vaine rhétorique :

> O latrator optime, coæquande cani,
> Gratiani clerice, vel Justiniani,

Nosce quod nullo modo distat ab **inani**
Cujus vox angelica, digiti profani.

Le pécheur change alors de langage. On ne peut
lui pardonner, il en convient, ses fautes passées, s'il
n'est résolu très fermement à se comporter mieux. Il
en fait donc la promesse en des termes plus simples,
avec de moindres éclats de voix, et la Vierge, alors
touchée, lui donne une robe sans tache, l'assurant
qu'il sera sauvé, si, durant les jours qu'il doit vivre
encore, il ne la souille pas.

M. Fierville nous indique une autre copie de ce
poème dans le n° 115 de Saint-Omer, où, dit-il, il se
compose de soixante-six strophes (1). Dans la nôtre il
n'en a que soixante-cinq. Elle n'est donc pas complète ; de plus le texte en est souvent défectueux.

Au folio 84, *De schismate duorum paparum*. Nous
allons voir ici combien, en temps de schisme, l'élection simultanée de deux papes, leurs prétentions et
leurs entreprises rivales devaient troubler, inquiéter,
désoler les clercs d'humble condition, restés en dehors
des partis, uniquement dévoués à la cause de l'Église.
On a déjà deux éditions de cette pièce vraiment intéressante. Elle a tour à tour été publiée par M. Wright,
d'après divers manuscrits d'Angleterre, dans son
recueil intitulé : *Poems attributed to Walter Mapes,*
p. 159, et par M. Müldener, d'après le n° 3245 de
notre Bibliothèque nationale, *Die zehn Gedichte des
Walther von Lille*, p. 37. Mais voici trois copies dont
il n'a pas encore été fait usage. Elles se trouvent dans

_____

(1) *Not. et extr. des man.*, t. XXXI, 1ʳᵉ partie, p. 144.

les n°s 11412, 11867 de la même bibliothèque et dans
le volume dont nous rédigeons maintenant la notice.
Or, si ces trois copies ne sont pas irréprochables, elles
offrent néanmoins un assez grand nombre de leçons
qui semblent devoir être préférées à celles de l'une
ou de l'autre édition. Cela constaté, nous n'hésitons
pas à donner de cette pièce un troisième texte ainsi
réformé :

Heliconis rivulo modice respersus,
Vereor ne pondere sim verborum mersus ;
Sed quia jam labitur mundus universus,
Incipe Mænalios mecum, mea tibia, versus (1).

Rythmis dum lascivio, versus dum propino,
Rodit forsan aliquis me dente canino,
Quia non afflatus sum spiritu divino,
Nec fonte labra prolui Caballino (2).

Accusator criminum judexque sedebo
Omnium quæ videro fieri sub Phœbo ;
Vitiosus siquidem vitia delebo ;
Munus et officium, nil scribens ipse, docebo.

Dicta fuit aurea vita proavorum,
Quando nec simonia vendicabat (3) chorum,
Nec regnabant schismata. Sed vi modernorum
Effodiuntur opes, irritamenta malorum (4).

Ecce papas geminos elegere reges ;
Sed cui adhæreas nescis, aut quem neges.

(1) Virgile, *Églogue* VIII, 21.
(2) Perse, prologue.
(3) On lit, dans un de nos manuscrits, au lieu de *vendicabat*, qui
n'est pas clair, *dilatabat*, qui ne l'est pas davantage.
(4) Ovide, *Metam.*, I, 140.

Utrobique pullulat vitiorum seges,
Amissæ pereunt nullo discrimine leges (1).

Sed a Christo forsitan neuter est electus.
Neuter mihi sufficit, uterque suspectus ;
Nescio quis horum sit obliquus vel rectus ;
In diversa trahunt unum duo nomina pectus.

Suam Christus amodo vineam non fodit ;
Illam vorat ambitus, illam schisma rodit.
Sponsa Christi conjugis jussa non custodit ;
Sæpe etenim mulier quæ conjux diligit odit (2).

Sponsa dicit apud se : « Heu ! quam diu teror !
Quo me rapit impetus schismatis ? Quo feror ?
Sponsum, per quem meus hic lenietur mæror,
Ultra promissum tempus abesse queror (3).

« Hinc me Rhenus opprimit, hinc Francorum chori ;
Dubito cui debeam cedere favori.
Veniat mors, veniat terminus mærori !
Impia quid dubitas, Deïanira, mori ? (4)

« Si verum subtilius libet intueri,
Jam defecit dignitas et libertas cleri ;
Roma prorsus cecidit in eclypsim veri,
Et, si non cecidit, potuit cecidisse videri.

« Non erat a Cæsare papa statuendus,
Sed secundum canones erat eligendus,
Nam qui sic eligitur hic est reverendus ;
Hic tibi præcipue sit pura mente colendus.

(1) A la suite de cette strophe on en lit une que nous omettons.
Nous l'omettons parce qu'elle est superflue et n'est pas du même
rythme que les autres.

(2) Juvénal, *Sat.* VI, v. 510.

(3) Ovide, *Heroid.*, II, 2.

(4) Cette strophe ne se trouve que dans le n° 11867, fol. 101 v°, et
le dernier vers offre une lacune. Nous en restituons le texte sans
hésitation, ce dernier vers étant d'Ovide : *Heroid.*, IX, v. 146.

« Illi per quos hæreses schismataque vici
Quondam, mihi facti sunt nuper inimici.
Quæ cecidi, stabilis non debebam dici.
Quid me felicem toties jactastis, amici ?

« Nemo juste vivere novit, nemo pie ;
Pastores Ecclesiæ facti sunt harpiæ,
Et jam completum est illud Jeremiæ :
Jacent sancti lapides in capite viæ.

« Mea gens antiquitus dici Nazaræa,
Id est sancta, potuit ; sed nunc Pharisæa.
Unam duas faciunt, et, cum non sim rea,
Prælati partiti sunt vestimenta mea.

« Jam casura videor, quia tota nuto ;
Mei propugnacula muri carent scuto ;
Aurum meum scoria, vilius est luto ;
Est princeps provinciæ factus sub tributo.

« Sed, ne vos detineam turbine sermonum,
Caput mundi corruit, non habens patronum.
Ubinam est hodie virtus Scipionum,
Marcellusque loquax et nomina vana Catonum ? (1).

« Veni, conjux optime, jam hinc turba Rheni,
Illinc me, cum Gallicis, lacerant Rhuteni ;
Veni, ne tardaveris et lugentem leni.
Nil mihi rescribas, attamen ipse veni (2).

« Me desertam creditis forsitan ex toto ;
Sed sponsum ad nuptias, hoste jam remoto,
Aspiciens a longe venientem noto. »
Sic ait, longo consumit gaudia voto (3).

Quel est l'auteur de cette pièce ? Le n° 3245 la
donne, jointe à neuf autres, à Gautier de Lille,
c'est-à-dire, selon MM. Du Méril et Müldener, à Gau-

____

(1) Lucain, *Phars.*, I. 313.   (3) Stace, *Theb.*, I, 323.
(2) Ovide, *Heroid.*, I, 2.

tier de Châtillon. Nous croyons que ces dix pièces ont été mal à propos réunies ; qu'elles ne sont pas toutes du même auteur. Il est néanmoins très probable que, dans le nombre, plusieurs appartiennent à Gautier de Lille ou de Châtillon. Ses contemporains nous assurent, en effet, qu'il a composé des vers rythmiques. Or ceux qu'on vient de lire se rapportent à des événements dont il fut le témoin, et, comme il nous l'atteste ailleurs, le témoin attristé (1). Ces deux papes, appuyés l'un par la France, l'autre par l'Allemagne, sont bien évidemment Alexandre III et l'un de ses trois compétiteurs ; la date incertaine de la pièce doit donc être recherchée entre l'année 1159, la première du schisme, et l'année 1177, où le schisme prit fin. Eh bien, c'est précisément 'en ce temps-là que Gautier de Châtillon faisait preuve de ses talents littéraires ; c'est vers l'année 1170 qu'il écrivit son grand poème, l'*Alexandréide*. De là, comme il semble, on peut conclure que toutes les attributions du n° 3245 ne sont pas fausses.

Au folio 85, *Quinque gaudia B. Mariæ*. Cette pièce, commençant par

> Gaude Virgo, mater Christi,
> Quæ per aurem concepisti...,

a été publiée par M. Mone (*Hymni lat.*, t. II, p. 172), par Daniel (*Thes.*, V, 136), et par M. Ét. Garnier (*Catal. des man. d'Amiens*, p. 180). Nous la trouvons deux fois dans le n° 3639 de la Bibliothèque nationale, fol. 86 et 104. Elle est, en outre, dans le n° 5988 de

______
(1) *Alexandreis*, lib VII, v. 324.

Munich, et Bandini l'a signalée dans un volume de la
Laurentienne, au tome IV de son *Catalogue*, col. 526.
Cette prose souvent imitée eut certainement plus de
succès qu'elle n'a de mérite.

On paraît avoir moins goûté ce que nous lisons à
la suite, une longue paraphrase de la salutation an-
gélique, *Salutatio angeli ad Mariam*, où des vers métriques sont aussi mêlés, sans aucun agrément, à des
rythmiques de huit syllabes :

> Ave plena gratia, virgo vas honoris,
> Audi verba nuntia jocundi rumoris ;
> Pro tua munditia me venisse noris,
> In mundi superis assumptus missus ab oris.
> Qui cælum terramque simul formavit et æquor
>   Ad te me misit ; jussa paterna sequor.

N'ayant pas rencontré d'autres copies de cette paraphrase, et M. l'abbé Chevalier ne nous en signalant
aucune, nous ne pouvons corriger les parties défectueuses de notre texte. Mais le regret que cela nous
inspire n'est pas grand.

Au verso du feuillet 86, une acerbe complainte
sous ce titre : *Contra curiam romanam*. Nous en
avons publié quelques strophes sous le n° 217 (1).

La pièce suivante, fol. 87, est la satire contre les
simoniaques qu'a publiée M. Du Méril (*Poésies popul.*,
p. 177), l'attribuant à Thomas Becket. Elle se trouve
aussi dans les *Carmina Burana*, p. 43. En voici les
deux premiers vers :

> Ecce sonat in aperto
> Vox clamantis in deserto ;

(1) Ci-dessus, page 139.

et c'est là tout ce que nous jugeons utile d'en citer,
notre texte offrant peu de leçons nouvelles. Celui que
M. Du Méril a reproduit est dans notre n° 4880. On
nous signale encore un autre exemplaire de la même
pièce dans un manuscrit d'Oxford (*Bibl. de l'Éc. des
chartes*, 1885, p. 583). Il est bien entendu que l'attribution de ce poème à Thomas Becket mérite très peu
de confiance.

Au verso du feuillet 87, *Ad papam causa aliquid
obtinendi*. On croit connaître cette pièce, car elle a été
quatre fois imprimée : par Francowitz, *Varia doctorum
virorum poem.*, p. 9 ; par Leyser, *Hist. poetar. med.
ævi*, p. 779 ; par M. Müldener, *Die zehn Gedichte des
Walther von Lille*, p. 45 ; par M. Wright, *The latin
poems attrib. to Walter Mapes*, p. 57. On ne la connaît certainement pas entière. En effet, dans toutes
les éditions et dans la plupart des manuscrits, notamment dans celui que nous avons en main, ainsi
que dans les n°ˢ 3245 et 11412 de la Bibliothèque
nationale, il manque huit strophes qui ne sont pas les
moins remarquables du poème. D'autre part, chacune
des éditions reproduit simplement le texte d'un seul
manuscrit, c'est-à-dire un texte plus ou moins fautif ;
de telle sorte que, malgré le nombre de ces éditions,
l'intérêt et le mérite d'un poème si curieux n'ont
pas encore été justement appréciés. Nous n'aurons
donc pas, croyons-nous, perdu notre peine si, tous les
textes rapprochés, comparés, nous en avons pu constituer un meilleur.

Le titre de notre manuscrit n'est pas tout à fait
exact ; la pièce est moins une supplique qu'une satire,

une satire très libre et très vive, à l'adresse du pape.
La voici :

Tanto viro locuturi,
Studeamus esse puri,
 Sed et loqui sobrie,
Carum care venerari,
Et, ut simus caro cari,
 Careamus carie.

Decet enim, et hoc unum
Est imprimis opportunum,
 Ut me ipsum judicem ;
Homo vetus exuatur,
Homo novus induatur,
 Ante tantum judicem.

Commendarem bonos mores ;
Sed virtutis amatores
 Paucos esse doleo.
Quod si pravos reprehendam,
Et eis non condescendam,
 Bella mihi video.

Sed, o judex æquitatis,
Propagator veritatis,
 Lenis aura sæculi,
Esto mihi in asylum !
Te rectore sumpsi stylum,
 Te duce signa tuli.

Sed quis sum qui ausim loqui
Coram papa ? Quis ego, qui,
 Sano fretus capite,
Rodo pravos in aperto ?
Vox clamantis in deserto :
 Rectas vias facite.

Quid desertum mihi ? Mun-
 [dus :
Mundus quidem, sed im-
 [mundus,

Quia munda polluit.
Se desertum esse dolet
Quia, qui vernare solet,
 Ecce prorsus aruit.

Quod solebat in prælatis
Germinare veritatis
 Et pudoris flosculos,
Tali partu destitutum
Germen præfert non virtutum
 Sed spinas et tribulos.

Qui sunt spinæ tribulique ?
Qui ? Pastores prælatique,
 Amatores muneris.
Cum non pascant, sed pas-
 [cantur,
Non a *pasco* derivantur,
 Sed a *pascor, pasceris*.

Blandos amant et bilingues
Canes muti, tauri pingues,
 Gigantum fraterculi ;
Qui thesauros coacervant,
Non dispergunt, sed obser-
 [vant
 Ut pupillam oculi.

Omnis habens muneratur,
Nil habenti supplantatur
 Id quod prius habuit ;
In deserto mundi hujus
Nemo floret, nisi cujus
 Bursa nundum vomuit.

Bursa prægnans principatur
Sapiensque conculcatur,
  Si manus ære vacet;
Nam, si pauper sit sophia,
Vilis erit. Quare? Quia
  Pauper ubique jacet.

Pauper jacet, sed palpones,
Quorum blandi sunt sermo-
                    [nes,
  Et ipsi sunt jacula,
Isti sunt quos mundus amat
Et de quibus psalmus clamat:
  Beati in macula !

In macula sunt beati,
Sed non sunt immaculati,
  Teste conscientia.
Vive, palpo, more suis,
Quia in labiis tuis
  Diffusa est gratia !

Quid dant artes nisi luctum
Et laborem, vel quem fruc-
                    [tum
  Dant genus et species !
Olim plures, non est mirum,
Provehebant *Arma virum*
  Et *Fraternas acies*.

Antiquorum nam studere
Fructus erat et habere
  Disputantes (1) socios ;
Nunc in arca sepelire
Nummos majus est quam
                    [scire
Bella per Æmathios.

Informavit (2) Cato mores,
Et perduxit ad honores
  Naso suos homines ;
Legem dedit dignitatis
Et regnavit in prælatis
  Summus Aristoteles.

Artes diu floruerunt,
At, ut leges regnaverunt,
  Artes sunt inutiles ;
Leges sedent super thronum
Et eructant verbum bonum
  Omni die septies.

Et magister appellatur
Hic qui nunquam conabatur
  Ad *Fraternas acies*.
Perierunt in æternum
Et descendunt in infernum
  Genera et species.

Soli regnant nunc legistæ,
Quibus mundus servit iste
  Totus citra sæcula.
Assessores sunt pastoris,
Intus lupi, sed sunt foris
  Agni sine macula.

Hi, qui vultu dealbato
Et sermone delutato (3)
  Tegunt mentis scoriam,
In prælatis adulando,
Verbum falsum paleando,
  Veniunt ad gloriam.

(1) Dans 3245 et dans l'édition de Leyser, *Declamantes*; dans
11867, *Declinantes*.

(2) Ici commencent huit strophes que nous tirons du n° 11867.

(3) Lat. 11867, *denudato*, qui ne nous parait avoir aucun sens.

Sic hæredes Gratiani
Student fieri decani,
　　Abbates, pontifices ;
Cathedrantur ut electi,
Et per manum sunt provecti
　　Ad pastoris apices.

Intrant ut falsi pastores
Per fenestras, non per fores,
　　Et, ut fures civium,
Non inquirunt colles unde,
Sed descendunt aliunde,
　　Non intrant per ostium (1).

Hi qui student in decretis,
Et, medullis inexpletis,
　　Bibunt legis ubera,
Hi balantum fiunt canes,
Quorum gulæ sunt inanes
　　Ad gustanda munera.

Gloriosi solent esse
Qui aptabant virgam Jesse
　　Partui virgineo,
Sive rubum visionis,
Sive vellus Gedeonis,
　　Sparsum rore niveo.

Si per aquas Rubri maris
Designatur salutaris
　　Lavacri lavatio,
Licet hoc sit quod lucrum
　　　　　　　[fert,
Quid hoc scire mihi confert,
　　Si sciens esurio ?

Solet Christus appellari
Lapis scissus (2) ab altari,
　　Non manu, sed forcipe.
Hoc est notum sapienti ;
Sed præbendam requirenti
　　Nemo dicit : Accipe.

Scio crucem figurari
Quando lego dulcorari
　　Flumen apud Exodum,
Manibusque cancellatis
Jacob nostræ libertatis
　　Præsignare commodum.

In hebræa lege legis
Quod serpentem lator legis
　　Erexit in patulo,
Ut cessaret mors et tabes,
Quia nostras lavit labes
　　Christus in patibulo.

Duo ligna Sareptanæ
Spiritalis escam cenæ
　　Coquunt in Ecclesia,
Abrahamque tulit ligna
Per quæ digne Deo digna
　　Cremaretur hostia.

Fudit aquam ter Helias,
Et ter sanctus Isaias
　　Trinitatem innuit ;
Vidit Abram trinum chorum ;
Ruth in agro Judæorum
　　Trinitatem messuit.

(1) Cela n'est pas clair. Mais nous n'avons ici qu'un texte et il
semble altéré.
(2) Wright, *sumptus*.

Sic involvit rota rotam,
Sic deponit lepræ notam
  Lux in superficie;
Sic amictum parvi pendit
Joseph, quando non attendit
  Vocem fornicariæ.

Dumque per desertum itur,
A gentili reperitur
  Calens unda penitus,
Quia legis in deserto
Reperitur a diserto
  Calor Sancti Spiritus.

Hæc scrutari quidam solent,
Post, afflicti fame, dolent
  Se vacasse studio;
Unde multi perierunt
Et labore defecerunt,
  Scrutantes scrutinio.

Ergo quia tot oppressis
In studendo parva messis
  Redditur post aspera,

Ad Romani sedem patris
Et ad sacrosanctæ matris,
  Sum reversus ubera.

Turpe tibi, pastor bone,
Si, divina lectione
  Spreta, fiam laicus.
Vel absolve clericatu,
Vel fac ut in cleri statu
  Perseverem clericus.

Dulcis erit mihi status
Si præbenda muneratus,
  Redditu vel alio,
Vivam, licet non abunde.
Saltem mihi detur unde
  Studeam de proprio.

Pallet vetus candor scolæ,
Et, sub gravi fracta mole,
  Jacet sine semine;
Cujus in conquestione,
Et finita lectione,
  Fit: *Tu autem Domine.*

Tous les manuscrits de cette satire sont anonymes, si ce n'est notre n° 3245, qui nomme l'auteur *Galterus de Insula;* d'où l'on a conclu que c'est Gautier de Châtillon. Nous doutons pourtant de souscrire à cette conclusion. Gautier de Châtillon vivait, ainsi que nous l'avons dit, à la fin du xiie siècle, et de son temps, toutes les sciences, outre les lettres, n'étaient pas encore, comme on le voit ici, négligées au profit de l'un et de l'autre droit. C'est plus tard que les décrétistes et les légistes prirent le pas, dans l'église séculière, sur les humanistes et les théologiens.

Est-il, d'ailleurs, vraisemblable que Gautier de Châtillon ait avec tant d'âpreté censuré l'étude du droit
romain, lui qui, dit-on, traversa les Alpes pour l'aller
apprendre à Bologne ? Enfin ce qu'on sait de la vie de
Gautier fait supposer qu'il ne fut jamais sans jouir de
quelque bénéfice.

Deux éditeurs, Leyser et M. Wright, ont mis cette
pièce au compte de Walter Mapes, le libre et plaisant
archidiacre d'Oxford. Cette attribution paraît, à divers
points de vue, préférable. Mapes survécut, pense-t-
on, à Gautier de Châtillon, et, d'autre part, son style,
habituellement familier et moqueur, n'est pas sans
quelque rapport avec celui de notre satire. Cependant
il n'existe pas un ancien témoignage en faveur de
cette attribution, et nous la tenons pour simplement
conjecturale.

Au folio 89, encore une satire, non moins vive,
contre les frères convers de l'ordre de Grandmont :
Contra Grandis Montis conversos. Un autre exemplaire
de cette pièce nous est indiqué dans un manuscrit de
Rome (1) ; mais nous n'apprenons pas qu'on l'ait
jamais imprimée. Elle mérite pourtant d'être connue,
car elle se rapporte à l'histoire. La voici :

Respiciat Emmanuel,	Sicut Pharao præcipit.
Qui solus cuncta prospicit,	Qui non audistis, audite
Quomodo patitur Abel	Quid volunt tenere rite
Et adhuc Caïn desipit.	Grandis Montis eremitæ,
Ridet Lia, plorat Rachel,	Respuentes viam vitæ,
Formosam lippa decipit,	Sub pedibus quorum Terræ
Captivus servit Israel,	Sanctæ jacent margaritæ.

(1) *Monum. German.*, Scriptores, t. XX, p. 106.

Conversi tenent clericos
Sub pedibus et manibus;
Sic dominari laicos
Est sanctum dare canibus.
Priori nolunt subjici,
Sed eos foras jaciunt.
Si, conversi, sint clerici,
Qui eis non obediunt,
Pastores sunt et non oves;
Plaustrum vadit ante boves,
Plus est corpus quam anima
Et ancilla quam domina,
Et sacerdos est cum gente
Sicut laico præsente.

Balaam pascit gramina,
Et tunc loquitur asina.
　　Manus impura
　　Sine mensura
　　Tollit secura
　　Clericis jura,
　　Oculos cæcis;
　　Gens nimis dura,
　　Cui non est cura
　　Lex vel Scriptura,
　　Immemor necis !

O clerici, gens honesta,
Tot ingerunt vobis mœsta !
Nulla dies vobis festa !
Sed tu, Deus, tuis præsta
Vires patientiæ
　　Contra cor superbiæ !
Superba gens et infesta,
Non cælestis, sed scelesta,
Si tu potes, manifesta
　　In quorum gesta
　　Tibi datur hodie
　　Potestas ecclesiæ.

Thalamus flet lectum,
Et lectus electum
Ab eis projectum.
Scelus est detectum,
Quod solent celare.
Hominem perfectum,
Humilem et rectum,
Habent in despectum
Priorem vocare.

Armaria fracta,
Vestimenta tracta,
Illicita tacta,
Monstrant male facta.
Jesu Christe, tracta
Ne verba sint acta,
Sed sint sua pacta
Ad nihil redacta.

Quod nimis suavis
Dominus sit pravis
Monstrat contraclavis
In Domini domo.
Sed nobis ignavis
Videtur plus gravis
Qui, confixus clavis,
Per nos fuit homo.

　　Conjurati
　　Sunt barbati,
　　Et nos pati
　　Præparati,
Quos male tractant et pre-
　　　　　　　[munt.
　　Non sunt grati
　　Veritati
　　Qui peccati
　　Perpetrati
Correctioni se demunt.

<table>
<tr><td>Verberati
Sunt beati ;
Sed prælati
Timorati
Ubi non est timor tremunt.

Non est lex,
Perit grex,</td><td>Contemnitur cælorum rex ;
Ante vinum bibitur fax.
Proh dolor !
Desolor.
Mutatur optimus color ;
Nil emendandum præstolor.</td></tr>
</table>

La rivalité des clercs et des convers fut constante
dans l'ordre de Grandmont. Elle était très vive dès le
milieu du xiie siècle, et, dans la suite des temps, elle
causa tant de troubles, tant de scandales, qu'elle fit
perdre à l'ordre tout son crédit, et fut une des causes
principales de sa ruine. Le fondateur de l'ordre,
saint Étienne, avait cru devoir affranchir ses religieux
de tout souci de leurs affaires temporelles, en attribuant la gestion de ces affaires, qu'un tel ascète tenait
pour méprisables, aux frères convers ou frères lais. Il
avait en cela manqué de prévoyance. Quand l'ordre
fut devenu riche, et même très riche, ces affaires temporelles primèrent les spirituelles ; c'est pourquoi les
gens chargés de les administrer en vinrent facilement
à se considérer comme étant les plus nécessaires, les
plus importants. Alors commencèrent des dissensions
qui bientôt amenèrent des violences. Il y eut des
prieurs emprisonnés, expulsés, par le parti des convers, qu'on appelait aussi le parti des « barbus » :
Conjurati sunt barbati.

Nous croyons que l'événement auquel se rapportent les vers cités est l'expulsion d'un prieur, qui fut
mis en fuite, avec quarante clercs, en l'année 1219.

Quelques passages d'une pièce semblable ont été

publiés par M. Guibert d'après notre n° 15009 (*Destruction de l'ordre de Grandm.*, p. 104).

Au folio 89, verso : *Causa pauperis scolaris et divitis*. Il s'agit de deux écoliers, dont l'un plaide pour l'étude désintéressée, tandis que l'autre, déjà pourvu dans l'Église d'un opulent bénéfice, raille la misère de son compagnon, et prétend que, s'il est bon de venir aux écoles, ce n'est pas pour en sortir plus ou moins savant, c'est pour y gagner un titre à de hautes et fructueuses dignités. Le procès a lieu devant le sage des sages, le roi Salomon :

> In sublimi solio Salomon sedebat.
> Illi juris ratio comes assistebat,
> Cum vultu propitio lites audiebat,
> Prudens consilio, fulgens diadema gerebat.

> Intus habet regia speciem crystalli ;
> Ejus sunt fastigia nivei metalli,
> Mira sunt insignia, pinguntur caballi ;
> Hæc domus et vario defenditur obice valli.

> Secum duo clerici versant quæstionem ;
> Unus sectam clerici probat et Catonem,
> Alter bursam refici probat et salmonem.
> Inde ferunt apici regis Salomonis agonem.

> « Ave tibi dicimus, judex præelecte ;
> Tu es judex optimus, tu judicas recte.
> Nos duo contendimus, nos amore necte.
> Judicium petimus ; te nummis nec prece flecte.

> « — Fac justum judicium, o princeps terrarum.
> Mihi placet nimium doctrina scolarum,
> Quæ dat magnum pretium, quæ dat nomen clarum.
> Fastidit studium clerici fatuum cor avarum.

« — Famem et augustiam fert agmen scolare ;
Affecto pecuniam magnam congregare
Ut possim miseriam pauperis levare ;
Quamvis multa sciam me non potero satiare.

« — Quisque debet discere flore juventutis
Et legendo legere semitam virtutis.
Quidam volunt vivere ut similes brutis,
Et peragunt tenere curam super omnia cutis.

« — Si qui magnis litteris dantur boni mores,
Sunt simplices ceteris sæpe meliores ;
Scolaribus miseris prompti sunt dolores,
Magnis presbyteris magni donantur honores.

« — Cur scolares negligis, quamvis sint egeni ?
Cur avaros diligis, quamvis fiant pleni ?
Et cur te non corrigis ? Turpe tibi seni,
Nam dulces abigis potus infantis amœni.

« — Quæritur scientia cum labore gravi ;
Vina placent fortia cum gustu suavi.
Multum amo pinguia mella dulcis favi ;
Corporis invidia nam sic mea multiplicavi.

« — Sensus censum superat ; ingenti dolore
Dives aurum glomerat, servat cum timore,
Scientia imperat, manet in honore.
Hæc dubium reserat, virtutum fervet amore.

« — Sunt clerici divites vestibus ornati,
Edunt pisces, alites, sunt quasi prælati ;
Illi vadunt equites, multis comitati ;
Sed vadunt pedites scolares incomitati.

« — Est scolaris humilis simplex, justus, castus,
Pallidus et gracilis ; labor premit vastus.
Dives est horribilis, plenus magni fastus,
Luxuriæ facilis, plenus vino, bene pastus.

« — Cur frequentas studium nisi ut lucreris ?
Acuis ingenium ad hoc ut lauderis ;
Amicorum omnium discens opem quæris.
Præbet subsidium mihi copia quod manet æris.

« — Nescis quid in ecclesia debes prædicare,
Occupas sedilia, nescis decantare ;
Scimus beneficia quæ deberes dare.
Plenus avaritia deservire nescis (et) aræ.

« — Dives non invideo misero scolari,
Quia nullum video decus illi dari ;
Jam præbendas habeo, serviens altari.
Primus ego sedeo ; volo cunctis dominari... »

Ce débat pouvait être intéressant; mais il ne l'est
pas. Les deux interlocuteurs ne sont guère plus riches
d'arguments l'un que l'autre, et nous comprenons
aisément que Salomon s'impatiente de les entendre
discourir si longtemps sans rien dire de nouveau.
Les ayant néanmoins écoutés quelques instants encore,
il met fin au débat et se prononce pour l'écolier
pauvre :

Ars sublimat quælibet suum possessorem ;
Exercens studium sine lite reportet honorem.

La sentence elle-même n'est pas suffisamment
claire. En somme, cette pièce, dont le style est très
tourmenté, manque d'esprit et ne mérite pas d'être
connue tout entière.

Fol. 91 : *Causa Acis et Polyphemi pro Galathea ha-
benda*. Le débat a lieu devant l'Amour, et l'un des
prétendants débute en ces termes :

Puer ferens pharetras, judex juris scutum,
Qui cum telo penetras etiam astutum,
Solum solus impetras omnia per nutum ;

Quidquid Amor jussit non est contemnere tutum.
Nate Cupido dea, cujus mater Cytheræa,
  Me rege, meque bea, vota fovendo mea.
    Pro te, fili Veneris, gravor igne gravi,
    Tu es auctor vulneris ; tibi semper favi,
    Nam ab annis teneris sub te militavi.
Sæpe tepent alii juvenes, ego semper amavi.

Digne Cupido coli, cui semper servio soli...

Les vers métriques et rythmiques sont ainsi mélangés jusqu'à la fin de la pièce, ne valant guère mieux les uns que les autres. Avons-nous même la fin de cette pièce? Cela paraît douteux, car, les plaidoiries achevées, la sentence de l'Amour est attendue, et elle manque.

Au folio 92, verso : *Causa viri emenlulati et ejus uxoris petentis divortium*. Il nous répugne aujourd'hui de transcrire ce titre; mais, répétons-le, cette répugnance nos aïeux ne l'éprouvaient pas, la langue de Martial leur étant très familière. Une femme traîne donc son mari devant le pape, l'accusant d'impuissance et demandant le divorce. Le mari se défend le mieux qu'il peut, et la femme, très prompte à la réplique, retourne contre lui tous ses arguments. Les deux discours sont, on le soupçonne, très libres; mais ce qui l'est bien davantage, ce sont les termes de la convention que font, pour conclure, les deux parties. Les discours ont-ils même été composés pour autre chose que pour amener ce cynique dénouement? Mais n'insistons pas. Ce dialogue commence par

Ave, pater gentium, ave pax et veritas,
Quem nullum mendacium sordet nec iniquitas...;

et nous n'en citons pas davantage. Il y a, du reste,
peu d'esprit; le ton en est à la fois trivial et banal.
On est, d'ailleurs, certain qu'il fut composé plus ou
moins de temps après l'excommunication de Fré-
déric II, c'est-à-dire après le mois de septembre 1227,
la femme disant au pape :

> .... Mihi te præstes amicum,
> Tu qui schismaticum condemnasti Fredericum.

Fol. 94 : *Causa pauperis scolaris cum presbytero.*
Ailleurs la même pièce est plus simplement et plus
exactement intitulée : *De presbytero et logico.* Elle
n'est pas inédite; M. Thomas Wright l'a déjà publiée,
d'après le manuscrit harléien 978, dans son recueil
intitulé : *The latin poems attributed to Walter Mapes,*
page 251. Mais cette édition est très défectueuse;
le texte en est même quelquefois tout à fait inintelligible. Nous l'avons donc beaucoup amendé, faisant
concourir à cet amendement deux copies qui ne sont,
d'ailleurs, ni l'une ni l'autre, irréprochables, celle
que nous offre le présent manuscrit et une autre par
nous rencontrée dans le n° 11867 de notre Bibliothèque, fol. 98 :

Hora nona sabbati, tempore florenti,
Plebs vacans convenerat inter septa templi.
Sedit ibi presbyter in herba virenti,
Pandens vitæ dogmata plebi consedenti.

Ecce quidam logicus, rediens de scolis,
Venit, quædam ruminans de logicæ dolis,
Nudus pedes ; sed in hoc hunc ridere nolis,
Tulit forsan caligas, pressus æstu solis.

Induebat logicum cappa radiata ;
Lævo stat sub latere tunica curvata ;
Extra cappam pendula dextra manicata
Sese cœpit jactare sparsim agitata.

Quidam ejus bajulus, cui nomen Gnato,
Præcedebat logicum gressu fatigato,
Dorso ferens sarcinam ventre tensam lato.
Est hic Aristoteles, Socrates et Plato.

Residebat obvius presbyter sophistæ.
Libro suum gremium onerabat iste ;
Inerant apostoli et evangelistæ,
Et ritus quos expetunt tua sacra, Christe.

Sedit legens populo te, Paule beate ;
Epistola quam legit erat *Expurgate* (1).
Explicata littera grata brevitate,
Sermonem contexuit de sinceritate.

Scolis olim modice, ut reor, intentus,
Sola superficie litteræ contentus,
Pervertit cum casibus personam et tempus,
Estque mox a logico taliter conventus :

« Fallis, fallis, presbyter, cœtum rusticanum ;
Abusive loqueris, lædis Priscianum ;
Te probo falsidicum, te probo vesanum ; »
Et probare nititur protendendo manum.

« — Tace, tace, logice ; tace, vir fallator ;
Tace, dux insaniæ, legis vanæ lator.
Non est factor omnium casuum creator.
Servit ei placide simplex prædicator.

« — Peccasti, sed gravius adjicis peccare,
Legem hanc adjiciens vanam nominare.
Sanum est disserere vel grammatizare.
Si insanum reputas, velim dicas quare.

(1) Pauli *Epist. ad Corinth.*, I, cap. v.

« — Deo est odibile vestrum argumentum ;
Ibi nulla veritas, totum est figmentum ;
Sed, ut verisimile sit quod est inventum,
Juratis mendaciter omne juramentum.

« — Leve est perjurium ita perjurare ;
Nulli malum nititur, nulli damnum dare ;
Crimen sine crimine potes id vocare ;
Pro tam venialibus noli nos damnare.

« — Sermo vester canis est, asinus et leo ;
Semper est de Socrate, homine tam reo ;
In sermone mentio nulla fit de Deo.
Sermo vester talis est ; quis fructus in eo ?

« — Fructus ibi maximus est utilitatis ;
Ex his multa discimus quæ vos ignoratis ;
Multis rerum clausulis inde propalatis,
Callemus scientias per quas et vos statis. »

Stans fecit logicus hanc redargutionem.
Invitatus postmodum est ad sessionem.
Placuit protrahere de his rationem.
Prior cœpit presbyter, texens hunc sermonem :

« — Quo vos ducit vanitas ? Qui trans fretum itis,
Aere, non animo, mutato reditis.
Durus fuit, durus est ; si quid tamen scitis,
Istud care venditis, pares Giezitis.

« Væ ! væ vobis, miseri ! væ, simoniales !
Nolit Deus talibus nos esse sodales !
O quam gravis mæror est quem merentur tales !
Quidnam his obicibus respondere vales ?

« — Si sic esse fateor, juste reprehendis ;
Vendo Dei gratiam ; sed ut vendo vendis ;
Vendis humum mortuis, veniam solvendis.
Te non esse Simonem quomodo defendis ?

« Sumus ergo socii, sumus coæquales ;
Tu proponis venias, nos artes venales ;
Cum sis plenus crimine, culpas criminales.
Parce, parce morbidis, qui sic morbo squales.

« — *Oremus* per omnia plus valet quam *ergo*.
Pergis nudis pedibus, calciatus pergo.
Quam sumus dissimiles vultibus et tergo !
Totus signas inopem quocumque me vergo.

« Dic, cum morbum pateris ventris inimicum,
Cum præbendam postulas per viam, per vicum,
Cum Lyciscam refugis et latrantem Lycum,
Quid tunc inter logicum distat et mendicum ?

« — Cultam habes faciem, dorsum habes cultum,
Sed rapina totum est, et minus et multum ;
Te sustentans exuis vivum et sepultum,
Quod Deus in ultimo non sinet inultum.

« Paupertas quam increpas felix est ruina.
O beati pauperes ! clamat vox divina.
Pauper vivo sobrie, dives tu rapina.
Dic, quæso, quæ magis est res Deo vicina ?

« — Cum eques progredior aureis in loris,
Et tu pedes graderis in viis, in foris,
O quam sumus dispares, quam diversi moris !
Mihi summus honor est, tibi nil honoris.

« Adest dies placidus, stando jubilemus,
Spatiando per agrum, vel pratum, vel nemus ;
Talis est quo duceris et quo ducor remus.
Illud ergo tibi det Deus ! Hoc oremus.

« — Cum conscendas splendidus vel equam vel equum,
Cum obsistam frigori, cum sit frigus mœchum,
Parum tamen sapiens pectus habes tecum,
Et, me doctum faciens, Pallas manet mecum.

« Stulto rerum copiam nil prodest habere;
Sapit solis artibus et non sapit ære.
Quod ergo præstantius præstant artes vere ;
Præstat ergo sapere plus quam res habere.

« — Cum psallo *Per omnia sæcla sœculorum,*
Me princeps, me milites, me grex populorum
Honorat et recolit, numen sum eorum ;
Tu, nil horum persequens, nil habes honorum.

« Adest festum, celebro *Dominus vobiscum ;*
Numisma suscipio modernum et priscum.
Quidquid ditat pauperem summi Ditis fiscum
Nostris cedit usibus, remanet nobiscum.

« — Si bene prospicias ea quæ dixisti
Ad tuum opprobrium sunt sermones isti ;
Nam sacris altaribus non es dignus sisti
Qui quæris quæ tua sunt, non quæ Jesu Christi.

« Scrutatorem cordium, voce licet clara,
Non placas, sed provocas mente subavara.

.   .   .   .

Hujus est diploidis sanctitas ignara (1).

« — Siste, siste, garrule, contra nos garrire.
Nihil boni prospicis, nihil agis mire ;
In cenis, in prandiis nobis sonant lyræ,
Fame, siti, frigore dum soles perire.

« Tota die plaudimus, nec in die tantum ;
Fatigamur ? cyathis usque galli cantum ;
Sonat inter fialas vox philosophantum ;
Sic nos plausum ducimus, te ducente planctum.

« — Ludis inter fialas et philosopharis.
Follus, non philosophus, hinc esse probaris ;
Cum sacris post crapulam nauseas in aris,
Parte tua caream quam ibi lucraris !

(1) Nous n'avons ici que trois vers de cette strophe. Elle manque
tout entière dans le n° 11867 et dans l'édition de M. Wright.

« Epicure lubrice, dux ingluviei,
Cujus Deus venter est, dum sic servis ei,
Cur stas mensæ serviens, in conspectu Dei,
Dum te ipsum sentias reum talis rei ?

« — Vilior vilissimo, semper egens pane,
Nunquam Dei memor es, fallax christiane.
Quibus instas precibus vel sero vel mane ?
Quæ si bene videas non distas a cane.

« Si quid ago noxium, si quid indecorum,
Affectu, vel actibus, vel textu verborum,
De profundis abluit et *Beati quorum*,
Et quæ semper rumino cantica Psalmorum.

« — *Psallis*, dixit Dominus, *psallis donec ponam*...
Sed nunquam assequeris psallendo coronam ;
Perdis quidquid psallitur per vitam non bonam,
Dum tenes illicite secundam personam.

Fœtes noctis fœcibus plus porcorum aris,
Et sic mane petitur ara salutaris.
Dum sacra sic inquinas, dum sic inquinaris,
Quid prodest *Beatus vir,* vel quid *Gloriaris ?*

« — Sto indignus, fateor, sacrum ad altare ;
Cui si omnes prohibes indignos adstare,
Cum nemo dignus sit, fac sacra cessare ;
Et, si cessent, ubi tunc nostrum salutare ?

« Quis tractare dignus est hæc sacra sacrorum ?
Non est dignus quispiam in cœtu justorum.
Vel hæc tractent igitur manus indignorum,
Vel lex cesset penitus sacrificiorum.

« — Absit ut hoc videar velle vel dixisse
Quod cessare debeant sacramenta missæ !
Cessent tua crimina, cesses deliquisse !
Sacra ne dimiseris ; noxæ sint dimissæ !

« Scio, scio neminem dignum actus talis.
Minus tamen dignus es quo plus es carnalis,
Et, præ tot innumeris quæ frequentas malis,
Est tibi presbytera plus exitialis. .

« — Malo cum presbytera pulchra fornicari,
De qua possum Domino filios lucrari,
Quam vagas satellites per antra sectari;
Est inhonestissimum sic dehonestari.

« Bubulci satellitem factam paulo ante,
Emptam a sutoribus asse vel quadrante,
Hanc amas, hanc sequeris, bursa votum dante.
O quam ludus vilis est tali cum amante!

« — Inclamas nos solitos fœda sequi jura,
Tanquam tua probitas digna sit vel pura;
Quæ committis scelera sunt arenis plura;
Vices carent numero, gravitas censura.

« Non parcis, cum veniunt Veneris scintillæ,
Sponsæ vel deicolæ, nepti vel ancillæ,
Viduæ vel virgini, magnæ vel pusillæ;
Uno nos abutimur, sed tu modis mille. »

Horrens tanta crimina, presbyter rubescit;
Hæret mente devius et quid dicat nescit;
Sed pulsans ad vesperas signum opem gessit.
Surgunt, templum ineunt; logicus successit.

Læsus valde presbyter parat talionem.
Offert coram populo disputationem,
Statuens qui suberit per conclusionem
Damnetur a populo post talem sermonem.

Cedit plebs, o presbyter, pacto quod imponis;
Spondet dare copiam de pugnorum donis.
Hi tibi, hi logico, crebris precum sonis,
Optant vel opprobrium, vel palmam agonis.

Exultabat logici mens hæc audientis.
Fidit Aristoteli, fidit et commentis ;
Sed sophisma fallit hunc subdole loquentis,
Nec est quibus credidit fultus (1) argumentis.

Ut pataret libere quod patrare tentat,
Incœpturus vesperas clericos absentat ;
Solum secum logicum presbyter retentat.
Accenduntur cerei, codices præsentat.

Inchoavit vesperas ; adjuvit prædictus.
Psalmus quem imposuit erat *Benedictus* (2).
Mox, ut versus logici ultimus est dictus,
Infert « Ergo » clamitans presbyter « es victus !

Ergo dictus logicus, tentus a juventa,
Quæ nequibant fallere sumpsit argumenta.
Instaurare verbera non est plebs contenta,
Donec totus marcuit, vita pene dempta.

Adeste, presbyteri ; logici, audite ;
Ut vos recte moneam usus sum hac lite.
De tot morum deviis ad viam redite.
Nos et vos ad pervia ducat auctor vitæ !

C'est très sagement conclure. Théologiens et logi-
ciens, vous n'avez jamais su, vous ne saurez jamais
vous mettre d'accord. De cela soyez bien convaincus,
et prenez en conséquence la ferme résolution de
vivre côte à côte, sans vous provoquer réciproque-
ment à des contestations vaines, qui trop souvent
finissent par un échange de gros mots. Comme on le
voit, ce bon conseil est depuis longtemps donné. Ne

(1) On lit dans le texte de M. Wright *laesus*, ce qui est contraire
au sens. Nous avons ici *sefus*, ce qui n'est pas latin. Nous proposons *fultus* ou *fretus*.

(2) Le psaume *Benedictus* se chante le samedi, à vêpres, en deux
parties, et la première partie a pour fin, *conclusio*, le verset
suivant : « Quorum os locutum est vanitatem et dextera eorum
dextera iniquitatis. »

pouvons-nous espérer qu'un jour, avant la fin des siècles, on le voudra suivre ?

Les deux pièces suivantes sont plus faciles, plus franchement gaies, et nous les croyons l'une et l'autre inédites. La première, intitulée *Dictum Goliardi*, aurait été certainement publiée par M. Wright s'il l'avait connue. Mais, s'il ne l'a pas rencontrée dans les manuscrits d'Angleterre, c'est que probablement elle est d'un Français. La voici :

Ecce homo
Sine domo,
Sine rerum pondere;
Huc accedit
Quia credit
Aliquid accipere.

Bone pater,
Cujus mater
Sancta est Ecclesia,
Vide natum
Spoliatum
Talorum discordia.

Est cum talus
Mihi malus
Perdo meam gratiam;
Quando bonus,
Sum patronus
Vocatus ad gloriam.

Tunc est hospes
Mihi sospes,
Tunc me jubet bibere;
Non obaudit,
Sed exaudit
Quidquid volo dicere;

Tunc unitus
Est amicus

Mihi pro pecunia;
Tunc rivalis
Est sodalis
Mihi data gratia.

Sed cum nudum
Me per ludum
Mei vident socii,
Vado plorans
Et laborans,
Vacuus consilii.

Pauper ergo
Multa lego,
Quærens necessaria;
Omne carum,
Sumo parum;
Tanta est malitia !

O persona,
Mihi dona,
Mihi fer solatium,
Solo nummo,
Deo summo
Reparante pretium !

Camisia
Detur ! Pia
Virgo solvat pretium !

La nationalité de la seconde pièce est plus certaine. Il s'agit encore d'un joueur malheureux :

> Seignor, volez oir de patre decio,
> Commeut mat atornez suo judicio ;
> Plus mat assez costet vini potatio
> Quam Aristotolis æquivocatio.
>
> Monté sumus en hault, in quodam solio,
> Pour mangier a escot de grandi pretio.
> Entre nous descendit de vino quæstio.
> Qui nous y amena ? Frequens potatio.
>
> Dixerunt socii : « Bel hoste, aportez vin;
> Jam superveniet qui bien en fera fin.
> Vel de pelliciis ou de bon draps de lin,
> Quidquid expendemus nous rendrons le matin. »
>
> Tunc dixit dominus, sans point de demorée,
> « Vultis de rubeo ? Il est bons par gelée ;
> Sive dinoctaret a devoir la denrée. »
> Omnes respondemus : « Itels plais nous agrée. »
>
> A hasart lusimus omnes post prandium.
> De bien changer les dez fuit tunc studium.
> Sur la mine perdi meum pellicium,
> Quia non noveram mutare decium.
>
> Cil qui joua a moy ma robbe gaigna.
> Jel cuiday engigner, mais il my engigna.
> Nul plus loyal chose en tout le monde n'a.
> Quam necis artifices arte perire sua.
>
> Jay commence en S, si finiray en A.
> Je vos commant a tous in pœnitentia
> Ains que vous aprochiez tabernæ ostia,
> Mectez main à la bourse, regardez qu'il y a ;
>
> Et se vous la trouvez sine pecunia,
> Saichez pour vérité sest grant discordia.
> Mais ains que ne buvez ponite pallia,
> Chappe, cote ou surcot ou femoralia.

On a conservé beaucoup de ces petits poèmes où sont entremêlés des mots de deux langues. Mais la langue vulgaire n'est pas toujours le français; c'est parfois l'anglais, plus souvent l'allemand. La création de ce genre littéraire paraît néanmoins appartenir à l'école de Paris, où nous le voyons cultivé dès la première moitié du XIIe siècle. Cela n'est pas dit pour faire grand honneur à cette école.

Au folio 78 : *Causa divitis et Lazari*. M. Paul Meyer a publié les premiers vers de ce dialogue d'après le n° 274 du fonds Egerton (*Archiv. des missions*, 1866, p. 295). Il en existe une autre copie dans le n° 547 de Bruges ; une autre, incomplète, dans notre n° 11867 (fol. 99). On peut être curieux de connaître cette pièce, où certainement il y a beaucoup de verbiage, mais où l'on verra l'auteur exécuter assez prestement une grande variété d'exercices très difficiles.

Nous en établissons le texte sur nos deux manuscrits :

DIVES.

Audi, sancte senior, audi me loquentem ;
Dives ego morior, audi morientem ;
In inferno crucior, audi patientem ;
Respice quod patior et consolare dolentem.

LAZARUS.

Noli, pater, credere viro qui sic orat,
Quia fallax fallere verbis te laborat ;
Pro patrato scelere veniam implorat,
Et struit insidias lacrymis dum verba colorat (1).

(1) Ce vers est imité de celui-ci, dans les distiques de Caton :
Nam lacrymis struit insidias dum femina plorat.

DIVES.

Nuper eram plenus, dives, felix et amœnus,
Et mihi grande genus ; modo sum miser, exul, egenus.

LAZARUS.

Multum dives heri, miser es modo ; cur misereri
Nolueris miseris, cumulando subditus æri ?

DIVES.

Cum sit cæli solium locus gloriosus,
Non intrabis ostium cæli, tu leprosus ;
Generares odium cunctis odiosus.
Non recipit vitium paradisus deliciosus.

LAZARUS.

Ascendam palatium judicis superni.
Miser ad incendium pervenis inferni,
Ubi stridor dentium et planctus æterni.
Heu ! quam plus miser es quem torquet carcer Averni !

DIVES.

Cur bona nostra metis ? Locus hic locus est locupletis.
Quæ mea sunt repetis ; mea, non tua, porta quietis.

LAZARUS.

Iste locus modicos fidei dites et iniquos
Non recipit, nisi quos Christus sibi fecit amicos.

DIVES.

Paupertate melior est argenti marca,
Homo cunctis ditior rex est et monarcha ;
Tunc est honoratior, tunc est patriarcha,
Quanto plus aliquis nummorum servat in archa.

LAZARUS.

Tuum cor pecunia cur sic excæcavit ?
Rapiet mors omnia quæ vita donavit ;
Nec censum nec alia caro deportavit,
Infantem nudum cum te natura creavit.

DIVES.

Per genus elatum, per censum multiplicatum,
Perque potentatum me glorior esse beatum.

LAZARUS.

Jure potentatus nunquam potes esse beatus,
Si non purgatus totius labe reatus.

DIVES.

Non est grande vitium, neque contra mores,
Habere dominium vel res ampliores ;
Census parit gaudium, census dat amores ;
In pretio pretium nunc est : dat census honores.

LAZARUS.

Ultra modum cupere census non est sensus,
Cum Deus in opere tali sit offensus.
Cum res solet crescere, magis et accensus ;
Accensus generat magni custodia census.

DIVES.

Egregie ceno, læte vultuque sereno,
Meque satis pleno do quidquid restat egeno.

LAZARUS.

Verum non dicis, quia quando clamito vicis,
Quærens de micis, me pulsas et maledicis.

DIVES.

Præcepi multotiens quod fragmentum detur,
Ut tu, vel esuriens quis sit satietur ;
Sed non facit serviens omne quod jubetur.
Si fuit insipiens, dominum cur pœna sequetur ?

LAZARUS.

Canes quando veniunt ad limen portarum
Nihil mihi faciunt triste nec amarum,
Sed lingendo liniunt ulcera plagarum ;
Mitius inveni quam te genus omne ferarum (1).

DIVES.

O quam vilis facies ! Quam vilis aspectus !
Quanta cutis scabies et quam raucum pectus !
In cælo quid facies a mundo dejectus ?
Sanos inficies ad proxima claustra provectus.

LAZARUS.

Corporalis sanitas nihil operatur,
Nisi mentis puritas corpori jungatur ;
Plus valet infirmitas in qua vir salvatur
Quam decora probitas per quam male mortificatur.

DIVES.

Ego sum res stenua ; contra quis opponat ?
Sed tu res mortua, non laus te coronat.
Tua bursa vacua, mea bursa sonat.
Et genus et formam regina pecunia donat.

(1) Ce vers se lit aussi dans un dialogue que nous avons ci-dessus très sommairement analysé. C'est le mari qui dit cela de sa femme. Il se pourrait, en conséquence, que les deux pièces fussent du même auteur.

LAZARUS.

De statu miseriæ multum me derides,
In me plenum scabie dentes tuos strides,
Sed non conscientiæ puritatem vides
Non caret hic specie quem probat alma fides.

DIVES.

Delicias vel divitias cur sic reprehendis?
Sæpe valent hominesque calent pro rebus habendis.

LAZARUS.

Deliciæ vel divitiæ sunt causa malorum,
Et minime prodest animæ tot summa bonorum.

DIVES.

Est mihi non carum quod copia divitiarum
Scit prodesse parum, me torquet abusio quarum.

LAZARUS.

Deliciæ dominæ mundi sunt, sed quasi spinæ
Promunt in fine, quæ post sunt causa ruinæ.

DIVES.

Flores collegi de mundo, par ego regi;
Tot bona delegi, nisi velle meum nihil egi.

LAZARUS.

Sunt mundi flores fastus, census et honores.
Sic violant mores et agunt in fine dolores.

DIVES.

Quare per divitias sum male damnatus?

LAZARUS.

Quia nimis inhias, et est totus datus
Ad mundi delicias tuus cogitatus.
Quid dixerit audias Cato, vir sensatus :
« Despice divitias si vis animo esse beatus. »

DIVES.

Quidquid mali fecerim pœnitet et fleo ;
Culpa, si gemuerim, remittatur reo.
Volo, si peccaverim, reformari Deo.
Pœnitet et facto torqueor ipse meo.

LAZARUS.

Stultus est qui veniæ spem post mortem quærit.
Locus pœnitentiæ post decessum perit.
Lugeat quotidie qui peccata gerit !
Qui non est hodie, cras minus aptus erit.

DIVES.

Lazare sancte, veni ; miser ad pœnas ego veni.
Me miserum leni digito (1) miseramine leni.

LAZARUS.

Cur petis huc ire cum possis digne perire? (2)
Nec tibi fas ire, mihi nec licet inde redire.
Ardeat hoc igne tua lingua locuta maligne !
Torquatur digne ! Salve, pater, oro, benigne !

(1) *Digito* paraît un mot altéré. Il faut peut-être lire *rogito*, entre
deux virgules.
(2) A ce vers incompréhensible, nous proposons de substituer
celui-ci :

> Cur petis huc ire ? Quid poscis, digne perire ?

DIVES.

Heu ! quid agam ? Morior miser ego reus.
Non est dolor gravior quam sit dolor meus.
In inferno crucior sicut Pharisæus.
Parce mihi, senior ; tu mihi parce, Deus !

Encore une fois, nous ne nous exagérons pas le
mérite de ce dialogue. Mais n'est-ce pas un des mo-
numents les plus anciens de notre littérature drama-
tique ?

Fol. 100. Longue suite d'hexamètres léonins ou
rimés, sous ce titre : *Proverbia moralia*. Ce titre n'est
pas exact ; il ne s'agit pas de proverbes ; ce sont des
déclamations poétiques sur des matières très diverses,
dont quelques-unes n'ont même aucun rapport avec
la morale. Le premier morceau, qui commence par

Rusticitas hodie se miscet philosophiæ,

est une sorte de complainte sur la décadence des
études classiques et la faveur toujours croissante des
arts lucratifs. Il est ensuite parlé de l'abandon dans
lequel les prélats et les laïques laissent les gens qui
n'achètent pas leur protection. Vient après une longue tirade sur les convenances qu'il faut observer
dans les repas, etc. Tout ce qu'il y a de commun
entre ces fragments, c'est qu'ils sont du même style,
qui n'est pas bon. Nous les croyons d'un seul auteur,
poète médiocre et pauvre, envieux des succès, de la
richesse des autres, et peu digne de l'intérêt qu'il
s'efforce d'inspirer.

Nous lisons, sous le même titre, ces vers élégia-
ques qui valent beaucoup mieux que les hexamètres
précédents :

> Munera rhetoricos penitus novere colores ;
> Munus ubi loquitur Tullius ipse silet.
> Dulci gaza sono cytharisat in ore petentum,
> Tam placidum nescit musica tota sonum.
> Dulcor abest precibus si desit dulce lucellum,
> Sola precum vires vis operatur opum.
> Sermo silet dulcis si desint dona roganti ;
> Non faciunt steriles munera blanda preces.
> Quisquis conciliat donis sibi numina surdos
> Non habet, imo leves in sua vota deos,
> Venalemque Jovis qui non conduxerit aurem
> In vacuum vacuus supplicat ante Jovem.
> Ante Jovem causas inhonestas nummus honestat,
> Absolvitque reos innocuosque ligat.
> Venditur ante Jovem sterilis pietatis imago,
> Sæpeque vestitur sub pietate dolus.
> Venditur introitus templi prohibetque sacerdos
> Ante Jovem vacuas munere ferre manus.
> Gratia scortatur prostans, turpique redacta
> Sub pretio emptores devovet ipsa suos.

Il n'y a qu'une pensée dans tous ces vers, et, pour
l'exprimer, un seul distique aurait suffi. La pièce
entière n'est donc qu'une paraphrase ; mais c'est une
paraphrase facilement écrite, par un lettré dont nous
regrettons d'ignorer le nom. Il était certainement un
des meilleurs poètes de son temps.

Toujours sous le même titre, au verso du feuillet 102,
une satire historique, très libre et très injurieux procès-verbal d'un concile provincial présidé par l'archevêque de Reims. Une autre copie de cette pièce
encore inédite se trouve dans le n° 518 de l'Arsenal.

Nous allons essayer d'en donner un texte à peu près
correct en faisant usage des deux manuscrits :

Cum ex rapto vivere
Certent urbes opere,
Os in cælum ponere
Remis conor celere;
Jugit enim fœdere
   Mori se profano,
Tanquam hoc ab ubere
   Sorbeat Romano.

Mater ergo civitas
Vocat sibi subditas.
Adsunt, et cupiditas
Harum tenet semitas.
Remensis auctoritas
   Surgit ut loquatur,
Et inferni vastitas
   In spe dilatatur.

« Ite, profert, filiæ,
Cœpta mali serie,
Et plus cras quam hodie
Crescat jus injuriæ.
Nostræ præsit curiæ
   Nequam Giezita,
Nec vox querimoniæ
Gratis sit audita.

« Emendemus impios
Propter bursæ filios,
Legis adversarios;
Admittamus socios
Fures et nefarios,
   Legis oppressores
Truces, et qui gladios
   Habent percussores.

« Discors et emptitia
Christi sit Ecclesia.
Sana matrimonia
Destruant divortia.
Quæ nec lex nec gratia
   Debent tolerare
Indissolubilia
   Faciamus stare.

« Omne carni placitum
Sit subjectis vetitum,
Nobis autem licitum
Quidquid contra spiritum;
Ne tyrannis divitum
   Privemur honore,
Verbum legis irritum
   Habeamus ore. »

Surgens ab his solio,
Loquitur Suessio :
« Primæ vocis studio
Verba matris sancio. »
Cathalanum : « Nescio,
   Dicit, dare gratis.
Virtus ergo vitio
   Cedat in prælatis. »

Se Laudanum exerit
Et os in hoc aperit:
« Non apud nos deperit
Quidquid mater asserit. »
Noviomus ingerit :
   « Admittemus illum
Qui plus detorserit
   Viduam, pupillum. »

Cameracum, tenera
Vitiorum camera,
« Propter, inquit, munera
Faciamus scelera,
Ferientes fœdera
   Populi cum morte. »
Talis placet opera,
   Nervia consorte.

Ab his ut desinitur,
Atrebatum loquitur :
« Molle duro frangitur,
Piscis pisce manditur;
Sit apud nos igitur
   Pauperum rapina. »
Cum favore sequitur
   Ratio Morina.

Ambianus ambitus,
Mali capax spiritus,
« Crescat, inquit, penitus

Sacerdotum servitus
Et nostrorum creditus. »

Belvacensis monitus
   Gaudet urbs ob tales;
Vendit dona Spiritus,
   Res ecclesiales.

Silvanectis ultima,
Licet ipsa minima,
Giezitas prædicat
   Et simoniales.

Tali modo deturpatæ
Sponsæ sponso sunt ingratæ.
   His depravatæ vitiis,
   Non admittentur nuptiis.
   Talis erit responsio :
   « Discedite; vos nescio. »

Nous n'avons pu découvrir à quel synode cette
pièce se rapporte. Les *Actes* conservés *de la province
ecclésiastique de Reims* ont tous été publiés par M. le
cardinal Gousset, et, dans le recueil formé par ce prélat, nous ne voyons aucun synode de Reims où l'on
ait rien décrété contre les curés. Marlot ne parle pas
non plus de ce synode. Il est probable que les actes
en ont été perdus. Si l'on a quelque espoir de les
retrouver, il n'en faudra pas faire la recherche parmi
les pièces contemporaines de notre manuscrit. Le
synode dont il s'agit doit avoir été beaucoup plus
ancien, la copie de l'Arsenal paraissant être du
XIII° siècle.

Une demi-page est ensuite occupée par deux ta-

bleaux où sont opposés les sept modes de la civilité,
de l'incivilité, et par quelques dits moraux de plusieurs illustres Romains. Ces lignes de prose
n'offrent aucun intérêt. Nous avons après une autre
série de petits poèmes en vers rythmiques.

Le premier est une exhortation à la pénitence. Le
croyant inédit, nous le donnons :

> Quasi leo rugiens hostis investigat,
> Variis contagiis animas fatigat,
> Quærit quos decipiat et deceptos ligat
> Ut æternis morsibus miseros affligat.
>
> Carnis pestilentiæ restringamus lora ;
> Si qua bona facta sunt, fiant meliora ;
> Erigamus citius ad honestiora,
> Nam nos ad periculum trahit ista mora.
>
> Graviter offendimus regem majestatis ;
> Sed in indulgentia summæ Trinitatis,
> Suam nobis gratiam conferendo gratis.
> Sanet a languoribus, mundet a peccatis !
>
> Tecum forte cogitas : « Vivam decem annis ;
> Tunc me durioribus castigabo pannis,
> Tunc induar vestibus Pauli vel Joannis. »
> Sic expectat rusticus donec fluat amnis.
>
> Res infelicissima, cur non confiteris?
> Dic tuas malitias ut justificeris.
> Steriles inducias et inanes quæris,
> Expectas tu senium, forte cras non eris.
>
> Quisquis ergo pœnites, lacrymis abunda ;
> Ore, corde, corpore tua facta munda.
> Istos David lapides habuit in funda.
> Hoc est post naufragium tabula secunda.

Quid dicturi miseri sumus ante thronum,
Ante summum judicem, ante summum bonum?
Tunc genus nil proderit, amor neque donum,
Cum nostrarum præmia reddet actionum.

Cum parventum fuerit ad examen veri,
Cum ad thronum stabimus judicis severi,
Non erit distinctio laici vel cleri,
Nulla nos exceptio poterit tueri.

Hic non erit licitum quicquam allegare,
Neque fas excipere, neque replicare,
Nec ad apostolicam sedem appellare.
Reus condemnabitur, nec dicetur quare.

Cogitate, præsules, qui vel quales estis,
Et quid in judicio dicere potestis;
Non utetur Codice, loco, nec Digestis.
Idem erit Dominus actor, judex, testis.

Judicabit judices judex generalis.
Nihil ibi proderit dignitas papalis,
Fœtoremque sentiet pœnæ gehennalis
Sive sit episcopus sive cardinalis.

Nihil ibi dabitur bullæ vel scriptori,
Nihil camerario sive janitori (1)...
Quibus erit vivere sine fine mori.

Apud nostros judices jura subvertuntur,
Et qui leges faciunt lege non utuntur.
Non attendunt miseri damna quæ sequuntur,
Nam qui damnant alios primi damnabuntur.

Vobis ergo præcipit conditor cælorum
Ut sitis vos quilibet socii justorum,
Ut columbæ simplices ad exempla morum,
Si consortes fieri vultis angelorum.

(1) Il manque un vers dans le manuscrit.

Vestros, ait Dominus, renes præcingatis,
Quod est procul dubio signum castitatis,
Et lucernas etiam manibus feratis,
Et exemplum populo bonum præbeatis.

Sacerdoti convenit legem sanctam scire,
Plebem vitæ moribus, verbis erudire,
Ut, cum tandem venerit illa dies iræ,
Pii vocem Domini possitis audire :
« Benedicti filii, regnum possidete;
Quod vobis paratum est sine meta mete. »

Ces vers ont, en général, le mérite de la clarté,
l'auteur ne s'étant pas proposé trop de difficultés à
vaincre. Il y a dans ceux qu'on lit après plus de pré-
tention littéraire, et ils paraissent avoir été beaucoup
plus estimés, car on en rencontre de nombreuses
copies. C'est la pièce commençant par

Quid ultra tibi facere,
Vinea mea, potui...

que nous trouvons encore dans les n⁰ˢ 14970 (fol. 69)
de notre Bibliothèque et 413 (fol. 176) de l'Arsenal, et qui nous est indiquée, au Vatican, dans le
n° 3081 du fonds Ottoboni (1); à Florence, dans l'An-
tiphonaire de Pierre de Médicis (fol. 423) (2); à
Vienne, dans le n° 883 (fol. 76); à Oxford, dans un
volume de la Bodléienne dont la description vient de
nous être fournie par M. Madan (3). Cependant, quel
qu'ait été jadis le succès de cette pièce, elle n'a pas

(1) L. Delisle, *Manuscr. du Vatican*, p. 83.
(2) L. Delisle, *Discours à l'ass. génér. de la Soc. de l'Hist de Fr.*,
1885, p. 51.
(3) *Biblioth. de l'Ecole des Ch.*, 1885, p. 584.

souvent obtenu, du moins à notre connaissance, les honneurs de l'impression. Nous ne la trouvons que dans le recueil intitulé *Romanische Forschungen ;* t. VI, p. 54. C'est pourquoi nous croyons devoir la faire mieux connaître ici. La matière est Jésus reprochant au monde ses vices, ses péchés :

Quid ultra tibi facere,
Vinea mea, potui ?
Quid potes mihi reddere,
Qui pro te cædi, conspui,
Et crucifigi volui ?
At tu, pro tanto munere,
Baptismi rupto fœdere,
Non cessas, vice mutui,
Rursum me crucifigere
Et habere despectui.

Existimasti temere
Et me et mundo perfrui.
Non possunt mihi vivere
Qui non sunt mundo mortui.
At tu, quas sperni docui,
Non cessas opes quærere,
Relicto Christi paupere;
Et, quem signari volui
Paupertatis charactere,
Mundano vacas luxui.

Verum a sanctuario
Procedit hæc malitia,
Et a cleri contagio
Monstra creantur omnia,
Qui defluit luxuria
Turpique marcet otio,
In apparatu regio,
Facitque mutatoria
De meo patrimonio,
Qui sto nudus ad ostia.

Quid quod ipsa religio
Crucem fert in angaria,
Et, cum datur occasio,
Recurrit cum lætitia
Ad pepones et allia !
Simulato negotio,
A plangentis officio
Redit ad sæcularia
Qui, dereclito pallio,
Fugerat ab Ægyptia.

Quasi non ministerium
Creditum sit pastoribus,
Sed regnum et imperium,
Nondum præcinctis renibus
Vacuisque lampadibus,
Usurpant sacerdotium
Pensantque lanæ pretium,
Et non curant de ovibus,
De quorum sanguis ovium
Est requirendus manibus.

Meum ire vicarium
Meis deceret passibus,
Meumque patrimonium
Meis dare pauperibus,
Non ignavis parentibus;
At in ovile ovium
Non ingressi per ostium,
Sed vel vi, vel muneribus,
Quæsitis per flagitium
Abutuntur honoribus.

Prope est dies Domini.
Mei, qui me diligitis,
Tunc, conformes imagini,
Me sicut sum videbitis.
Beati qui nunc plangitis,
Quia consolabimini ;
Nam, vos qui me sequimini,
Super sedes sedebitis,
Et qui nunc judicamini
Tunc mecum judicabitis.

Sed vos qui gloriamini
In opibus illicitis,
Qui vobis mortem Domini
Prodesse non permittitis,
Qui Lazari et divitis
Exemplo non terremini,
Cum ipso puniemini.
Quidquid tamen egeritis,
Dum licet, convertimini
Ad me, et salvi eritis.

Certainement tout n'est pas banal dans cette pièce. Elle est d'un rimeur habile qui disait aisément ce qu'il voulait dire, et ne manquait pas d'esprit.

Le moraliste à qui nous devons notre manuscrit avait évidemment beaucoup de goût pour les satires. Nous ne nous en plaignons pas. Les satires ne méritent pas sans doute une entière confiance ; mais il y a toujours plus ou moins de vérités. Si vous les prenez à la lettre, elles vous trompent ; si vous en dégagez ce que la passion y a mis de trop, elles vous instruisent.

La pièce qui succède immédiatement à celle que nous venons de reproduire n'a pas ce caractère satirique. C'est le *Débat du cœur et de l'œil*, que nous avons publié sous le n° 8433 (1). L'auteur de ces vers est connu. C'est le chancelier de Paris Philippe de Grève.

Suivent une courte prière, en vers hexamètres léonins, et une assez longue série de préceptes, en prose, dont l'objet est de former un bon jugement ; puis, du feuillet 107 au feuillet 114, des vers mêlés,

____

(1) Tome I, p. 365.

sous ce titre : *Versus proverbiales et alii, collecti ex pluribus.* Il est impossible de décomposer cette collection et de mentionner à part chacun des fragments dont elle nous offre l'assemblage. Il y a des sentences morales, des prescriptions hygiéniques, des satires, des épitaphes, des bouffonneries, etc., etc., et nous y reconnaissons des vers de Pierre Riga, de Lucain, d'Hildebert, d'Ovide, de Primat, etc., etc. ; c'est un inextricable fatras. Enfin, après une page de prose sur les vertus de l'âme, d'autres *Flores* poétiques, d'autres *Proverbia*, tirés, pour la plupart, d'Ovide. N'est-ce pas lui qui, parmi tous les anciens poètes, était le préféré de notre moraliste? Ces extraits d'Ovide sont interrompus au milieu du troisième livre des *Métamorphoses.* La perte du reste ne peut nous inspirer un vif regret.

FIN DU TOME VI ET DERNIER

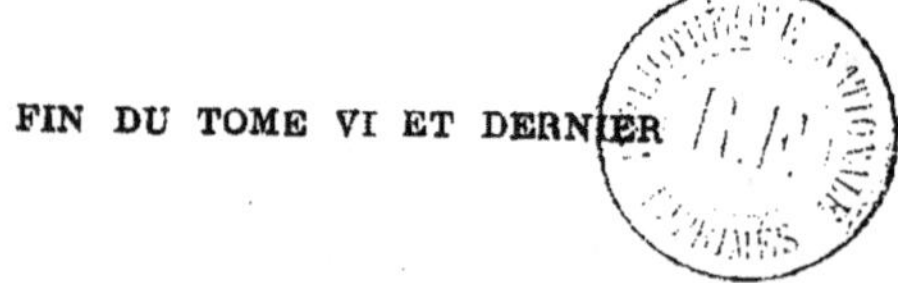

NUMÉROS DES VOLUMES DÉCRITS

NOUVELLES ACQUISITIONS

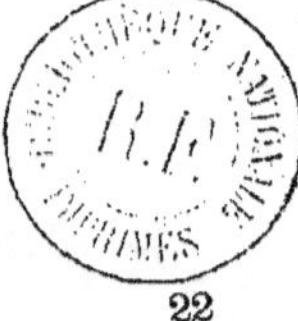

TABLE DES AUTEURS CITÉS

FIN DE LA TABLE

Le Mans. — Typographie Edmond Monnoyer.